한글 2010

김 민 영 저

도서 출판 상 학 당

머리말

오늘날 디지털 기술과 반도체 소자 기술의 급속한 발달로 인해, 이미 생활필수품 중의 하나가 된 컴퓨터는 자체의 독자적인 동작에서 벗어나 고성능화와 함께 네트워크를 이용한 원격 기능을 갖게 되었다.

이러한 컴퓨터에 관련된 지식은 이미 전문가의 소유가 아닌 우리생활에 큰 비중을 차지하는 일반 상식처럼 인식이 되었으며, 컴퓨터 시스템에 관한 기초 지식과 패키지 프로그램의 활용법은 현대인의 필수가 되었다.

이 책에서는 컴퓨터를 보다 쉽게 접근하여 실무에 활용할 수 있도록 하기 위해 현재 가장 많이 사용되고 있는 워드프로세서 프로그램인 한글을 버전 2010 중심으로 총 3장으로 구성하였다.

1장은 한글의 개요 부분으로 구성하였고, 2장은 한글 2010의 기본 사용법 그리고 3장은 한글 2010을 이용한 문서 작성의 실무 활용 능력을 향상시키기 위해 ITQ 한글 2005 기출 문제와 상위 버전인 ITQ 한글 2007/2010의 예상 문제 풀이 위주로 구성하였다.

이 책을 통하여 컴퓨터를 활용하고자 하는 모든 분들이 체계적으로 쉽게 공부할 수 있기를 바라며, 이 책을 출간하기 위해 도움을 주신 상학당의 남승우 사장님께 깊이 감사를 드린다.

저자 씀

차 례

Chapter 3
ITQ(Information Technology Qualification) 115

C.H.A.P.T.E.R 1

한글 2010의 개요

1.1 한글 2010의 개요

워드프로세서란 컴퓨터를 이용하여 문서를 쉽게 작성하고 보관, 편집하여 출력하기 위해 만들어진 소프트웨어이다.

현재 사용되고 있는 워드프로세서의 기능은 단순한 문서 작성 및 편집의 기능뿐만 아니라 표와 차트 작성, HTML 문서 작성 그리고 다른 프로그램에서 작성한 그림이나 도표 삽입 등이 가능하며 전자출판 기능도 지원한다.

국내에서 많이 사용하고 있는 대표적인 워드프로세서로는 (주)한글과컴퓨터의 한글과 마이크로소프트사의 MS워드 등이 있다.

<표 1-1> 한글 2010을 사용하기 위하여 필요한 시스템 사양

	구 분	사 양
운영체제	한컴오피스 한글2010 한컴 사전 한컴 타자연습	Windows 2000 SP4 이상 /XP/Vista/7 이상 Internet Explorer 6.0 이상
사용환경	시스템 CPU	펜티엄 4 이상
	RAM	1GB 이상
하드디스크	설치 용량	1.5GB 이상
디스플레이	모니터 해상도	최적 1280×1024 최소 1024×768

한글 2010은 열림 상자 방식의 사용자 인터페이스와 다양한 드롭 방식의 메뉴를 동시에 제공하고 있으며, MS 워드의 테마형식을 제공하고 있어 사용자 자신에게 맞는 인터페이스를 선택하여 작업할 수 있는 사용자 중심의 UX(User eXperience) 환경을 제공한다.

또한, 문서를 효율적으로 작성하기 위해 작성된 문서를 바로 블로그에 올리거나 간편한 표 스타일 반영 및 표 안의 숫자에 자동 자릿점 넣기, 개인정보의 유출을 효과적으로 방지하기 위한 정보 보호 기능 등을 강화하였다.

이외에도 유니코드 5.0 UCS2 full set을 지원하는 글꼴 추가와 그림 스타일/효과, PDF 인쇄 기능 등 문서 작업을 효과적으로 할 수 있는 다양한 기능을 제공하였으며 원활한 문서 교류를 위해 Microsoft Word와의 호환성 강화와 ISO 표준 포맷의 문서 호환 지원을 강화하였다.

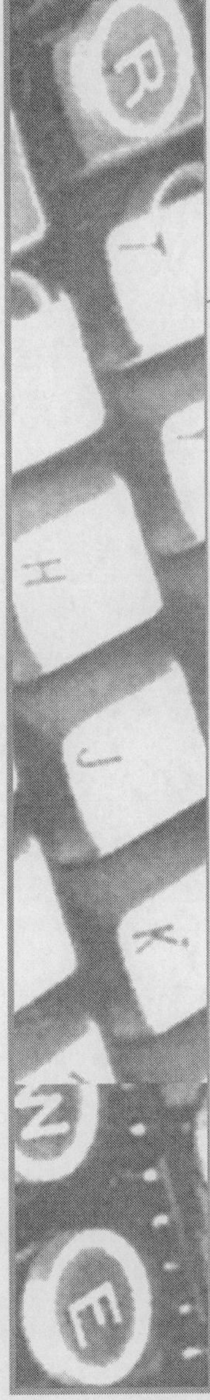

C.H.A.P.T.E.R 2

한글 2010의 기본 사용법

2.1 한글 2010의 실행과 화면 구성

한글을 설치하면 [시작]−[프로그램] 메뉴에 [한글과컴퓨터] 그룹이 만들어지고, 윈도우 바탕 화면과 [시작] 메뉴에 한글 아이콘이 자동으로 등록된다. 한글 2010 실행은 [시작] 단추를 클릭하고 [프로그램]−[한글과컴퓨터] 메뉴에서 선택하거나, 바탕화면에 있는 '바로가기 아이콘( )'을 더블 클릭한다.

프로그램의 종료는 [파일] 메뉴에서 [끝]을 선택하거나, 우측 상단의 닫기 단추( )를 클릭한다. 이때, 편집 중인 문서 가운데 저장하지 않은 것이 있는 경우 한글을 마칠 때 파일을 저장할 것인지를 확인하며, 현재 열려 있는 모든 문서 창이 닫히면서 한글 프로그램이 종료된다.

[그림 2-1] 프로그램의 시작과 종료

또한, 한글 실행 옵션으로 도스 창에서 한글을 실행할 때 'hwp/n'과 'hwp/p 파일 이름'을 이용한 로고 상자를 띄우지 않고 한글 시작하기와 한글의 인쇄 설정 사항에 맞추어 특정한 파일을 인쇄만 수행하는 기능 그리고 'hwp 파일 이름'을 이용하여 파일을 불러오기 위한 옵션 기능이 포함되어 있다.

[그림 2-2] 도스 창을 이용한 옵션

한글 2010의 기본 화면은 제목과 메뉴막대, 도구 상자, 작업창 그리고 편집 창 등으로 구성되어 있다.

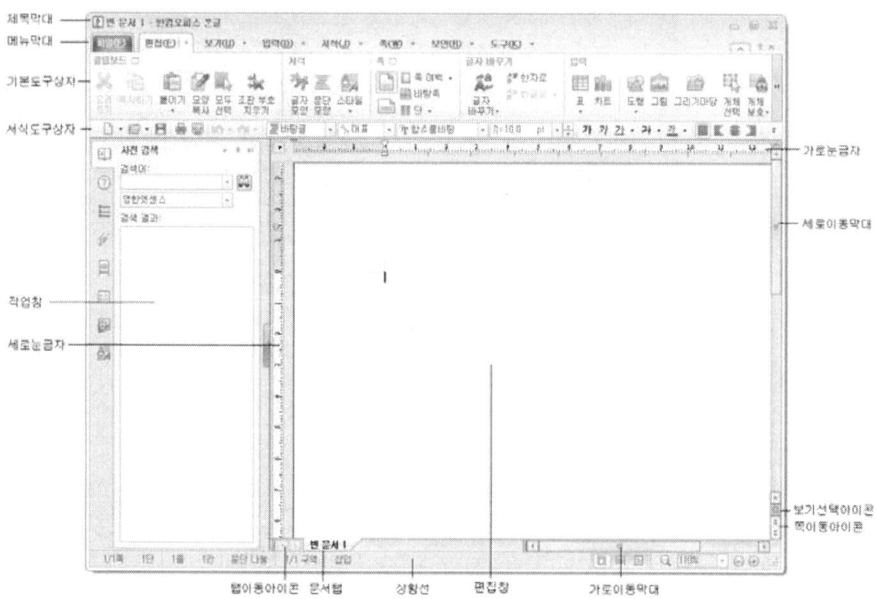

[그림 2-3] 한글 2010의 기본 화면 구성

<표 2-1> 한글 2010의 기본 화면 구성 요소

구성 요소	설명
제목막대	현재 작업 중인 문서의 파일명과 경로 그리고 최소화, 최대화, 닫기 단추가 나타난다.
메뉴막대	사용 가능한 모든 메뉴를 비슷한 기능별로 정리해 놓은 곳으로 원하는 기능을 메뉴에서 선택하여 사용한다.
기본 도구 상자	메뉴에서 기본적으로 자주 사용하는 기능을 편리하게 사용하기 위해 아이콘으로 묶어 놓은 곳으로 클릭하여 실행이 가능하다.
서식 도구 상자	편집 창에 들어가는 글자의 크기나 모양 등을 바꿀 때 사용하는 기능을 아이콘으로 묶어 놓은 곳이다.
작업창	효율적인 문서 작업을 수행하기 위해 제공되는 작업창을 활용하여 문서 편집시간을 줄이고 작업속도를 높일 수 있다.
탭 이동 아이콘	여러 개의 탭이 열려 있을 때 이전 탭과 다음 탭으로 이동한다.
문서 탭	작성 중인 문서와 파일명을 표시하며, 저장하지 않은 문서는 파일 이름이 빨강색으로 표시되고, 자동 저장된 문서는 파랑색, 저장 완료된 문서는 검정색으로 표시된다.
세로/가로 눈금자	개체의 세로/가로 위치나 높이/너비를 파악하기 위해 사용한다.
상황선	현재 작업 중인 문서 편집 창의 상태 및 마우스가 위치한 곳에 대한 정보 등을 보여 준다.
편집 창	글자나 그림과 같은 내용을 넣고 문서를 꾸미는 작업공간이다.
가로/세로 이동막대	문서 내용이 편집 화면보다 클 때 화면을 가로/세로로 이동하기 위해 사용한다.
보기 선택 아이콘	쪽 윤곽, 문단 부호 보기, 조판 부호 보기, 투명선, 격자 설정, 찾기와 같은 기능을 선택할 수 있다.
쪽 이동 아이콘	작성 중인 문서가 여러 장인 경우 쪽 단위로 이동하기 위해 사용한다.

색상 팔레트란 글자 색이나 선 색, 개체의 면 색과 같은 색 관련 항목을 설정하기 위한 기능으로 적용할 영역을 블록으로 설정하고 [서식] 도구 상자에서 [글자 색] 아이콘 옆의 화살표를 누른 다음 색상 팔레트에서 원하는 색을 마우스로 선택한 후 [색] 대화 상자에서 색상을 설정한다.

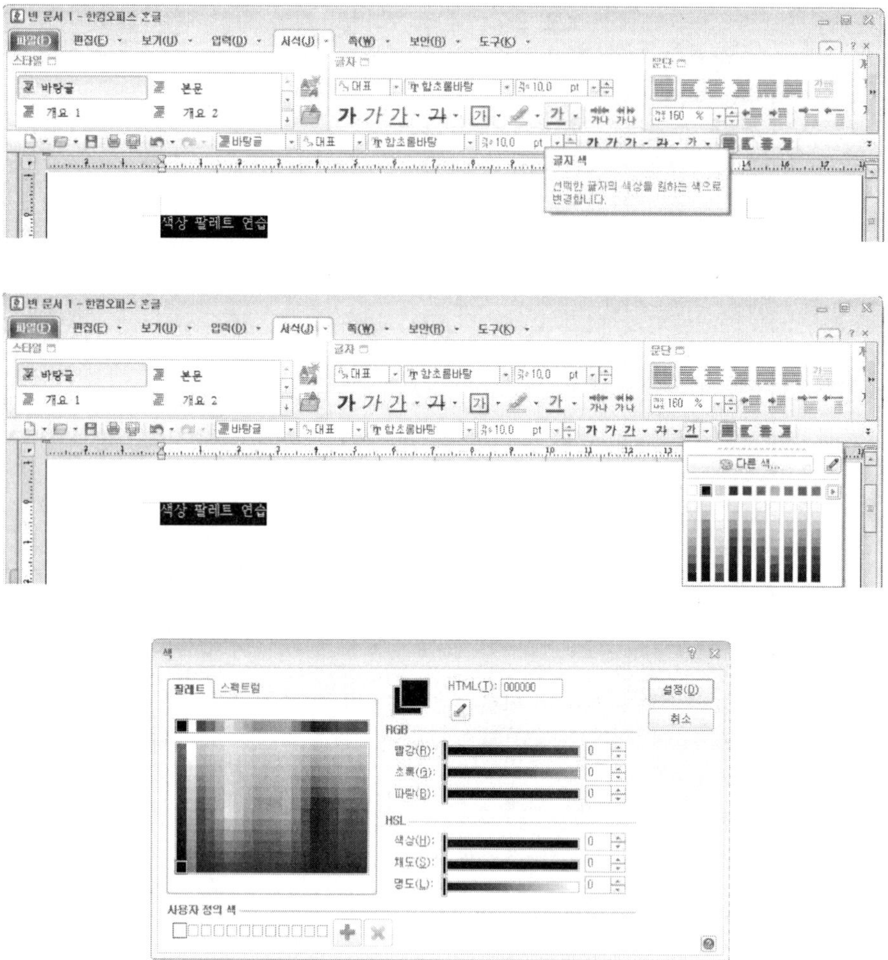

[그림 2-4] 색상 팔레트

2.2 한글 2010의 기능

한글 2010의 기능은 문서 창의 메뉴, 단축키나 도구 상자의 아이콘 그리고 마우스 오른쪽 단추의 빠른 메뉴를 이용하여 수행할 수 있다.

메뉴는 문서 창의 제목막대 아래에 있는 열림 상자를 이용하는 방법으로 파일 열림 상자나 실행하고자 하는 열림 상자 메뉴 이름의 오른쪽 부분에 있는 단추(▾)를 누른 다음 하위메뉴를 선택하거나 F10을 누른 뒤 해당 기능을 선택하여 실행한다.

또한, 열림 상자에서 원하는 기능의 아이콘 위에 마우스 포인터를 올려놓으면 간단한 설명과 함께 메뉴 이름을 보여주며 마우스의 왼쪽 단추를 눌러 기능을 실행할 수도 있다.

단축키는 메뉴의 오른쪽 부분에 표시되어 있는 키를 이용하여 실행하는 방법으로 문자표를 입력하고자 하는 경우 메뉴 오른쪽 부분에 Ctrl+F10으로 표시되어 있으며 이것은 Ctrl을 누른 상태에서 F10을 누르면 실행된다는 것을 의미한다.

또한, 표 만들기를 하고자 하는 경우 Ctrl+N, T 라는 단축키가 표시되어 있으며 이것은 Ctrl+N을 동시에 눌렀다가 뗀 후 T를 눌러 실행하는 것을 의미한다. 그리고 빠른 메뉴는 문서 창 안에서 마우스의 오른쪽 단추를 누르면 나타나는 메뉴를 이용하여 실행하는 방법이다.

2.2.1 메뉴와 빠른 메뉴

한글 2010은 서로 관련 있는 기능들을 그룹별로 나누어 주 메뉴(파일, 편집, 보기, 입력, 서식, 쪽, 보안, 도구)에 놓았으며, 동적으로 변화하는 열림 상자와 함께 서식 도구 상자를 구성하였다.

또한 문서 창 안에서 마우스 오른쪽 단추를 누르면 그 상태에서 실행할 수 있는 기능을 단축키와 함께 보여주는 빠른 메뉴가 나타나도록 하였다.

확장단추는 창이 축소되어 메뉴가 일부만 표시되는 경우 감춰진 메뉴를 나타내기 위한 기능이다.

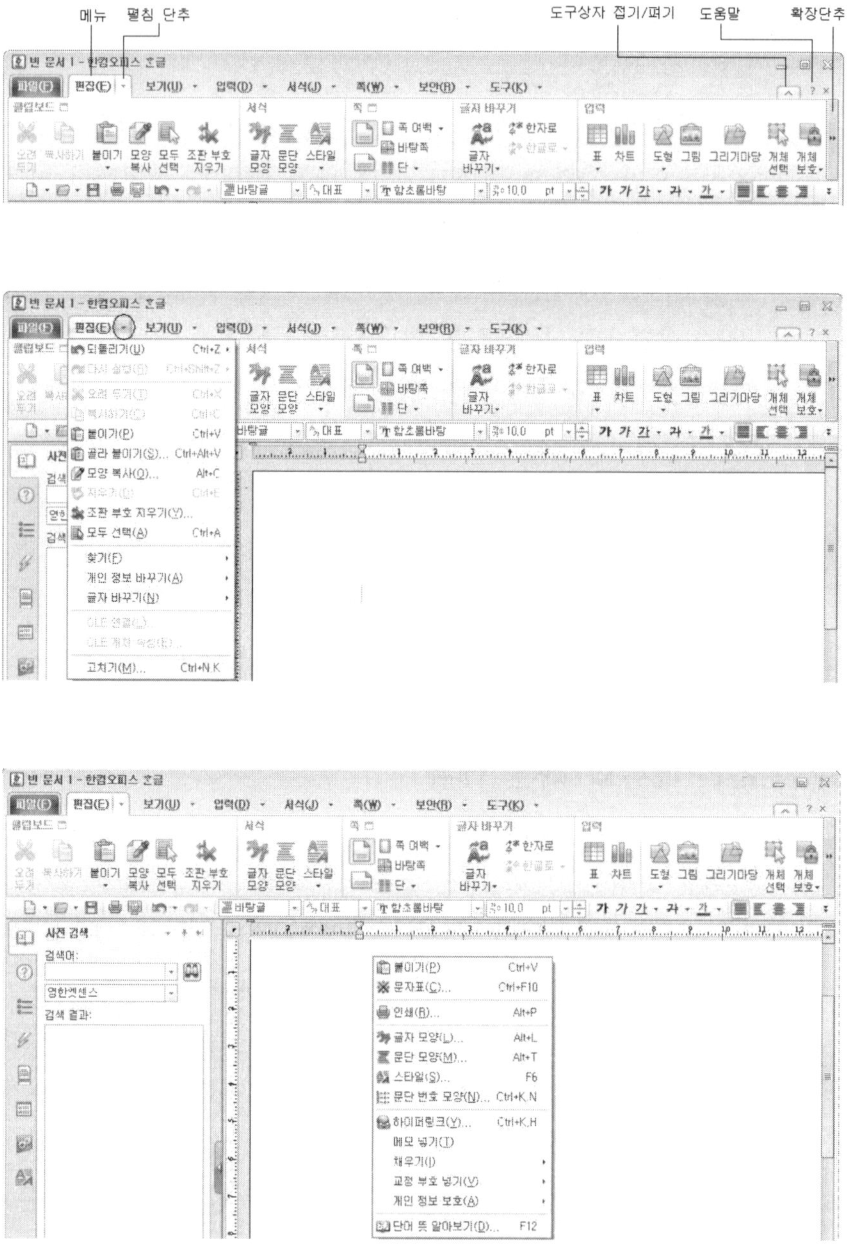

[그림 2-5] 메뉴와 빠른 메뉴

2.2.2. 도구 상자

도구 상자란 문서를 작성하면서 좀 더 쉽고 편리하게 한글을 사용하기 위해 자주 사용되는 명령들을 아이콘 형태로 모아 놓은 곳으로 한글 2010은 동적으로 변화하는 열림 상자와 함께 많이 사용하는 기능을 모아 놓은 서식 도구 상자를 제공한다.

기본 도구 상자 영역에는 기본적으로 메뉴 탭이 나타나며, 상황에 따라 종류별 개체 탭과 상황 탭이 동적으로 나타난다. 개체 탭은 도형, 그림, 표, 차트, 글맵시, 메모, 양식 개체 등을 삽입하거나 선택하는 경우 나타나며, 상황 탭은 미리 보기, 버전 비교, 주석, 머리말/꼬리말, XML 문서, 바탕쪽 등을 선택하는 경우에 나타난다.

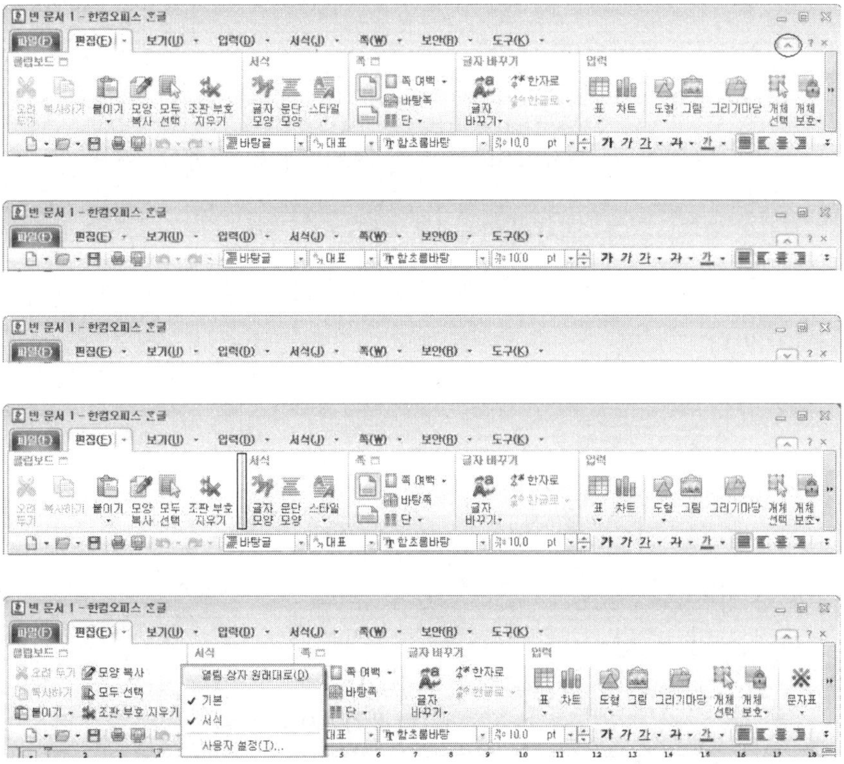

[그림 2-6] 도구 상자 접기/펴기와 그룹 크기 조절

도구 상자는 편집 탭에 있는 도구 상자 접기/펴기 단추를 이용하여 단계적으로 접거나 펼칠 수 있다.

열림 상자에 나타나 있는 그룹의 크기는 변경하고자 하는 해당 그룹의 경계로 마우스 포인터를 갖다 놓은 다음 구분선이 노란색으로 바뀌면 마우스의 왼쪽 단추를 누른 상태에서 끌어 크기를 조절한다. 이때 조절한 크기는 열림 상자 영역에서 마우스 오른쪽 단추를 이용하여 [열림 상자 원래대로]를 누르면 처음 상태로 되돌아간다.

2.2.3 사용자 설정

[도구] 메뉴에 있는 [사용자 설정]이란 작업 환경을 자신에 맞게 테마, 도구 상자, 명령, 단축키, 빠른 메뉴 등을 변경하여 재구성하는 기능으로 [일반], [스킨], [도구 상자], [단축키], [메뉴], [명령], [열림 상자] 탭으로 구성되어 있다.

[열림 상자] 탭은 실행 가능한 명령 아이콘들 중에서 사용자가 필요한 아이콘을 추가하여 사용자 정의 탭을 구성할 수 있는 부분이다.

예를 들어 복사하기를 추가하고자 하는 경우 우선 [도구] 메뉴 [설정] 그룹의 [사용자 설정] 대화 상자가 나타나면 [열림 상자] 탭을 선택한다.

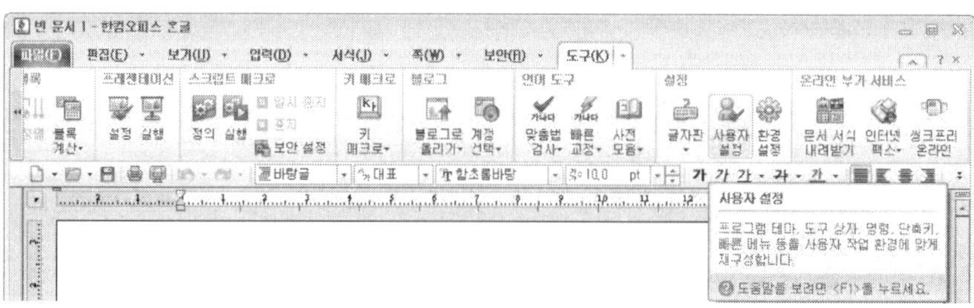

[그림 2-7] 사용자 설정

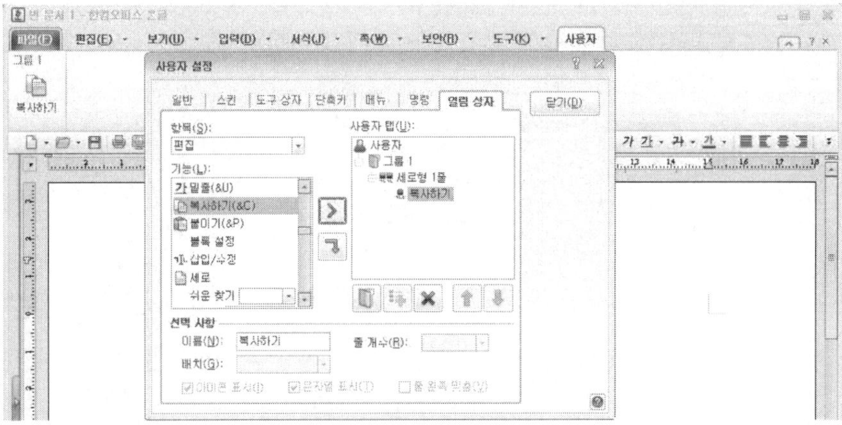

[그림 2-8] 사용자 설정 – 열림 상자(1)

다음과정으로 [항목] 목록에서 '편집'을 선택하여 [기능] 목록에서 '복사하기'를 선택하고 [추가] 단추를 누르면 '그룹 1'에 '복사하기' 기능이 추가된 [사용자] 탭이 만들어진다. 이때, [사용자 탭] 목록에 탭, 그룹, 배치 항목이 자동으로 추가된다.

이후 [사용자 탭] 목록에서 '그룹 1'을 선택하고 [이름] 입력 상자에 '편집 기능'을 입력하여 [사용자] 탭의 그룹 이름을 '편집 기능'으로 변경한 다음 '세로형 1줄'을 선택하여 [배치] 목록에서 '가로형 3줄'을 선택하고 [줄 개수] 목록에서 '3'을 선택하면 [사용자] 탭의 [편집 기능] 그룹에 '복사하기' 기능이 추가된다.

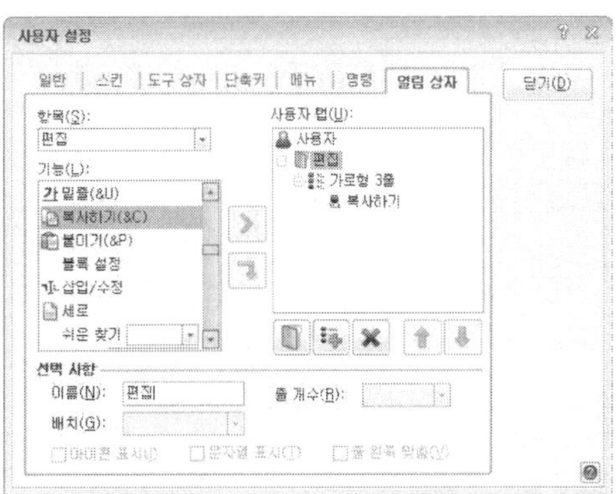

[그림 2-9] 사용자 설정 – 열림 상자(2)

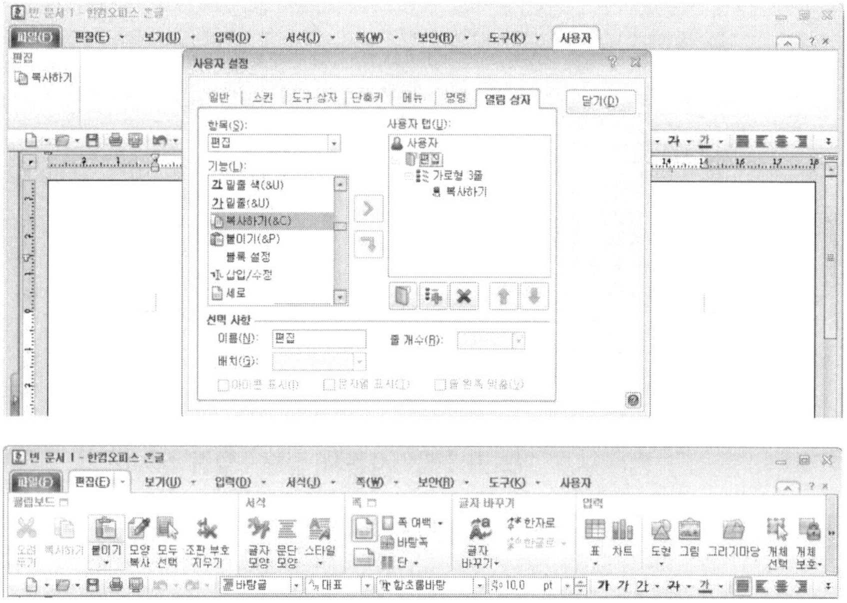

[그림 2-10] 사용자 설정 – 열림 상자(3)

[일반] 탭과 [스킨] 탭은 사용자의 취향에 따라 한글의 테마를 지정하고 스킨, 도구 상자, 단축키를 선택하여 설정할 수 있는 기능이다.

[그림 2-11] 일반 탭과 스킨 탭

[도구 상자] 탭은 한글 프로그램을 실행할 때 자주 사용하는 도구 상자를 기본으로 나타나거나 필요 없는 도구 상자를 제외시키기는 것을 설정하는 부분으로 새로운 사용자 설정 도구 상자를 만들거나 변경할 수 있는 기능도 포함되어 있다.

예를 들어 '도구상자연습'이라는 도구 상자를 만드는 방법은 다음과 같다.

[도구]메뉴의 [설정] 그룹 내 [사용자 설정]에서 [도구 상자] 탭을 선택하여 [새로 만들기] 아이콘(+)을 누르고 [도구 상자 이름] 입력 상자에 '도구상자연습'이라고 입력하고 [만들기] 단추를 누른다.

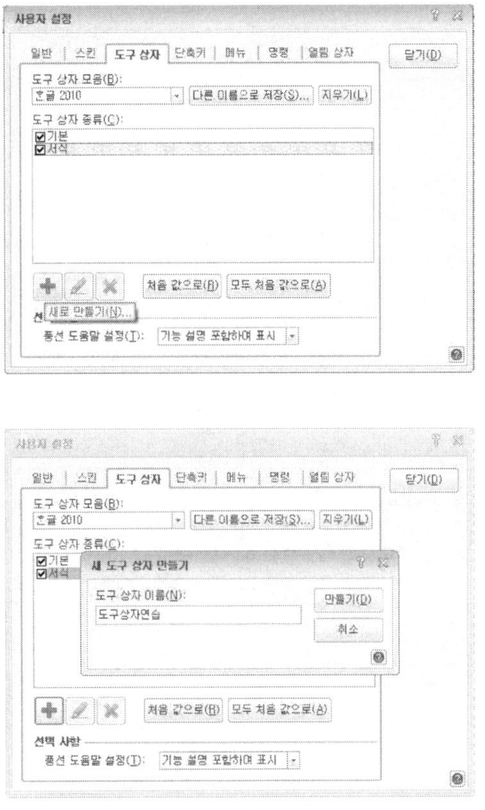

[그림 2-12] 도구 상자 만들기(1)

다음과정으로 [도구 상자] 탭의 목록 맨 끝에 '도구상자연습'이 추가되면서 편집 창에도 새로 만든 '도구상자연습'이 나타나면 [명령] 탭의 [항목] 목록에서 '도구상자연습'에 추가할 명령이 들어 있는 항목을 선택하고 추가하고자 하는 아이콘을 마우스 왼쪽 단추를 누른 상태에서 끌어다 놓는다.

마지막 과정으로 '도구상자연습'에 도형 명령을 추가하고자 하는 경우 [항목] 목록에서 '도형'을 선택하고 [도형] 항목에 포함된 명령이 [기능] 목록에 나타나면 추가하고자 하는 명령을 왼쪽 마우스를 누른 상태에서 '도구상자연습' 위에 끌어다 놓으면 사용자 설정한 도구 상자가 완성된다.

[그림 2-13] 도구 상자 만들기(2)

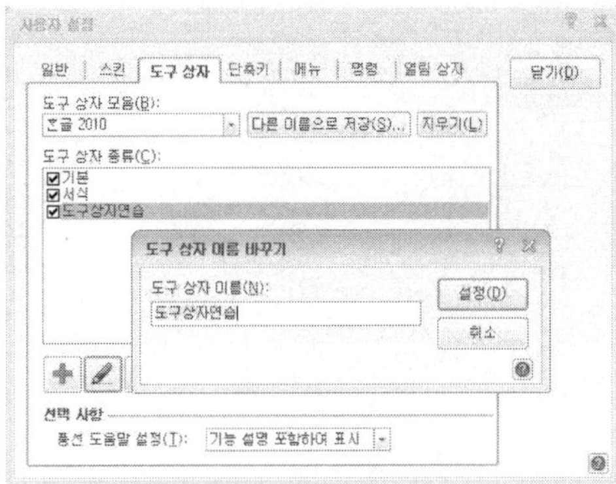

[그림 2-14] 도구 상자 만들기(3)

선택 사항 영역에 나타나 있는 풍선 도움말 설정이란 도구 상자의 아이콘에 마우스 포인터를 위치하면 풍선 도움말과 기능설명을 표시할지 여부를 설정하는 부분이다.

[단축키] 탭은 모든 명령에 현재 지정되어 있는 단축키를 확인하거나 새롭게 지정할 수 있는 기능으로 단축키 모음을 만들어 원하는 기능만 선택하여 사용할 수도 있다.

예를 들어 그림을 밝게 하는 단축키를 Ctrl-F11로 지정하고자 하는 경우 [단축키] 탭에서 분류와 명령을 각각 [그림]과 [밝게]로 선택하고 지정할 키에서 Ctrl-F11을 입력한 다음 복사본을 만들기 위해 단축키 모음을 '단축키 모음 연습'이라고 입력한다.

설정한 단축키를 지우는 방법은 [단축키] 탭에서 지우고자 하는 단축키 모음에서 [분류]와 [명령]을 선택하고 [지우기] 단추를 누른다. 작성한 그림을 밝게 하는 단축키 Ctrl-F11을 지우고자 하는 경우 '단축키 모음 연습'을 선택하고 '분류－그림, 명령－밝게'에서 단축키 목록에 Ctrl-F11이 나타나면 마우스로 눌러 선택한 다음 [지우기] 단추를 누른다.

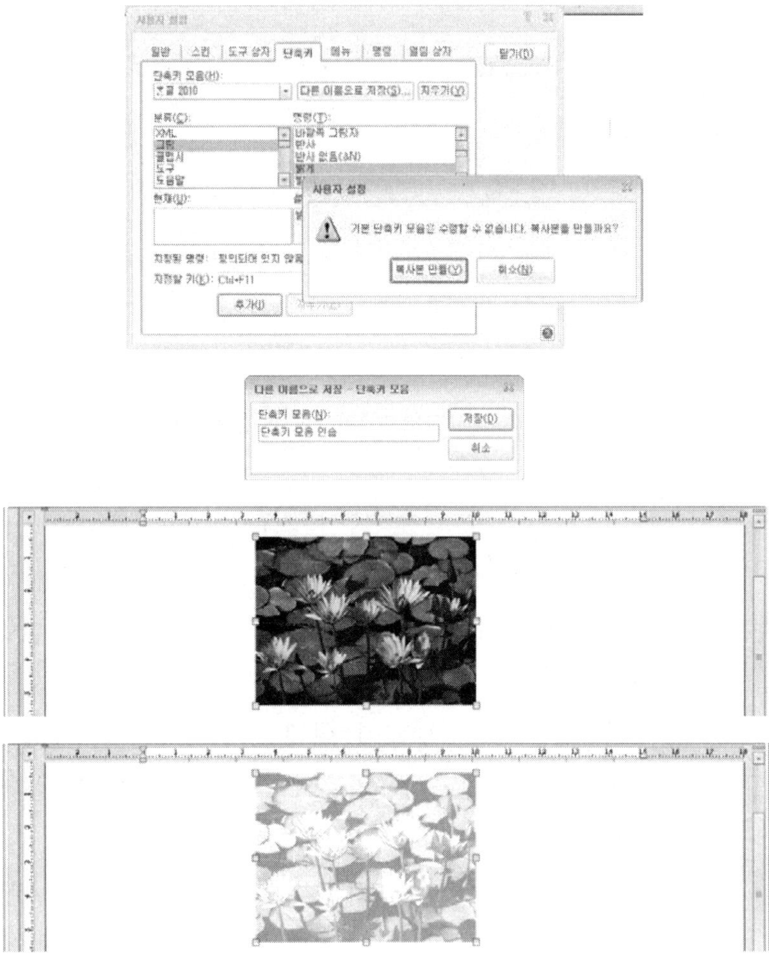

[그림 2-15] 단축키

[사용자 설정]의 [메뉴] 탭은 빠른 메뉴에 새 메뉴를 추가하거나 사용하지 않는 메뉴를 삭제하는 기능이다.

예를 들어 본문 편집의 빠른 메뉴에 [표 만들기] 기능을 추가하고자 하는 경우 [메뉴]-[빠른 메뉴] 영역의 [편집할 빠른 메뉴] 목록에서 [본문 편집]을 선택하면 [본문 블록]의 빠른 메뉴가 나타난다. 이때, [명령] 탭을 누르고 [항목]에서 표를 선택하고 [기능] 영역에서 [표 만들기]를 선택한 다음 [표 만들기]를 왼쪽 마우스 단추를 누른 상태에서 [본문 편집]의 빠른 메뉴의 원하는 위치에 끌어다 놓으면 메뉴가 추가된다.

[그림 2-16] 빠른 메뉴 추가

메뉴의 삭제는 [사용자 설정]의 [메뉴] 탭의 빠른 메뉴 영역의 [편집할 빠른 메뉴] 목록에서 [본문 편집]을 선택하여 빠른 메뉴가 나타나면 삭제하고자 하는 메뉴를 마우스의 왼쪽 단추를 누른 상태에서 빠른 메뉴 바깥쪽으로 끌어다 놓으면 메뉴에서 삭제된다.

[메뉴] 탭의 [처음 값으로]와 [모두 처음 값으로] 단추는 빠른 메뉴 하나 또는 모두를 원래 상태로 되돌리기 위한 기능이다.

[명령] 탭은 도구 상자를 사용자 편의에 맞춰서 재구성하여 사용할 수 있는 기능으로 실행되는 모든 명령 아이콘을 기존의 도구 상자에 추가하거나 [도구 상자] 탭에서 새롭게 만든 사용자 지정 도구 상자에 추가할 수 있다.

예를 들어 서식 도구 상자에 [글맵시 모양]을 추가하고자 하는 경우 [명령] 탭에서 항목을 [글맵시]로 선택하고 [글맵시 모양]을 마우스를 누른 상태에서 도구 상자로 끌어다 놓으면 추가되며, 도구 상자에 있는 아이콘을 삭제하는 방법은 삭제하고자 하는 아이콘을 마우스 왼쪽 단추를 누른 상태에서 편집 창 쪽으로 끌어다 놓으면 삭제된다.

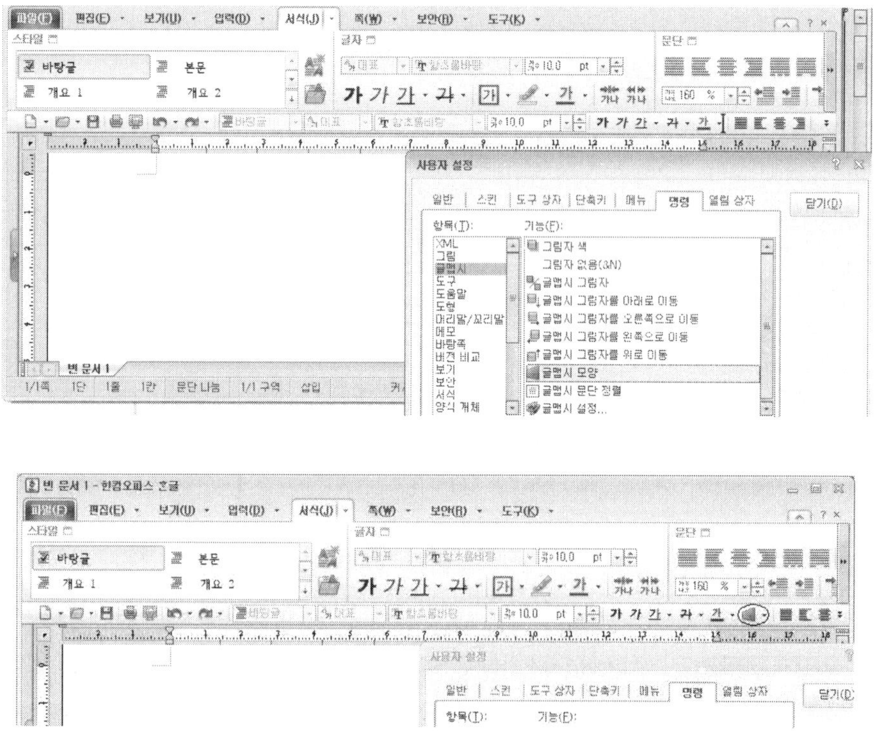

[그림 2-17] 명령 아이콘 추가

2.2.4 환경 설정

환경 설정이란 한글을 시작할 때 사용되는 처음 값(default)으로 [편집], [글꼴], [사용자 정보], [코드 형식], [개체], [새 문서], [파일 위치], [금칙 처리], [기타] 탭으로 구성되어 있으며 모든 문서에 적용된다.

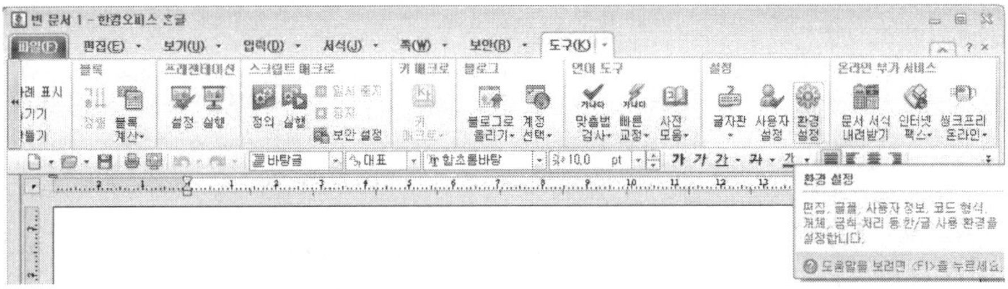

[그림 2-18] 환경 설정

[편집]과 [글꼴] 탭은 각각 저장이나 불러오기 방식 그리고 최근 작업한 문서를 열거나 편집하는 방식을 설정하는 영역과 서식 도구 상자에서 글꼴을 쉽게 이용할 수 있도록 설정하기 위한 글꼴 보기, 글꼴 목록, 대표 글꼴 등록, 한글전용 글꼴 검색 영역으로 구성되어 있다.

[그림 2-19] 환경 설정 – 편집

[그림 2-20] 환경 설정 – 글꼴

[사용자 정보] 탭은 다른 기능 즉, [문서마당]과 [문서 요약] 등에서 이용할 수 있도록 사용자 이름, 회사 이름, 직책 이름, 부서 이름과 같은 사용자 정보를 입력하는 부분이다.

[그림 2-21] 환경 설정 – 사용자 정보

[코드 형식] 탭은 호환성을 위해 외국어로 작성된 문서를 편집하거나 전송하려 할 때 해당 언어의 표준 코드의 파일 형식으로 변환하기 위한 기능으로 텍스트 읽기/저장, HTML 읽기/저장, 클립보드(clipboard)로부터 붙이기, 클립보드로 붙이기, 편지/웹브라우저로 보내기 영역으로 구성되어 있다.

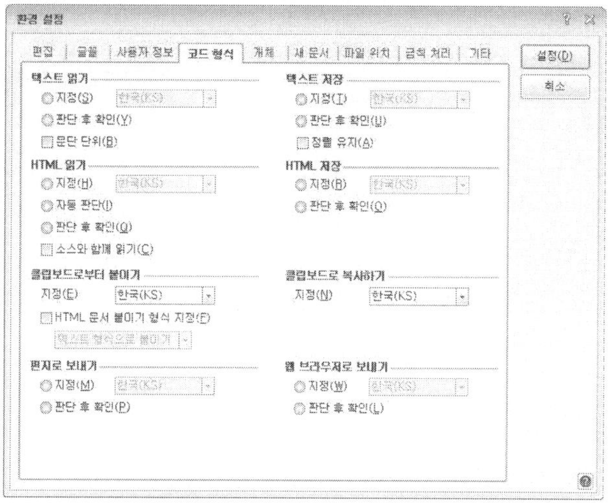

[그림 2-22] 환경 설정 – 코드 형식

[개체] 탭은 개체에 관한 환경을 설정하는 기능으로 개체를 선택하는 방법, 개체 위치, 그림개체 품질, 개체 설명문 안내를 위한 설정 영역으로 구성되어 있다.

[새 문서] 탭은 빈 문서를 만들 때 용지의 종류, 방향과 제본 그리고 여백을 설정하는 부분이다.

[파일 위치] 탭은 파일 위치 지정과 사용자 정의 데이터 영역으로 구성되어 있으며, 파일 위치 지정에서 매크로와 상용구 파일과 바탕문서가 들어가는 경로를 지정하고, 사용자 정의 데이터들을 불러오거나 저장해 놓기 위한 경로를 설정하는 부분이다.

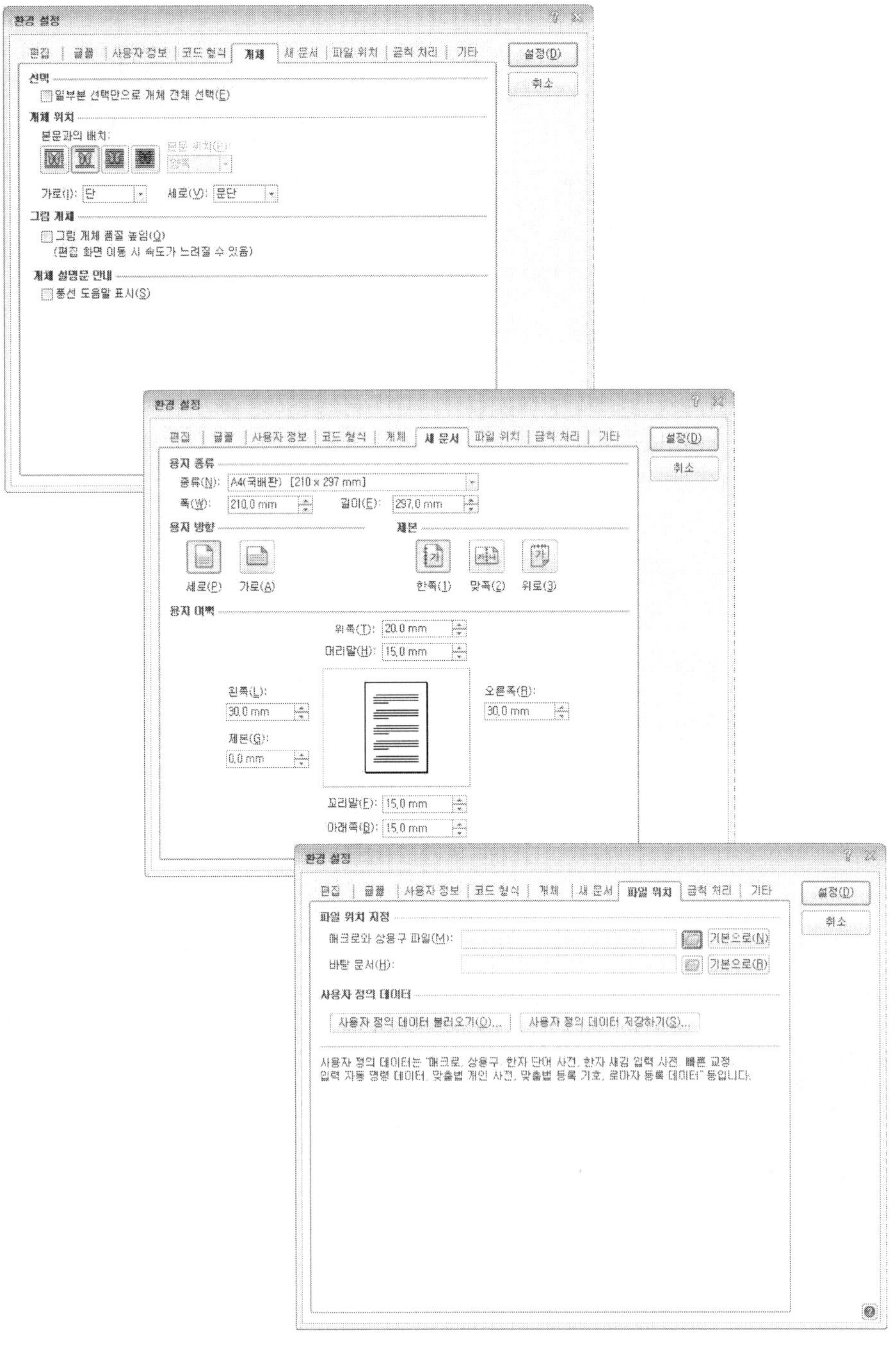

[그림 2-23] 환경 설정 – 개체/새문서/파일 위치

이외에도 [금칙 처리]와 [기타] 탭은 각각 줄의 앞이나 뒤에 올 수 없도록 설정하는 기능과 확인하고 끝내기 등의 편집, 하이퍼링크 글자 모양, 문서찾기 실행, 드라이버 선택, 투명도와 검색에 관련된 설정 여부 기능이 포함되어 있다.

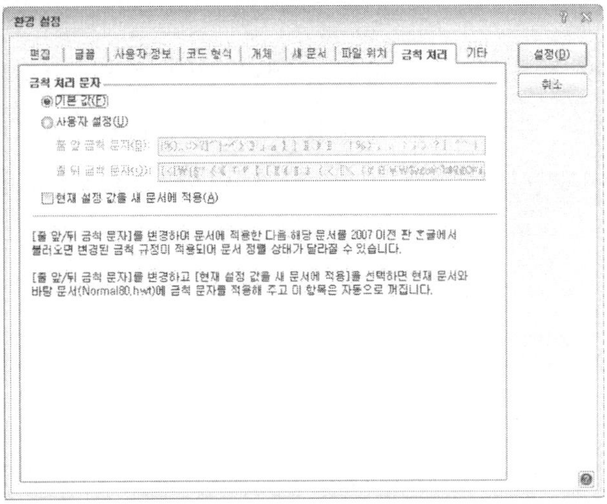

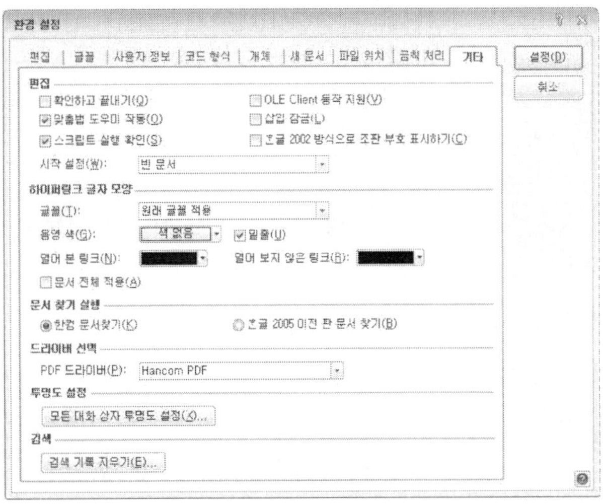

[그림 2-24] 환경 설정-파일 위치/금칙 처리/기타

2.3 기초 문서 작성

2.3.1 파 일

[새 문서]는 현재 작업 중이던 문서 창을 그대로 두고, 새로운 문서 작업을 위한 빈 문서 창을 하나 더 여는 기능으로 [파일] 탭에서 [새 문서]를 선택하거나 도구 상자 아이콘(🗋)을 눌러 새로운 문서 창을 열 수 있다.

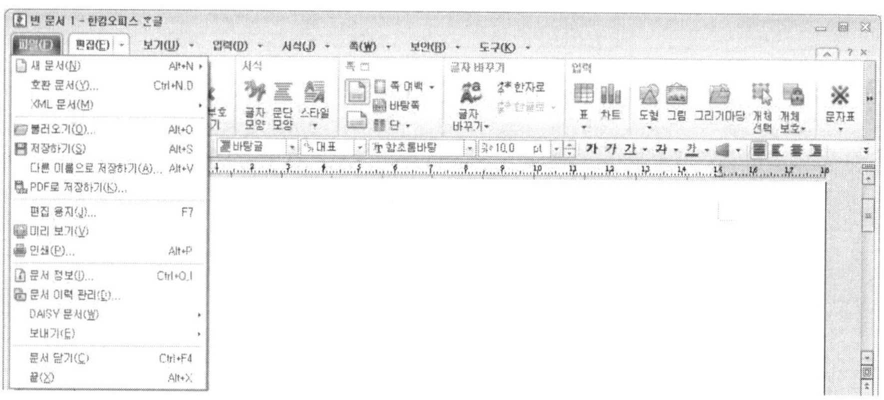

[그림 2-25] 파일 메뉴와 새문서

기존 문서를 이용한 문서의 편집은 [파일] 메뉴에서 [불러오기]를 선택하거나 도구 상자 아이콘(📂)을 눌러 편집할 문서를 불러온 다음 문서를 작성한다.

[불러오기]에서 [복사본으로 열기]는 선택한 파일을 원본 파일과 동일한 경로에 '[복사본]원본 파일 이름'으로 복사본을 저장하고 불러오는 기능이다.

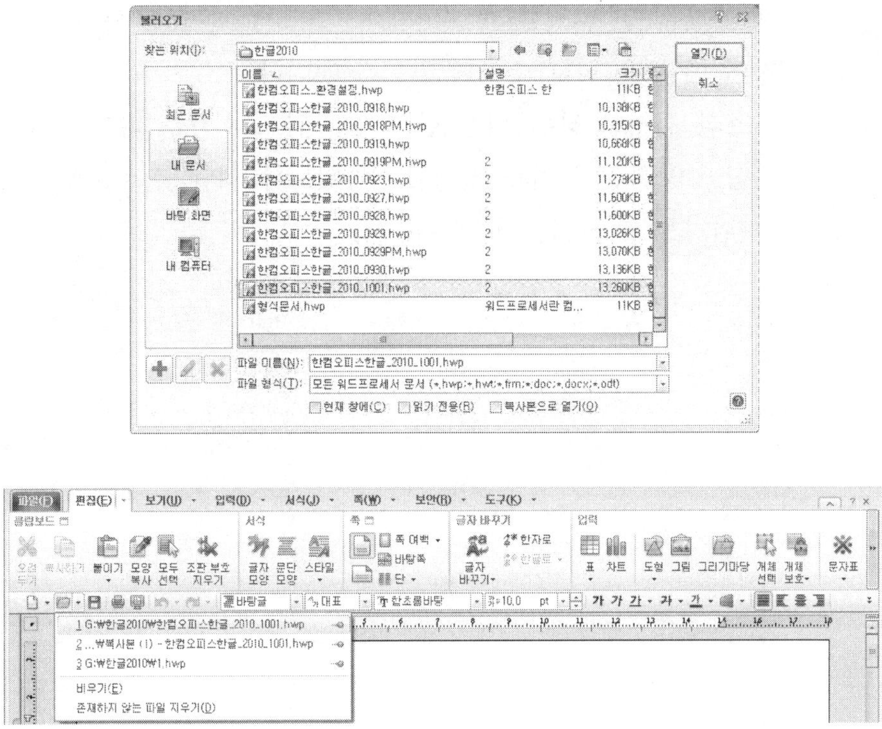

[그림 2-26] 불러오기

불러오기 오른쪽 단추( )를 누르면 최근 작업 문서 목록이 나타나며, 이때 표시되는 목록의 수는 [도구] 메뉴의 [환경 설정]에서 [편집] 탭 [최근 문서 열기] 영역의 메뉴에 최근 문서 보이기 항목의 수를 변경하여 설정한다.

새로 만들어지는 문서의 지은이와 만든 날짜는 [환경 설정]의 [사용자 정보]에 입력된 '사용자 이름, 직책 이름, 부서 이름, 회사 이름'과 [새 문서]를 실행한 날짜와 시간이 파일에 자동으로 기록되며, [환경 설정]의 [새 문서]에서 설정한 양식으로 나타난다. 이를 변경하고자 하는 경우 \HNC\Shared80\HwpTemplate\Doc\Kor\NORMAL.HWT나 \HNC\Shared80\HwpTemplate\Doc\Enu\NORMAL.HWT 바탕문서를 불러와 수정하여 사용할 수 있다.

새 문서를 만드는 방법에는 [새 문서]와 [새 탭]이 있으며 차이점은 새 문서는 빈 문서를 창 모양으로 만드는 것이고, 새 탭은 현재 문서 창 안에 탭을 하나 추가로 만드는 것이다.

호환 문서란 하위 버전 한글, MS 워드와 같은 다른 프로그램과 호환성이 보장된 문서를 작성할 수 있도록 해당 프로그램과 동일한 편집 환경을 제공하는 기능이다.

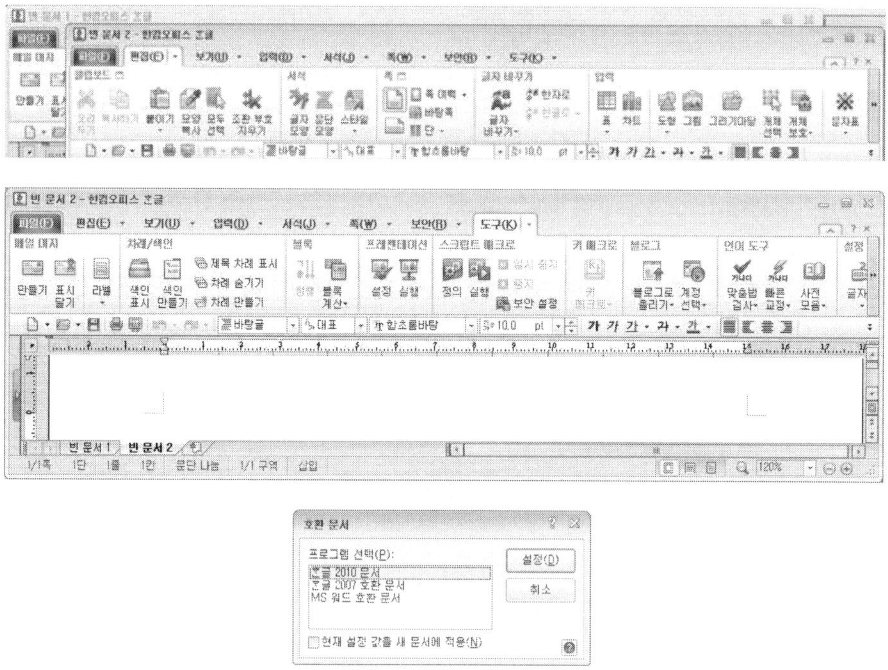

[그림 2-27] 새 문서와 호환 문서

XML(eXtensible Markup Language) 문서는 웹상에서 구조화된 문서를 전송할 수 있는 마크업 언어로 인터넷에서 바로 사용 가능한 문서를 표현할 수 있는 스크립트 언어로 [XML 서식 만들기], 미리 서식 파일(*.hwt)로 만들어 놓고 사용하기 위한 [XML 서식마당] 그리고 [XML 문서 불러오기/저장하기]로 구성되어 있다.

예를 들어 서식마당에 있는 파일을 이용하여 휴가원을 작성하는 과정은 [XML 서식마당]에서 휴가원을 선택하고 데이터를 입력한 다음 [XML 문서 저장하기]를 이용하여 XML 파일로 저장하여 사용한다.

[그림 2-28] 서식마당을 이용한 XML 문서

편집한 문서의 저장은 동일한 이름으로 저장하려면 [파일] 탭에서 [저장하기]를 선택하거나 도구 상자 아이콘()을 클릭하여 저장하며, 다른 이름으로 저장하고자 하는 경우에는 [다른 이름으로 저장하기]를 선택한 다음 저장 위치와 이름과 파일 형식을 지정하여 저장한다.

이때, 파일 형식의 지정은 한글에서 편집한 문서를 다른 프로그램에서 불러 쓰기 위한 저장 기능이다.

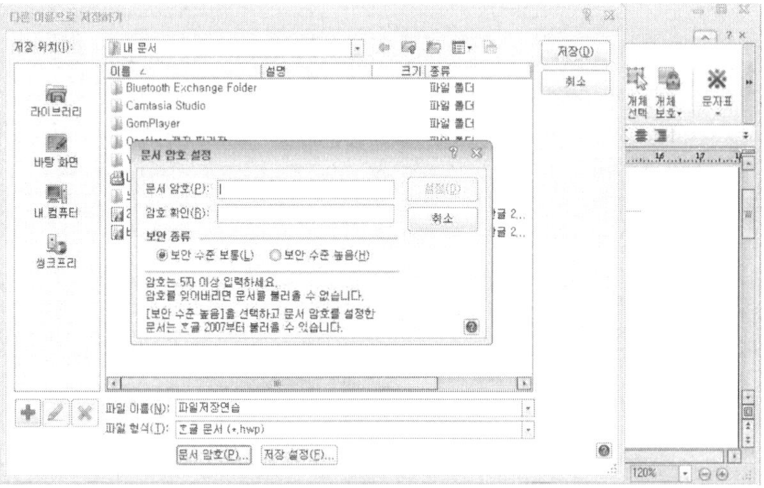

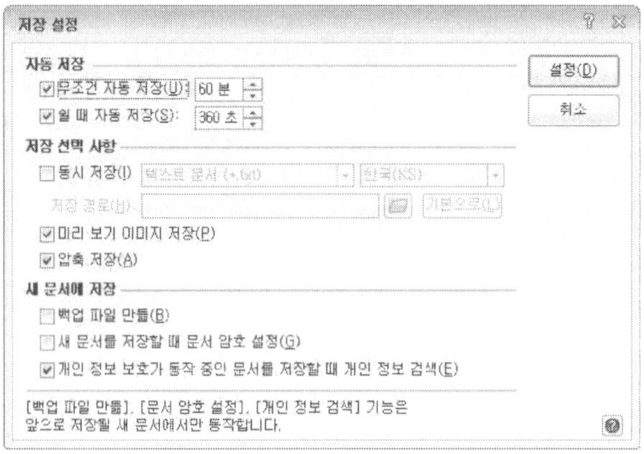

[그림 2-29] 불러오기와 다른 이름으로 저장하기

또한, [파일 형식]을 '한글 문서(*.hwp)' 또는 '한글 서식(*.hwt)'으로 지정하여 문서를 저장할 경우에는 문서 관리를 위해 문서 암호와 보안 수준 설정이 가능하며, 암호를 사용할 경우 유의해야 할 사항으로는 설정된 암호 이외의 다른 방법으로는 열 수 없다는 점이다.

<표 2-2> 파일 형식

종류	확장자	설 명
한글97~3.0 문서	hwp	한글 2010의 이전 판의 파일 형식으로 한글 2010의 새로운 기능으로 편집된 부분은 제대로 저장되지 않는다.
한글서식	hwt	현재 문서를 문서마당의 서식 파일로 이용하기 위한 파일 형식이다.
HWPML 2.0 문서	hml	다른 응용 프로그램에서도 한글 파일을 쉽게 불러 편집할 수 있도록 Markup된 태그 구조로 나타낸 파일 형식이다.
인터넷 문서	htm; html; asp; php	인터넷 문서의 파일 형식으로 개체가 올바르게 나타나지 않을 경우 각 개체를 글자처럼 취급하여 저장한다.
ODF 텍스트 문서	odt	ISO 표준인 ODF(Open Document Format) 텍스트 문서 형식으로 저장한다.
텍스트 문서	txt	일반적인 문자, 숫자, 그리고 각종 기호들로만 이루어진 형태의 문서 파일 형식이다.
2바이트 문서	2b	아스키 텍스트 파일로 저장하는 파일 형식으로, '유니코드 문서(*.txt; *.2b)' 형식으로 불러오기를 수행한다.
서식 있는 문서	rtf	다양한 응용 프로그램에서 만든 문서들의 호환성을 고려한 파일 형식이다.
FLASH 문서	swf	멀티미디어 저작도구인 플래시의 벡터 그래픽 파일 형식으로 홈페이지의 제작에 많이 쓰인다.
MS워드 문서	doc	마이크로소프트 워드 파일 형식으로 저장한다.
인터넷 프레젠테이션 문서	htm	한글에서 작성한 문서를 인터넷상에서 프레젠테이션을 하거나 인터넷용 교재로 활용하기 위한 파일 형식이다.
XML 문서	xml	한글 XML 서식으로 저장하기 위한 파일 형식이다.

[저장 설정] 단추는 문서 작성 중 일정 시간마다 자동으로 저장하는 [무조건 자동 저장], [쉴 때 자동 저장] 및 [동시 저장], [미리 보기 이미지 저장], [압축 저장]과 같은 [저장 선택 사항] 그리고 [백업 파일 만듦], [새 문서를 저장할 때 문서 암호 설정], [개인 정보 보호가 동작 중인 문서를 저장할 때 개인 정보 검색] 등 [새 문서에 저장]할 때 선택 사항을 설정하는 기능이다.

[PDF로 저장하기]와 [모바일 최적화 문서로 저장하기]는 현재 편집 화면의 문서를 PDF 파일로 저장하거나 모바일 환경에 최적화된 문서로 저장하기 위한 기능이다.

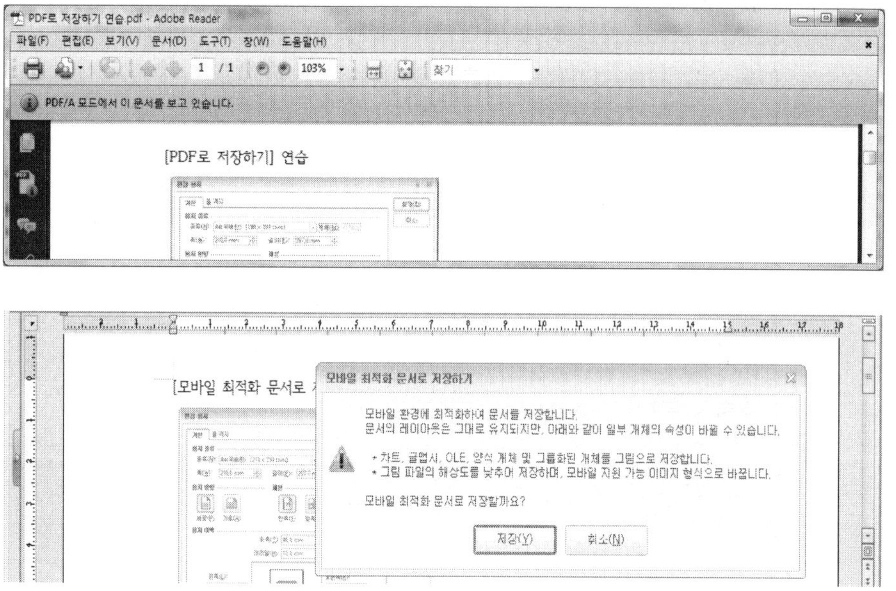

[그림 2-30] PDF와 모바일 최적화 문서로 저장하기

[편집 용지]는 [기본]과 [줄 격자] 탭으로 구성되어 있으며, [기본] 탭에서는 편집 용지의 종류와 방향 그리고 상하좌우의 여백을 미리 설정하는 부분이고, [줄 격자] 탭에서는 한 줄의 줄 수와 줄 간격 및 한 줄당 눈금 수와 글자 간격 즉, 줄 수와 글자 수를 설정할 수 있는 기능이다.

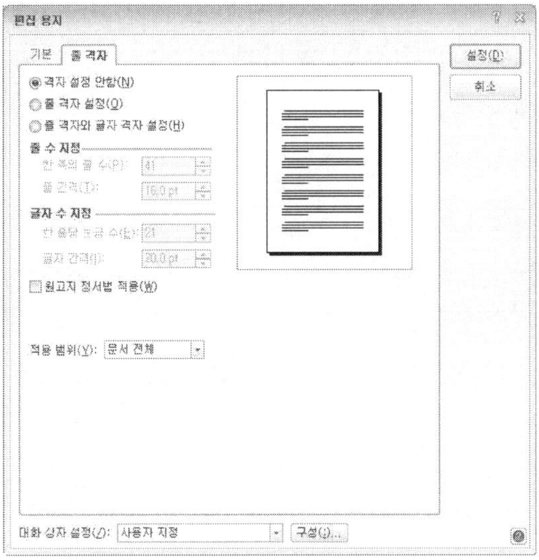

[그림 2-31] 편집 용지

[미리 보기]는 [쪽 이동], [인쇄], [용지 방향], [설정], [보기], [확대/축소], [편집], [닫기]로 구성되어 있으며 현재 작업 중인 문서를 전체 쪽수와 현재 쪽수를 포함하여 용지에 인쇄될 모양 그대로를 화면에 보여준다.

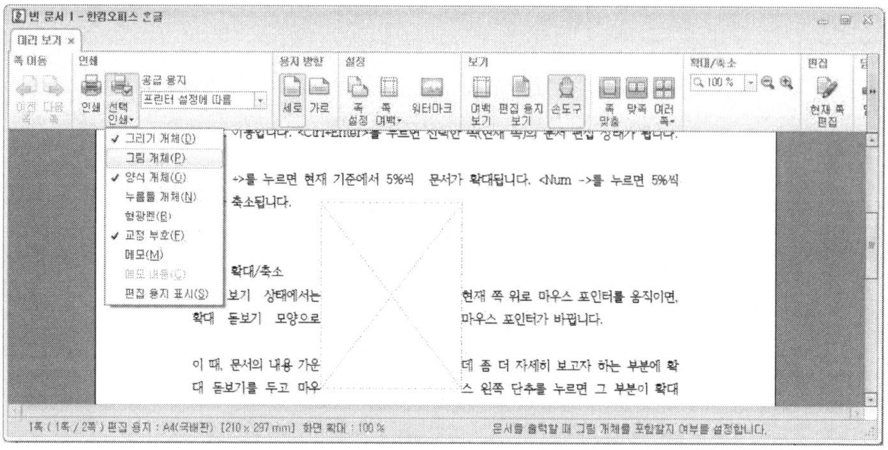

[그림 2-32] 미리 보기

[쪽 이동]과 [인쇄]는 현재 쪽을 기준으로 이전이나 다음 쪽으로 이동하는 기능과 편집한 문서를 지정된 인쇄 범위, 인쇄 매수, 인쇄 방식, 확대/축소 비율로 프린터로 인쇄하거나 각종 선택 사항을 설정하는 기능이다.

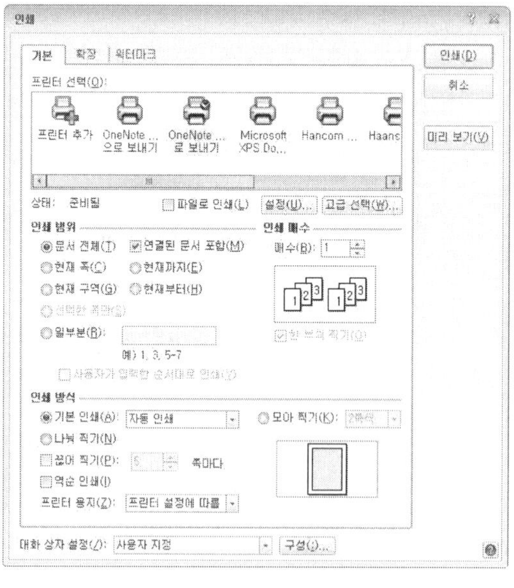

[그림 2-33] 인쇄(1)

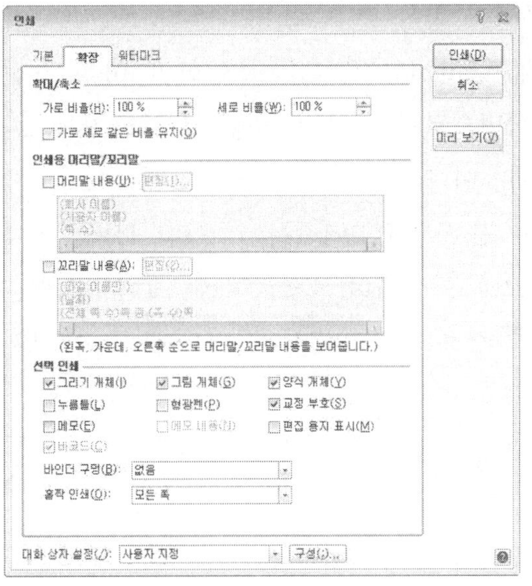

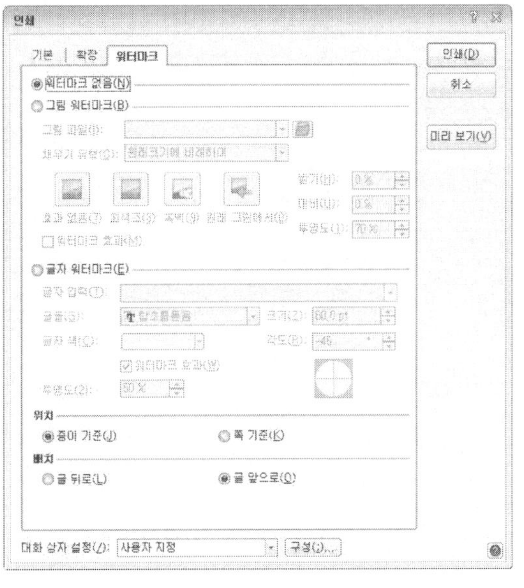

[그림 2-34] 인쇄(2)

[용지 방향], [설정] 그리고 [보기]는 가로/세로 용지 방향, 여백 설정과 워터마크 그리고 여백 보기, 편집 용지 보기, 한 화면 보이지 않는 경우 이동을 하기 위한 손 도구, 쪽 보기의 모양을 선택 기능이 포함되어 있다. 여기에서 두 쪽을 한 화면에 보여주는 맞쪽 보기의 경우

오른쪽에는 항상 홀수 쪽이 나온다.

[확대/축소], [편집], [닫기]는 화면 비율 조절과 미리 보기 상태에서 편집 화면으로 돌아가는 기능 그리고 기본 보기 화면으로 되돌아가기 위한 기능이다.

[문서 정보]는 [일반], [문서 요약], [문서 통계], [글꼴 정보], [그림 정보] 탭으로 구성되며, 파일 이름, 크기, 날짜, 속성 등 문서 파일에 대한 추가 정보를 확인하거나, 기록해 둘 수 있다.

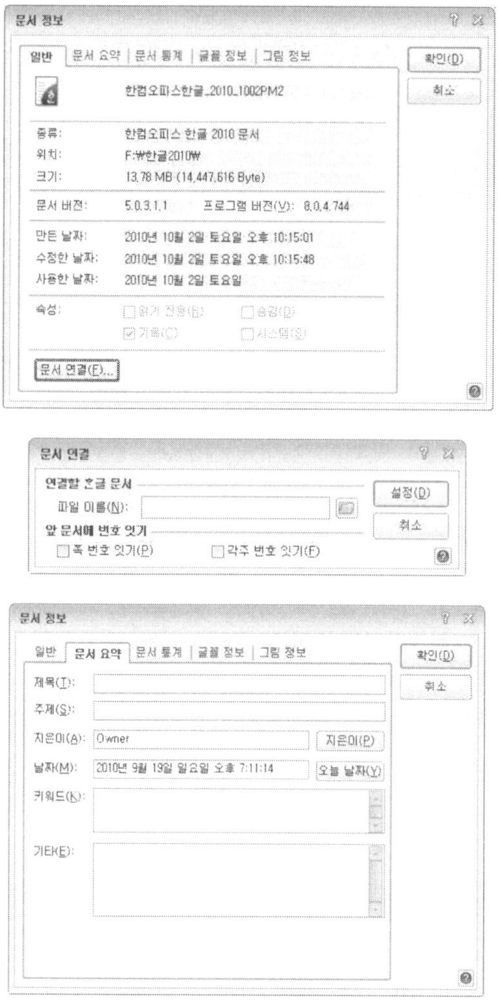

[그림 2-35] 문서 정보 – 일반/요약

[일반] 탭은 현재 편집 중인 문서의 파일명, 파일 형식, 폴더 위치, 파일 크기, 파일 포맷 문서와 프로그램 버전, 날짜 정보, 속성에 대한 정보를 보여주며, 문서 연결은 다른 파일과 연결시킬 경우 [쪽 번호 잇기]와 [각주 번호 잇기]를 설정할 수 있는 기능이다.

[문서 요약] 탭은 현재 문서에 대한 문서 관리 목적으로 제목, 주제, 지은이, 날짜, 키워드 등의 정보를 입력할 수 있는 기능으로 문서에는 영향을 미치지 않는다.

이때, 제목을 입력하지 않은 경우 문서에서 빈 줄을 제외하고 글자가 입력된 첫 문단이 입력되며, [지은이] 단추를 누르면 [사용자 정보]에 있는 정보로 수정된다.

또한, 날짜는 문서 파일을 만들기 시작할 때의 날짜와 시각이 자동으로 입력되며 사용자가 고쳐 쓸 수도 있으며, 키워드는 문서의 중심 단어들을 입력한다.

[문서 이력 관리]는 2개의 문서 버전을 선택하여 파일 내용을 비교할 수 있도록 사용자가 원하는 시점이나 저장할 때에 버전을 삽입하는 기능이다.

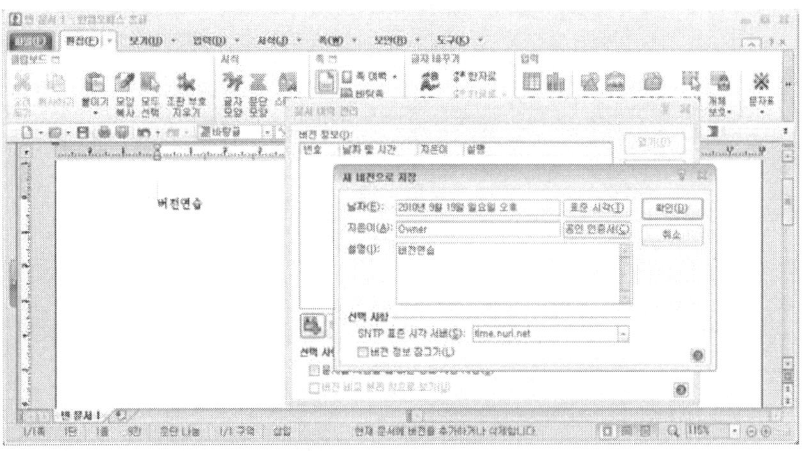

[그림 2-36] 문서 이력 관리(1)

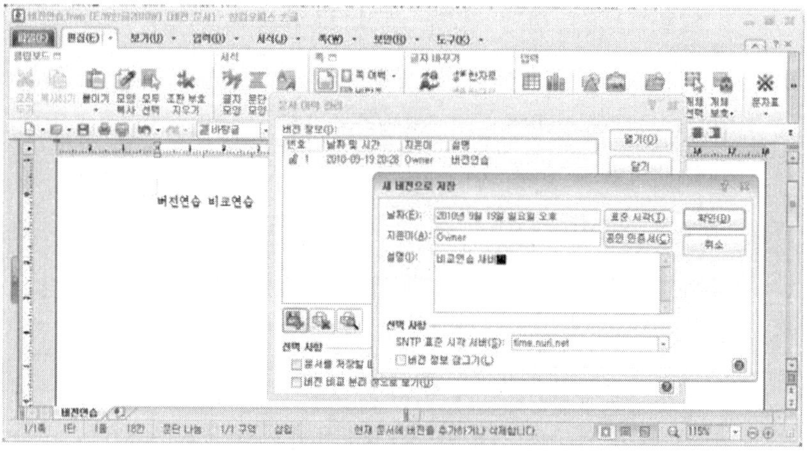

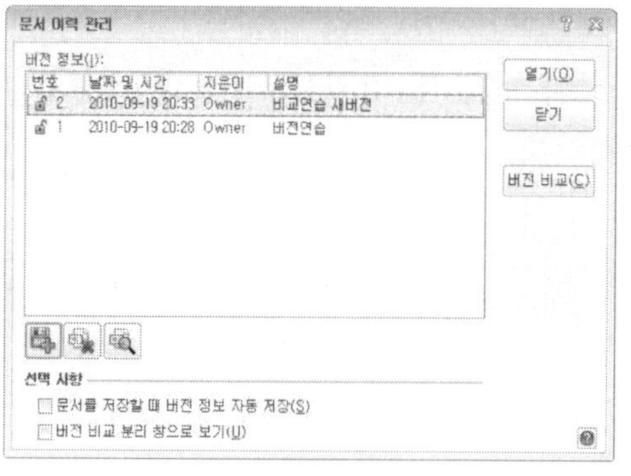

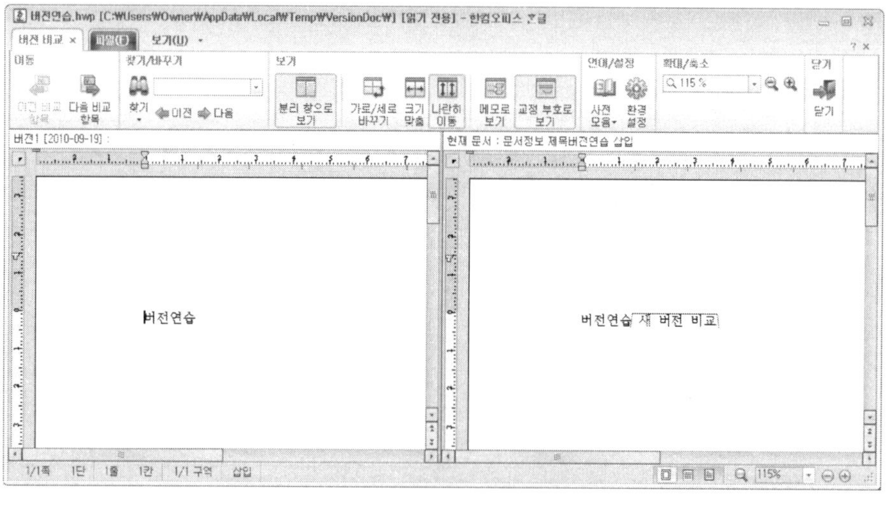

[그림 2-37] 문서 이력 관리(2)

[DAISY 문서]란 Digital Accessible Information System의 약자로 시각 장애인이나 독서 장애인의 정보 접근을 위한 디지털 음성 도서(Digital Talking Book)를 제작하는 데 사용되는 국제 디지털 문서 형식이다.

[그림 2-38] 문자 보내기

[보내기]는 작성한 문서를 편지의 본문이나 첨부 파일로 하여 윈도우의 기본 메일 프로그램을 이용하여 전자 우편(e-mail)을 보내는 기능으로 시스템에 기본 메일 프로그램이 설정되어 있어야 한다.

[그림 2-39] 웹 브라우저로 보내기와 웹 서버로 올리기

또한, 문서를 HTML의 형식으로 저장하여 웹 브라우저로 보내거나, 별도의 FTP 프로그램 없이 웹 서버에 저장할 경로와 파일 이름만 설정하여 웹서버로 올리는 기능도 포함되어 있다.

2.3.2 입 력

문서 작성에서 한글과 영문의 입력은 글자판에서 한/영 전환키를 누르거나 Shift-Space Bar를 이용하여 상태 표시줄을 한글 또는 영문으로 전환하여 입력하며, CapsLock 키를 이용하여 영문에서 대문자와 소문자를 전환할 수 있다.

[문자표]는 글자판에서 입력하기 힘든 다양한 문자나 기호를 입력할 수 있는 기능으로 유니코드 체계에 의한 '유니코드 문자표'와 한/글 97에서 지원하던 '한/글 문자표', KS 완성형 코드인 '완성형 문자표', 문자를 찾기 쉽도록 유니코드 문자를 재구성하여 제공하는 '사용자 문자표'로 구성되어 있다.

[그림 2-40] 문자표

[한자 입력]은 한글에서 사용하는 대부분의 한자 기능을 모은 메뉴로 [한자로 바꾸기], [한자 단어 등록], [한자 부수/총획수], [한자 새김 입력]으로 구성되어 있다.

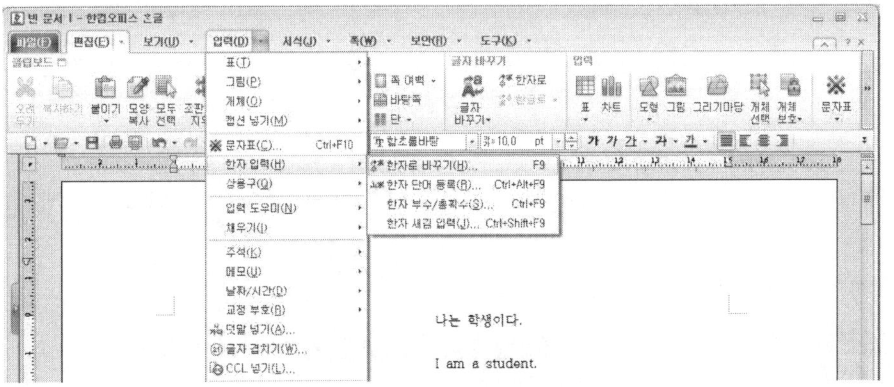

[그림 2-41] 한자 입력

한글/한자의 변환은 한글로 단어를 입력한 다음 [한자 입력]에서 한자로 바꾸기를 선택하거나, 자판에서 기능키 한자 또는 F9를 누르면 나타나는 대화 상자에서 알맞은 한자를 선택하고 입력 형식을 선택하여 변환한다.

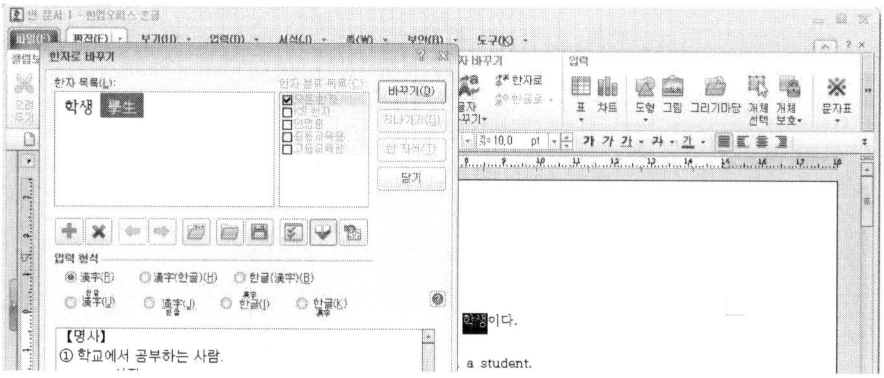

[그림 2-42] 한자 입력 – 한자로 바꾸기

[한자 단어 등록]은 한글/한자 변환 기능에서 등록되어 있지 않은 단어를 추가하거나 삭제할 수 있는 기능으로 [한자 단어 등록]을 선택하고 등록할 단어의 한글을 입력하여 사용한다. 등록한 한자 단어 사전은 별도의 파일로 저장할 수 있으며 저장된 사전 파일은 다른 시스템에서도 사용할 수 있다.

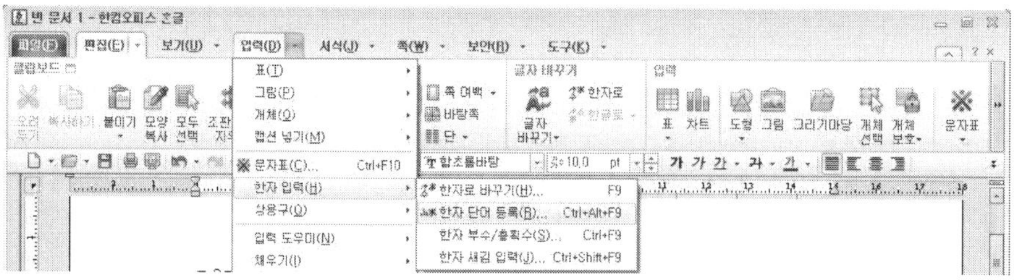

[그림 2-43] 새로운 한자 단어 등록(1)

[그림 2-44] 새로운 한자 단어 등록(2)

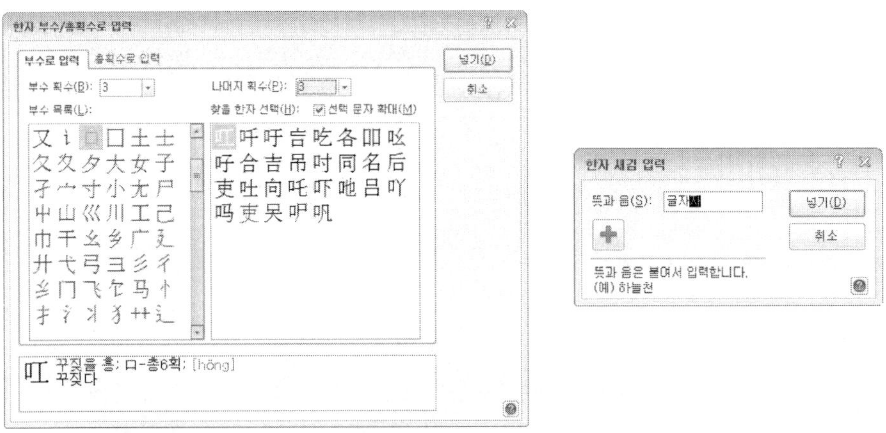

[그림 2-45] 한자 부수/총획수 및 한자 새김 입력

또한, [한자 부수/총획수]와 [한자 새김 입력]은 부수와 획수 또는 총획수를 이용하거나 한자의 뜻과 음을 이용하여 입력하는 방법이다.

[상용구]는 자주 사용하는 문자열을 준말로 정의하여 등록해 놓았다가, 준말을 입력하면 정의된 문자열 즉, 본말 전체가 입력되도록 하는 기능으로 글자뿐 아니라 표나 그림 등 한글에서 작성할 수 있는 모든 내용들을 등록할 수 있다.

예를 들어, '하드'를 입력하면 '하드웨어'로 문자열이 바뀌는 상용구를 정의하려면 [입력]−[상용구]를 선택하고 준말과 본말에 '하드', '하드웨어'를 입력하고 설정을 누른 다음 넣기를 클릭한다. 문서에서의 등록된 상용구 사용은 '하드'를 입력하고 Alt-I를 누르면 본말이 입력된다.

[그림 2-46] 상용구

2.4 표, 그림, 개체 및 캡션 넣기

한글 2010은 문서를 작성하면서 단순한 표 작성이나 통계 등을 이용하여 복잡한 내용이나 수치 자료를 일목요연하게 정리하기 위한 표 편집 기능이 포함되어 있다.

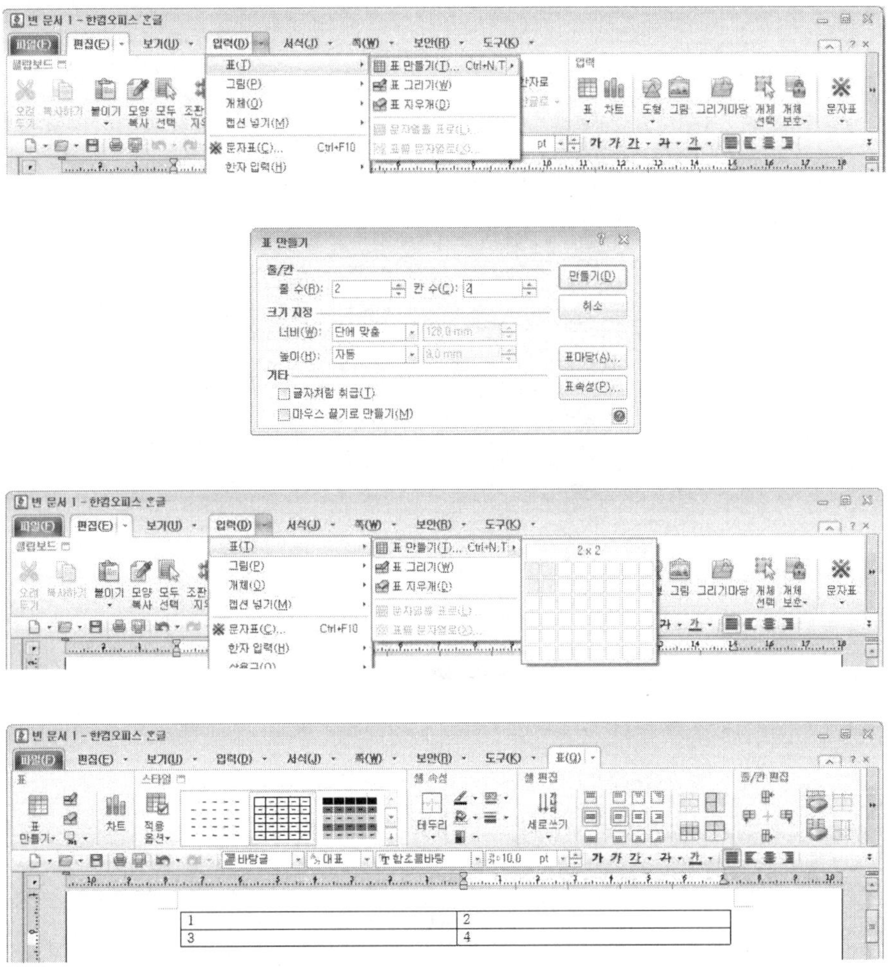

[그림 2-47] 표 만들기

표를 만들기 위해서는 우선 [표] 메뉴에서 [표 만들기]를 선택하여 줄 수와 칸 수 및 크기를 지정한다.

그리고 다양한 형태의 테두리/배경 모양을 적용한 표 서식이 들어 있는 [표 마당]과 [표 속성]의 대화 상자를 이용하여 미리 원하는 표 모양을 선택하고 표의 테두리, 배경의 속성을 미리 지정하여 표를 작성한 다음 마우스를 누른 상태에서 움직여 크기를 지정한다.

또한, [표 만들기]에는 표 안에 다른 표를 만들어 넣을 수 있으며, 한 쪽을 넘어가는 표를 자동으로 나누어 주는 기능도 포함되어 있다.

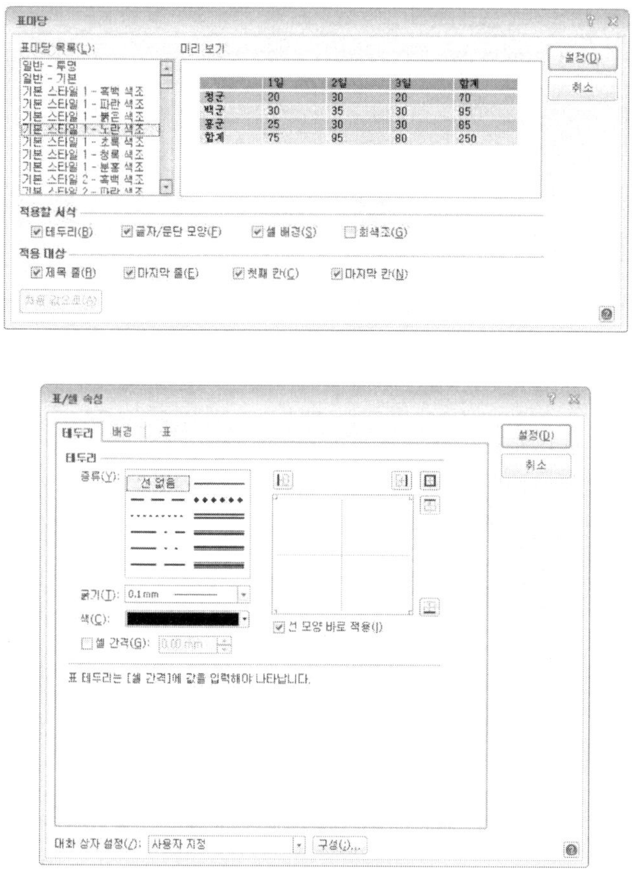

[그림 2-48] 표 마당과 표 속성

[표 그리기]와 [표 지우개]는 마우스를 이용하여 줄이나 칸 추가하기, 대각선 긋기 등을 수행하거나 표에서 줄이나 칸을 지우는 기능을 수행한다.

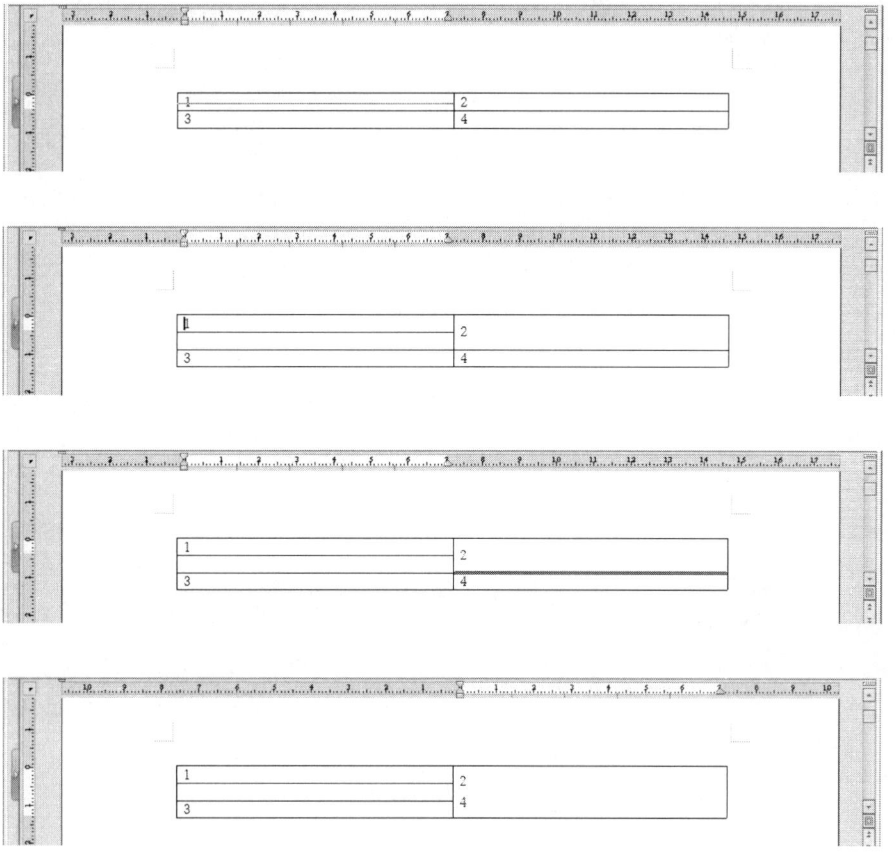

[그림 2-49] 표 그리기/지우개

또한, 블록으로 설정한 내용을 표로 만드는 [문자열을 표로]와 표의 틀을 없애고 내용만 문자열로 바꾸는 기능도 제공된다.

[그림 2-50] 문자열을 표로/표를 문자열로

새로운 줄이나 칸이 더 필요한 경우 줄이나 칸의 삽입은 추가하고자 하는 셀에 커서를 놓고 [표]−[줄/칸 추가하기]에서 현재 커서 위치를 기준으로 추가할 위치와 추가할 수를 입력하여 실행한다. 또한, 필요 없는 줄이나 칸의 삭제는 삭제하고자 하는 셀에 커서를 놓고 [표]−[줄/칸 지우기]에서 삭제할 칸이나 줄을 선택하여 실행한다.

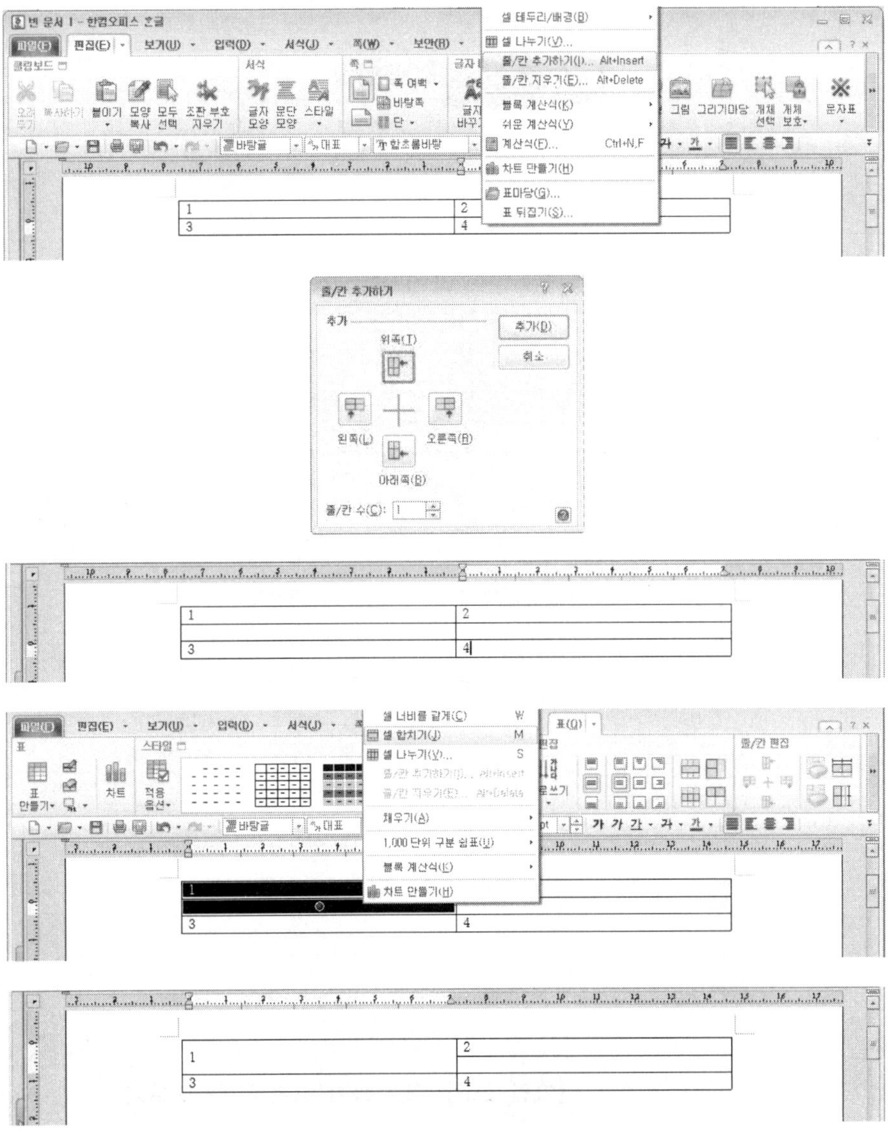

[그림 2-51] 줄/칸 삽입과 셀 합치기

[셀 합치기]는 두 개 이상의 셀 블록을 하나로 합치는 기능으로, 실행할 영역을 블록으로 설정하고 [표]−[셀 합치기]를 실행한다.

표 편집에서 [복사하기/오려두기]−[붙이기] 기능은 우선 영역을 설정하고 오른쪽 마우스 버튼을 누르고 복사하기나 오려두기를 선택하고 붙이고자 하는 셀의 위치를 선택하고 붙이기를 선택한다.

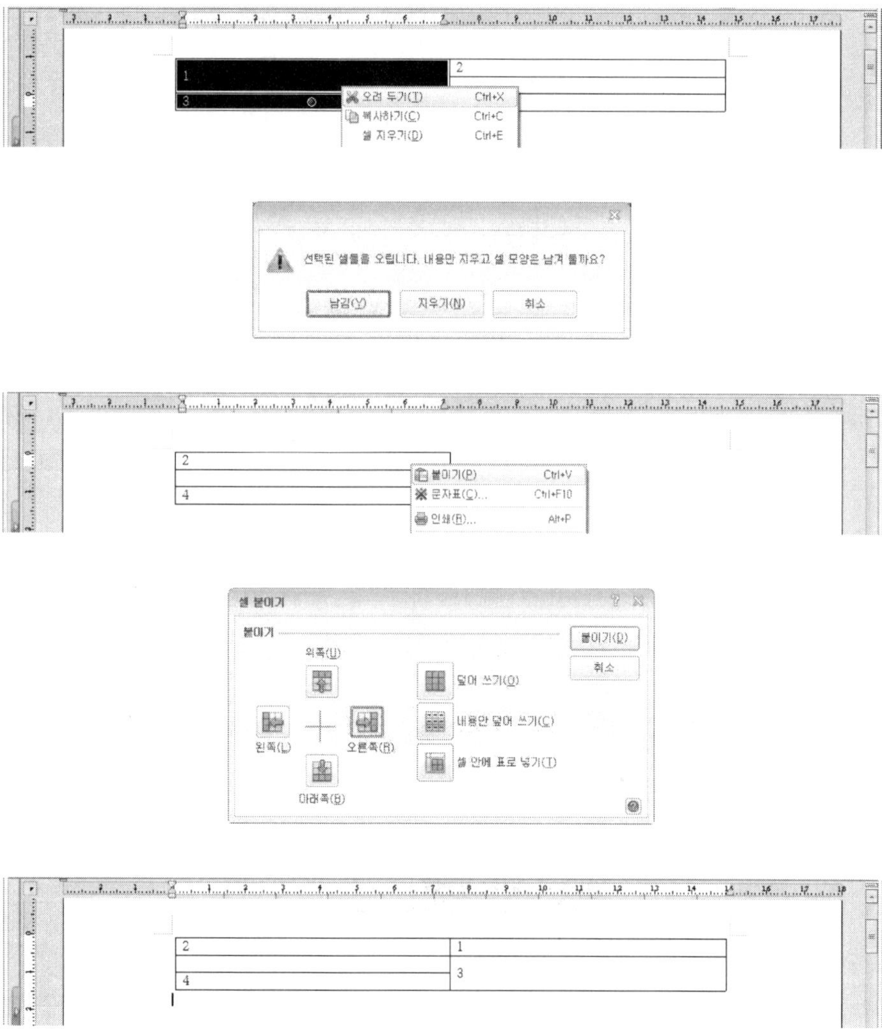

[그림 2-52] 복사하기/오려두기−붙이기

셀의 크기를 조절하는 방법에는 Shift 키와 Ctrl 키를 이용하는 방법이 있다.

Shift 키를 누른 상태에서 화살표 ←→↑↓를 누르면 인접한 자체 셀의 크기를 조절하는 것이고, Ctrl 키를 누른 상태에서 화살표 ←→↑↓를 누르면 표의 전체 크기가 변화한다.

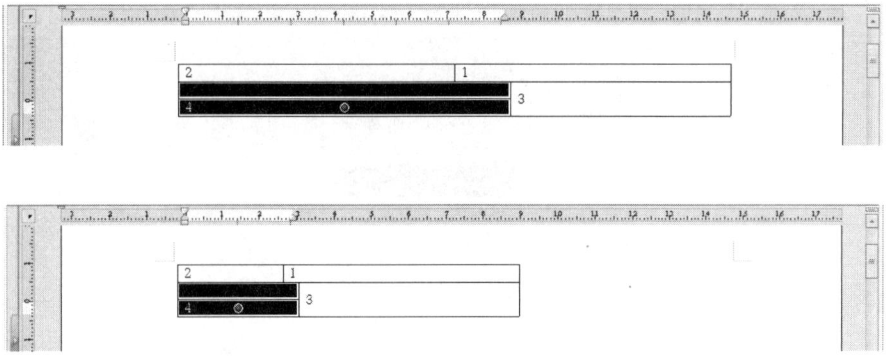

[그림 2-53] 셀 크기 조절

[셀 테두리/배경]은 표의 각 셀을 에워싸는 테두리의 모양을 바꾸거나 대각선 긋기, 또는 셀마다 배경색과 배경 그림 등을 넣어 표를 다양하게 꾸미는 기능이다.

[셀 테두리/배경]을 적용하기 위해서는 우선 셀 영역을 선택하고 마우스 오른쪽 단추를 눌러 [셀 테두리/배경]의 [각 셀마다 적용]을 실행하고 [배경] 탭에서 배경을 설정하여 적용한다.

이때, [적용 범위]를 [모든 셀]로 설정하면 모든 셀의 각 셀마다 지정한 배경이 적용된다.

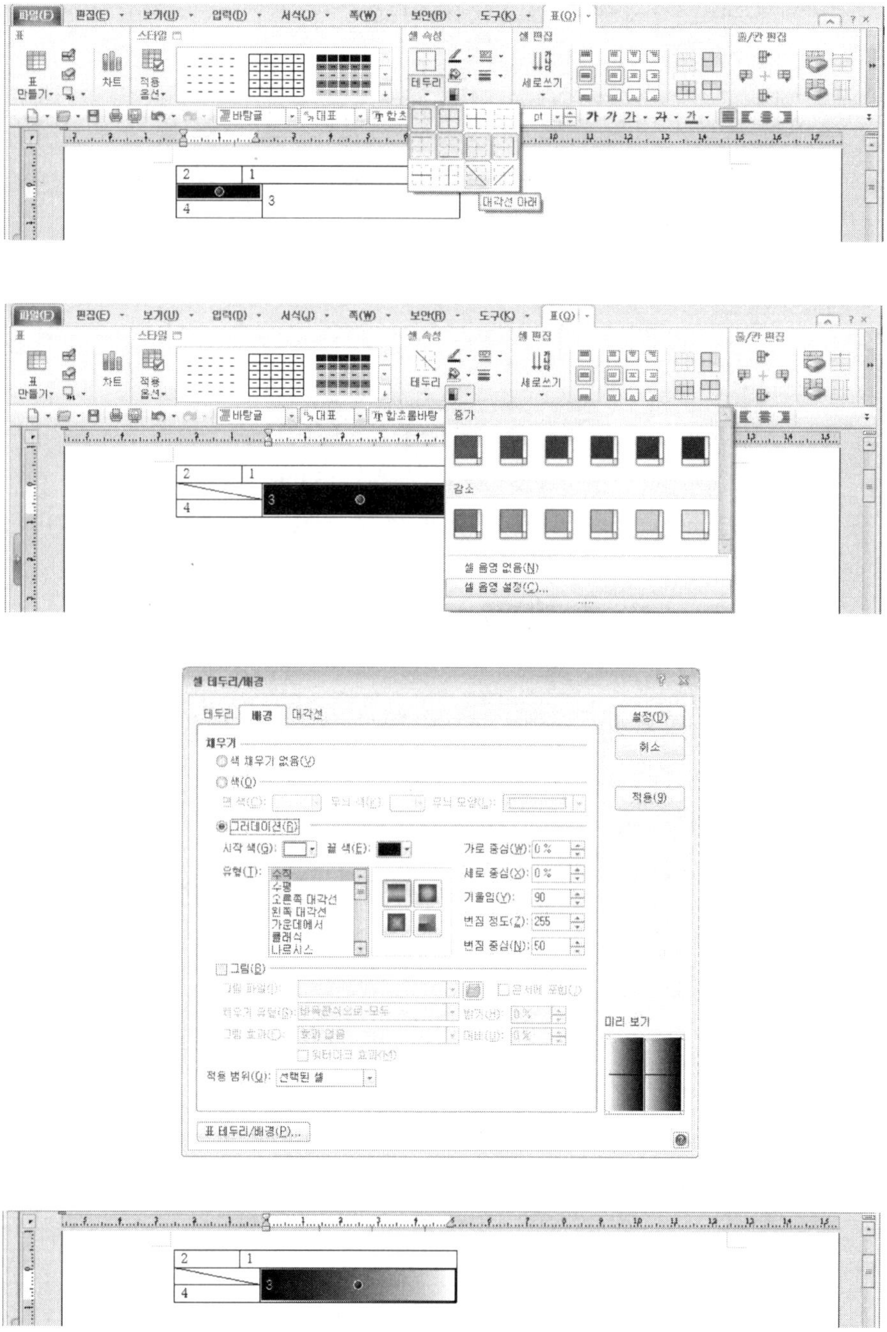

[그림 2-54] 셀 테두리/배경

[표 뒤집기]는 대칭이나 회전 영역으로 구성되어 있으며 선택한 표를 줄이나 칸, 줄/칸 기준으로 뒤집기를 하거나 90도씩 회전시키는 기능이다.

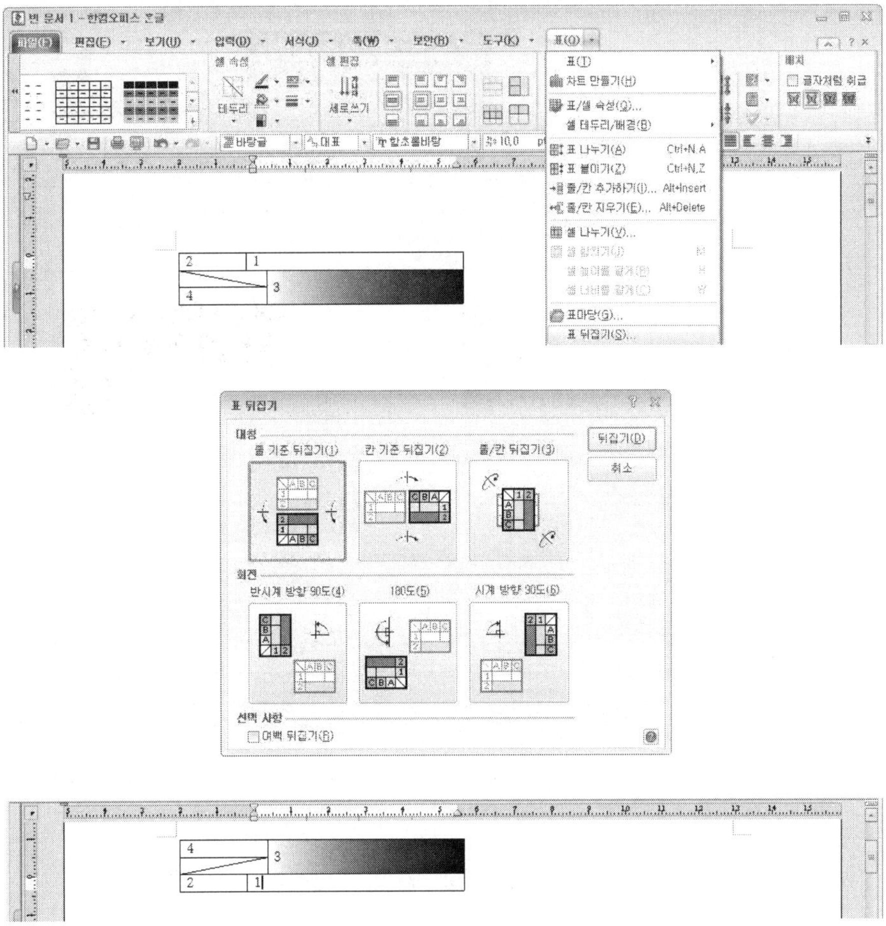

[그림 2-55] 표 뒤집기

[블록 계산식]은 표 안에서 블록의 합계나 평균 그리고 곱 등의 계산 결과를 쉽게 구할 수 있는 기능으로, 구하고자 하는 영역의 셀 블록을 설정한 다음 [표] 메뉴의 [블록 계산식]에서 원하는 계산을 지정하여 수행한다.

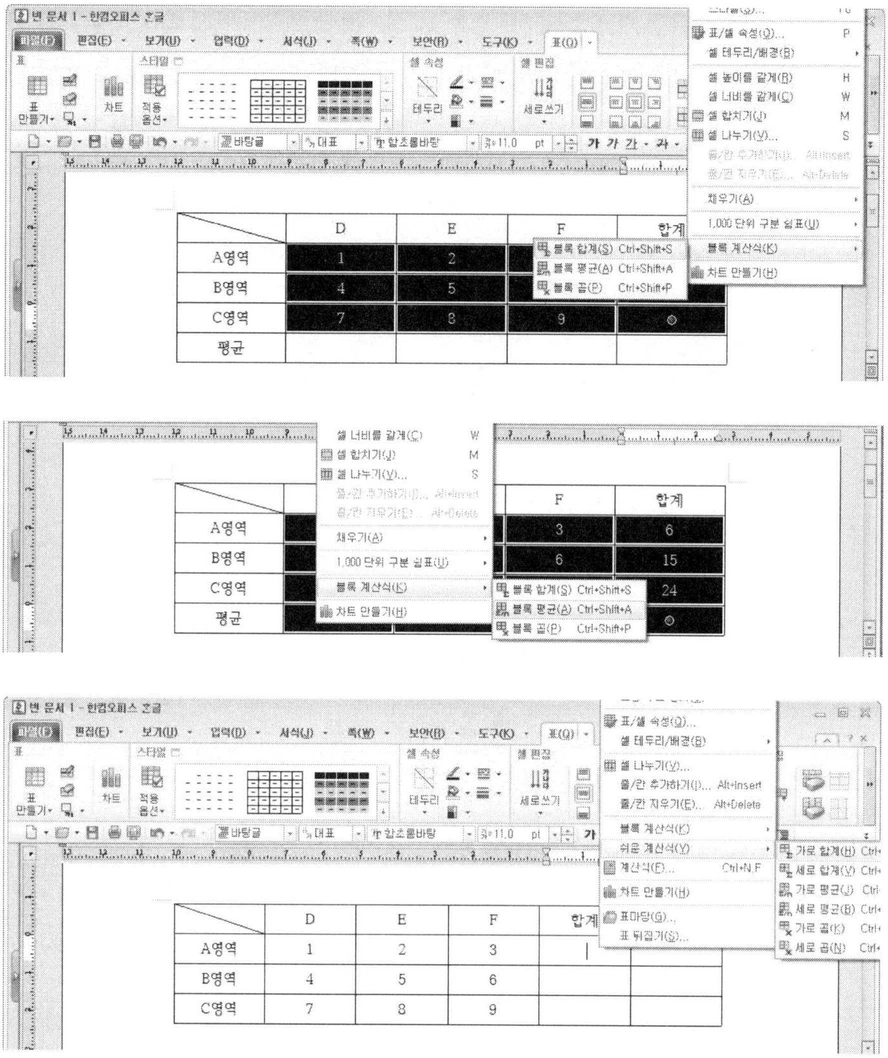

[그림 2-56] 블록 계산식과 쉬운 계산식

[쉬운 계산식]은 계산 결과를 입력할 셀에 커서를 위치하고 선택한 셀을 기준으로 합계, 평균 또는 곱을 계산하는 기능이며, [계산식]은 사칙연산과 다양한 시트 함수를 적용할 수 있는 기능으로 함수와 범위 지정자로 구성되어 있다. 또한, [계산식]은 대화 상자에서 제공하는 사칙연산 및 함수를 사용하여 계산을 할 수 있는 기능으로 계산식, 함수, 쉬운 범위 그리고 형식으로 구성되어 있다.

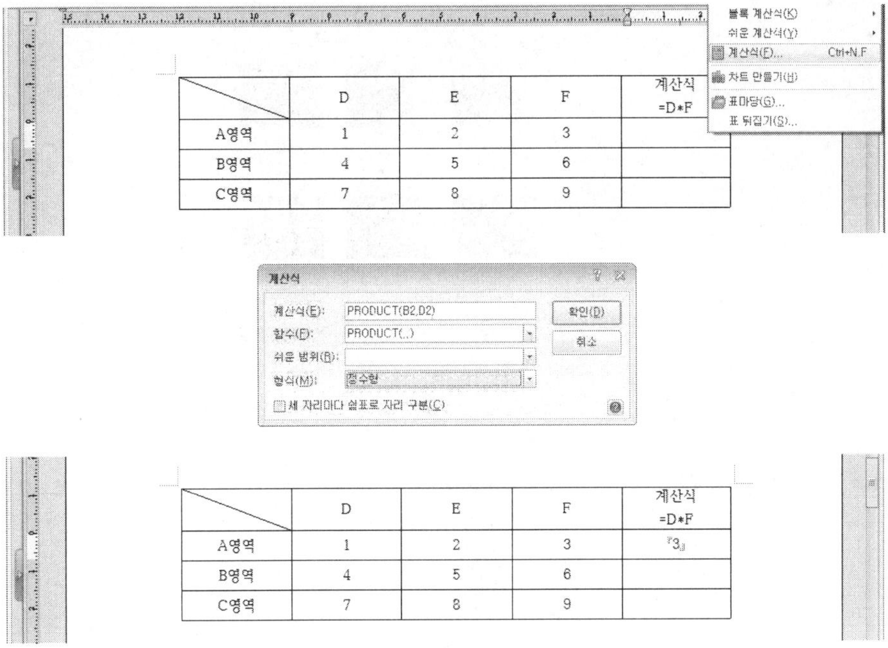

[그림 2-57] 계산식

[그림]은 문서 작성 중에 미리 준비된 그림 파일을 문서의 원하는 위치에 지정하여 삽입하는 기능으로 그림 파일 전체 또는 일부분만 잘라 넣을 수 있다. 또한 그림을 확대하거나 축소하여 넣을 수도 있으며, 그림의 테두리와 그림 효과를 설정하거나 해제할 수 있다. [그림]을 삽입하기 위해 우선 [입력]의 [개체]에서 [그림]을 클릭하여 [그림 넣기]를 수행할 파일을 선택하여 삽입한 후 [그림] 팔레트를 이용하여 여러 가지 효과를 적용하여 마무리한다.

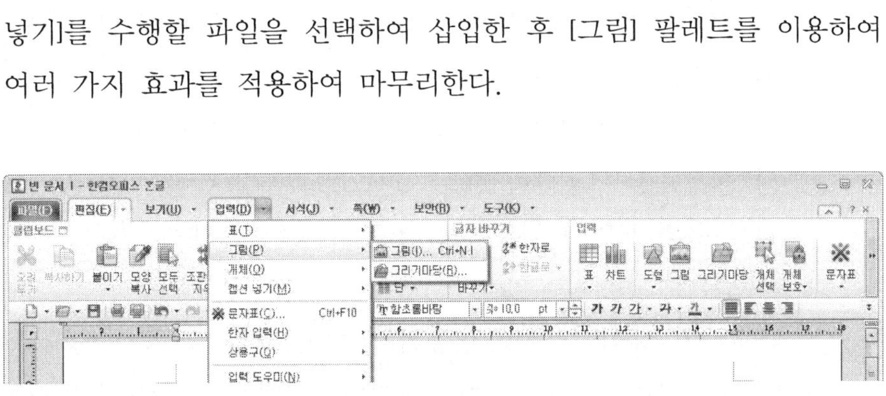

[그림 2-58] 그림 삽입(1)

[그림 2-59] 그림 삽입(2)

[그리기마당]은 쉽고 빠르게 그림을 그리기 위해 많이 쓰이는 개체를 미리 만들어 놓고 사용하는 방식이다.

그리기마당의 대화 상자는 찾을 파일 입력 상자와 한글의 그림 그리기 기능을 이용하여 만든 개체인 그리기 조각, 외부에서 그려진 그림 파일의 모임인 클립아트, 최근 이용한 그리기마당 그리고 찾기 결과 탭으로 구성되어 있다.

그리기 대화 상자를 이용하기 위해 우선 [그리기마당]을 실행하고 [그리기 조각] 탭의 [선택할 꾸러미]와 [개체 목록]에서 원하는 그리기 조각을 선택하여 [넣기] 단추를 누른다.

다음과정으로 마우스 포인터(+)를 원하는 위치로 이동하고 대각선 방향으로 마우스를 끌어 크기를 조정하여 그림을 삽입한다. 이때, 마우스를 끌지 않고 마우스의 왼쪽 단추를 한 번 누르면 기본 크기로 그림이 삽입되며, Shift를 누른 상태에서 마우스를 끌면 가로와 세로가 다른 비율로 그림이 삽입된다.

예를 들어, 이름에 '얼굴'자가 들어가는 파일을 찾고자 하는 경우 [찾을 파일] 입력 상자에 '얼굴'을 입력하고 [찾기] 단추를 누른 다음 마우스를 이용하여 삽입할 위치에서 크기를 조정한다.

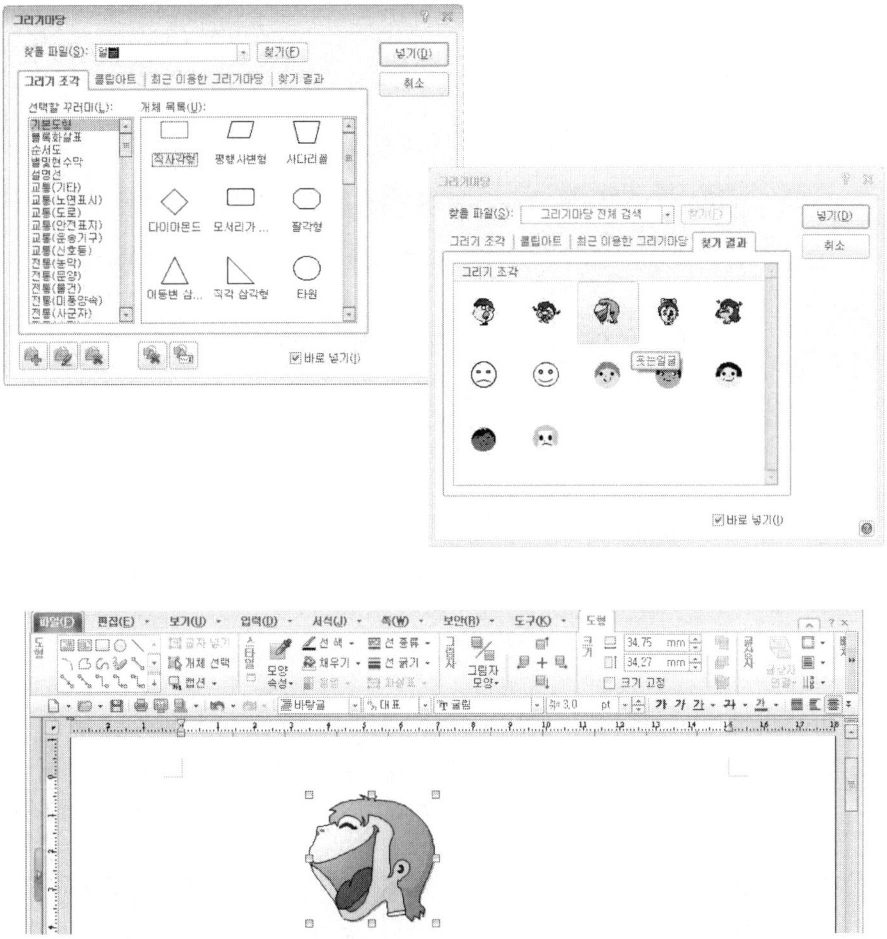

[그림 2-60] 그리기마당

[그리기마당]의 [클립아트] 경우 등록된 꾸러미 안에 들어 있는 그림 파일만을 사용할 수 있으나 [그림]을 이용하면 그림 파일의 폴더 위치에 상관없이 불러들일 수 있다는 점이 다르다.

[개체] 메뉴는 글상자, 글맵시, 문단 띠, 수식, 차트, 플래시, 소리, 그리기, OLE 개체를 삽입할 수 있도록 구성되어 있으며 여러 개의 개체를 하나의 개체로 묶거나 풀 수도 있다.

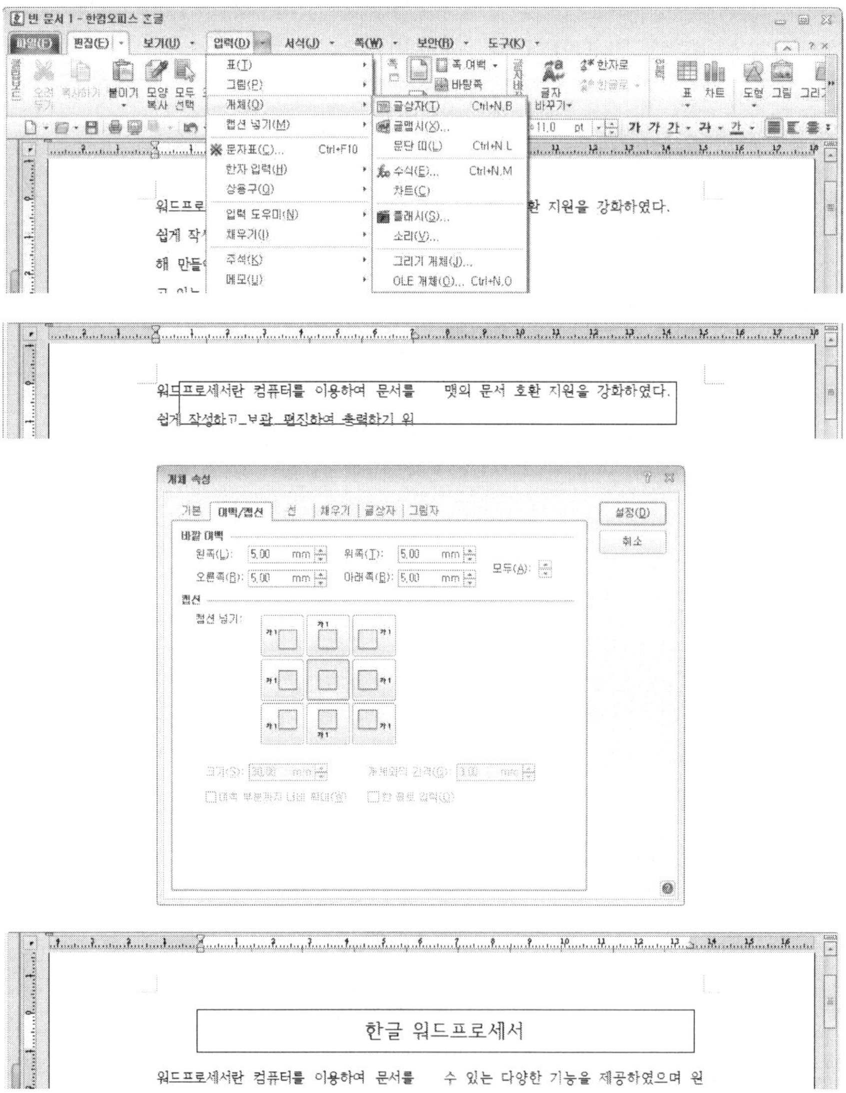

[그림 2-61] 글상자

글상자는 편집 문서의 제목을 넣거나 본문에 요약 글을 넣을 때 이용하며, [입력]-[개체]의 [글상자]를 실행하거나, [도형] 탭의 [글상자] 아이콘(또는)을 누르고 원하는 위치에 마우스 포인터를 놓고 왼쪽 단추를 누른 상태에서 끌어 크기를 조절한 다음 제목을 입력하고 개체 속성을 설정한다.

글맵시는 글자에 다양한 효과를 주어 꾸미는 기능으로 [입력]-[개체]의 [글맵시]에서 글맵시 만들기 대화 상자가 나타나면 내용을 입력하고 글꼴, 속성 등을 설정하고 적용한다.

또한, [문단 띠]는 문단의 왼쪽 여백부터 오른쪽 여백까지 한 번에 구분선을 그리는 것이다.

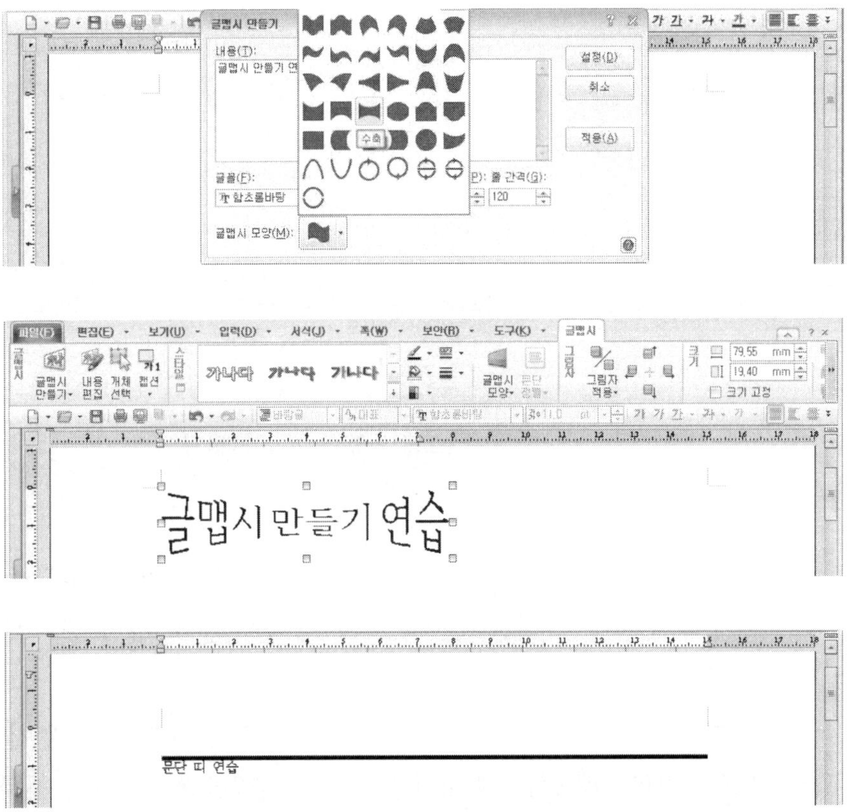

[그림 2-62] 글맵시와 문단 띠

문서 작성 중에 간단한 산술식에서 복잡한 수식에 이르기까지 수식을 편집하기 위해 수식 템플릿과 수식용 명령어를 이용하여 작성할 수 있는 [수식 편집기] 기능이 제공되고 있다.

수식 편집은 [입력] 메뉴에서 [개체]의 [수식]을 선택하고 [수식 편집기] 대화 상자에 있는 수식 팔레트를 이용하여 입력한 다음 수식 편집을 끝내면 본문에 수식이 입력되어 나타난다.

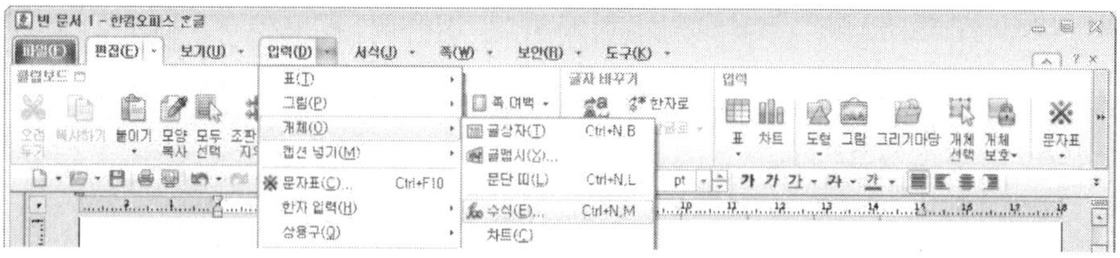

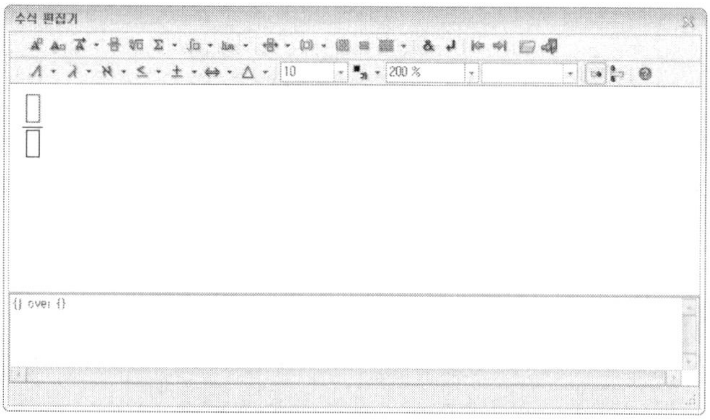

[그림 2-63] 수식 편집기

[차트 만들기]는 보다 효과적으로 자료의 전체나 일부분의 추세나 유형을 한눈에 알아보고 비교하기 쉽게 그래프 형식으로 제공하는 기능이다.

예를 들어 표를 작성하고 차트를 작성하고자 하는 영역을 설정한 다음 [입력] 탭에서 [개체]의 [차트]를 선택하면 3차원의 세로 막대 차트가 삽입된다.

삽입된 차트를 선택하면 차트에 관련된 도구모음을 포함한 차트 탭이 나타나며, 이 도구모음들을 이용하여 차트 종류, 데이터, 스타일, 속성 등의 각종 옵션을 설정한다.

차트 그룹에는 차트를 만들어 개체에 삽입하는 차트 만들기와 원하는 위치에 캡션을 넣기 및 차트의 종류를 지정할 수 있는 기능으로 구성되어 있다. 차트의 종류에는 항목 간의 비교를 위한 가로/세로 막대형, 시간이나 항목에 따른 추세를 보여주는 꺾은선형/영역형, 전체에 대한 각 값의 기여도를 보여주는 원형 그리고 값을 점으로 비교하는 분산형 등으로 구성되어 있다.

데이터 그룹은 선택한 차트에서 데이터를 편집하기 위한 기능으로 행이나 열을 추가/삭제 및 행/열 바꾸기도 가능하며, 스타일 그룹은 차트에 적용할 색상, 효과 및 전체와 영역의 배경을 설정하기 위한 영역이다.

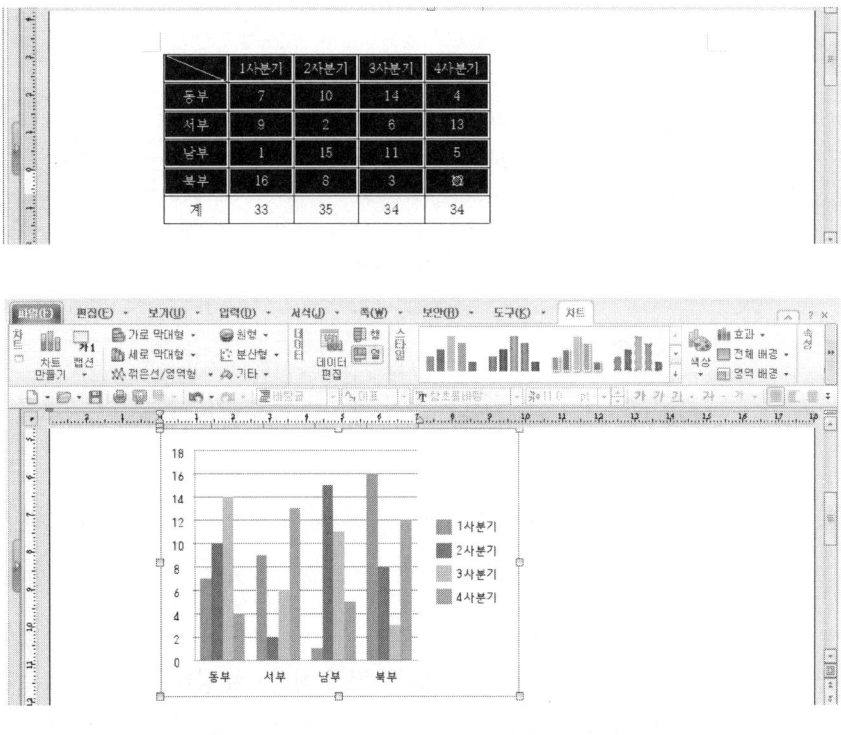

[그림 2-64] 차트 – 데이터/제목(1)

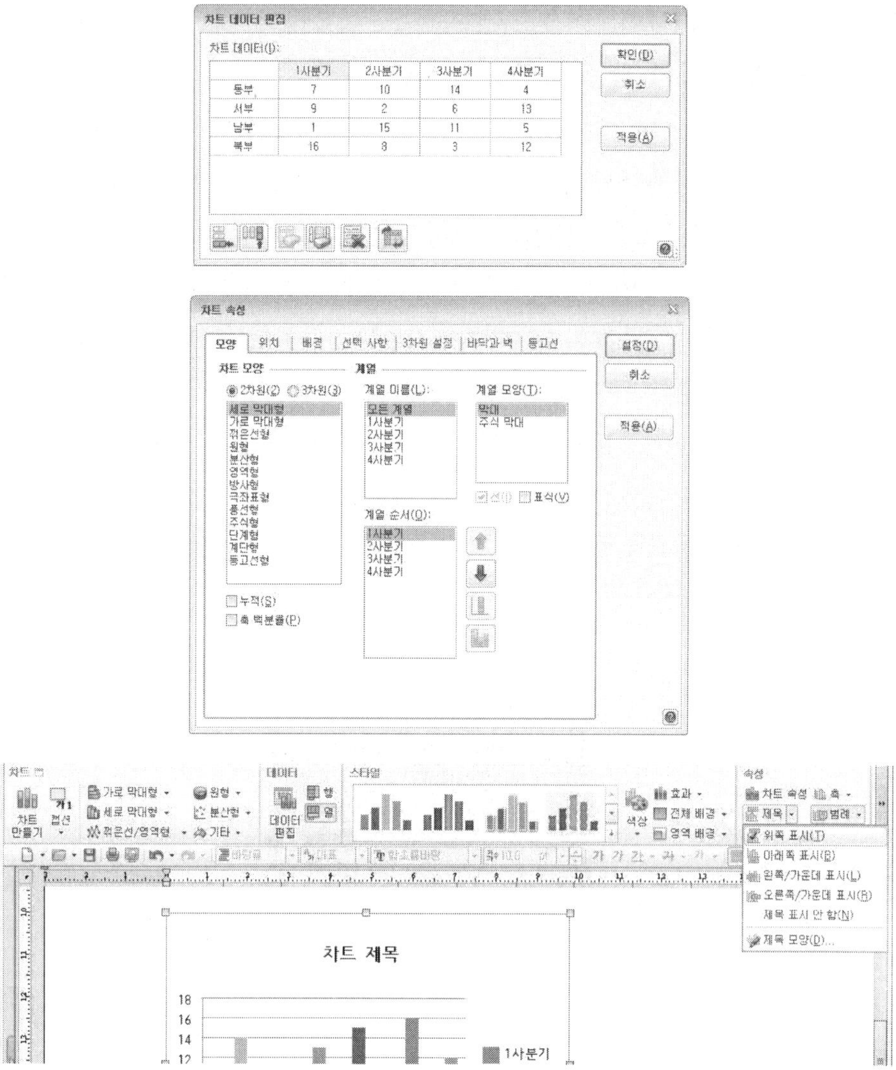

[그림 2-65] 차트 – 데이터/제목(2)

속성 그룹의 차트 속성과 제목은 차트의 모양, 위치, 배경 등의 설정과 제목 부분의 배경, 글자 그리고 제목을 표시할 위치를 지정하는 부분으로 구성되어 있다.

계열은 차트 각각의 계열과 자료점을 설정하는 부분으로 1사분기를 표시하지 않고자 하는 경우 자료 계열을 선택하고 선택 사항에서 숨김을 선택하여 설정한다.

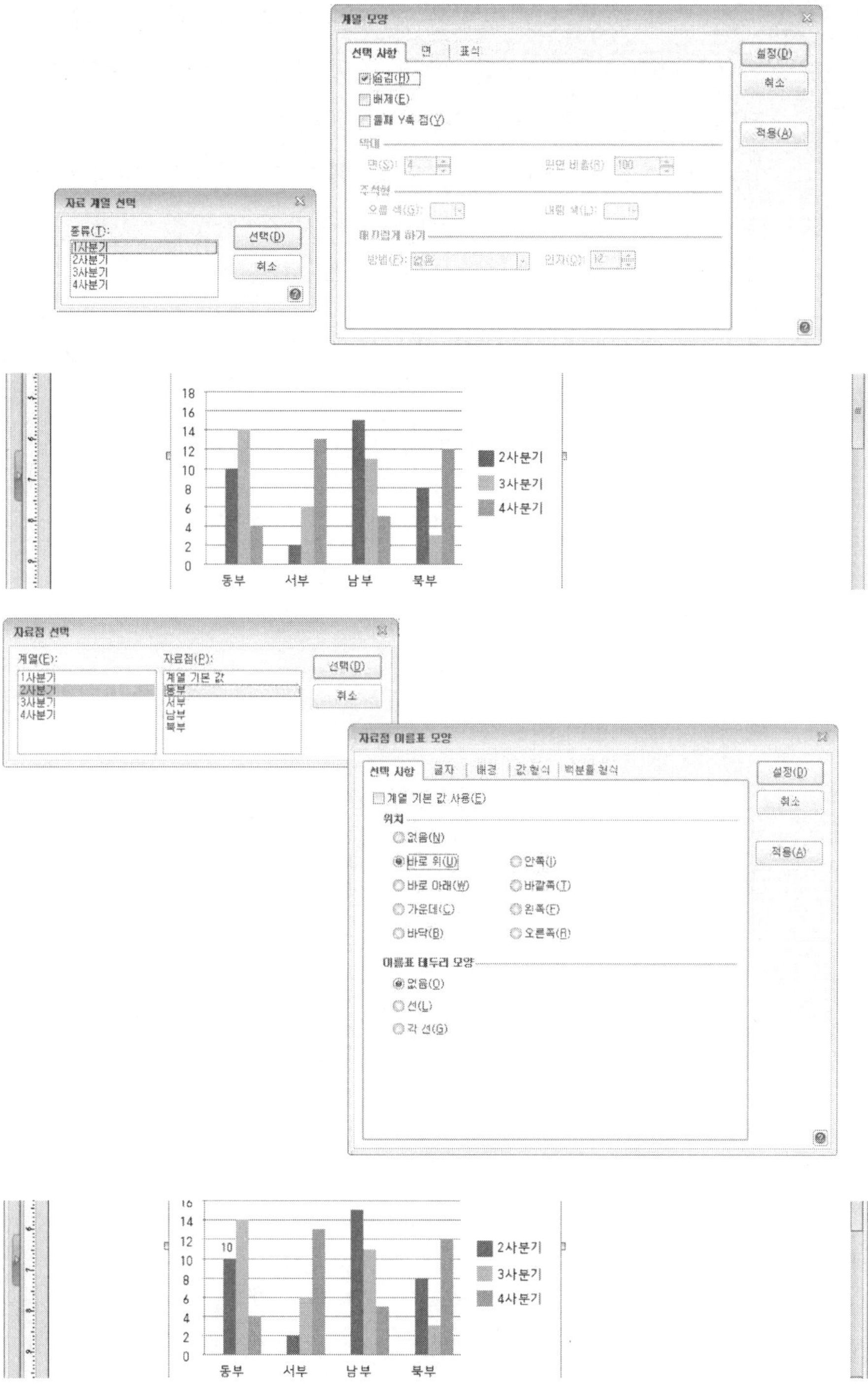

[그림 2-66] 차트 - 자료 계열

2사분기 동부의 자료점을 위에 표시하고자 하는 경우 계열의 자료점 이름표에서 자료점을 2사분기로 하고 자료점을 동부로 한 후 자료점 이름표 모양을 바로 위로 선택한다.

축과 범례는 좌표축의 모양과 배경 및 범례의 위치를 설정하는 부분으로 축 모양의 비례 탭에서 최솟값과 최댓값 그리고 눈금선 간격 그리고 축 제목의 모양을 설정할 수 있다.

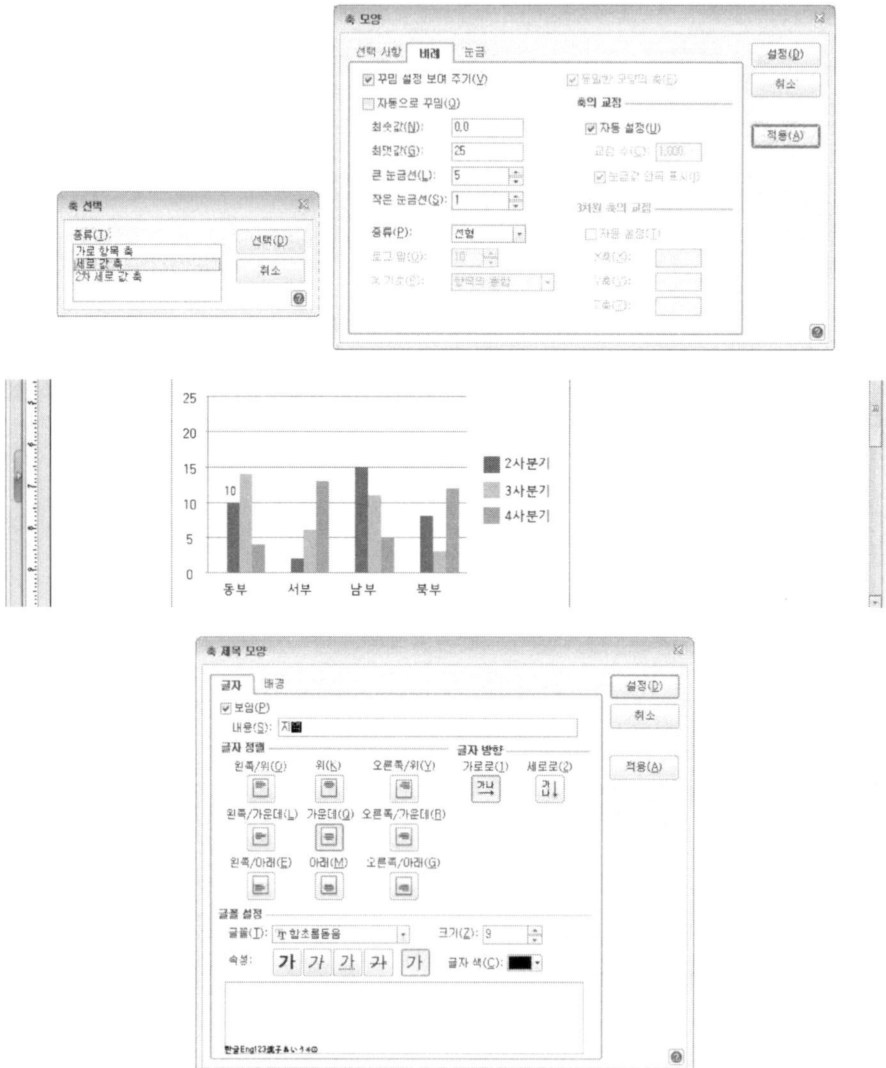

[그림 2-67] 차트 – 축/범례(1)

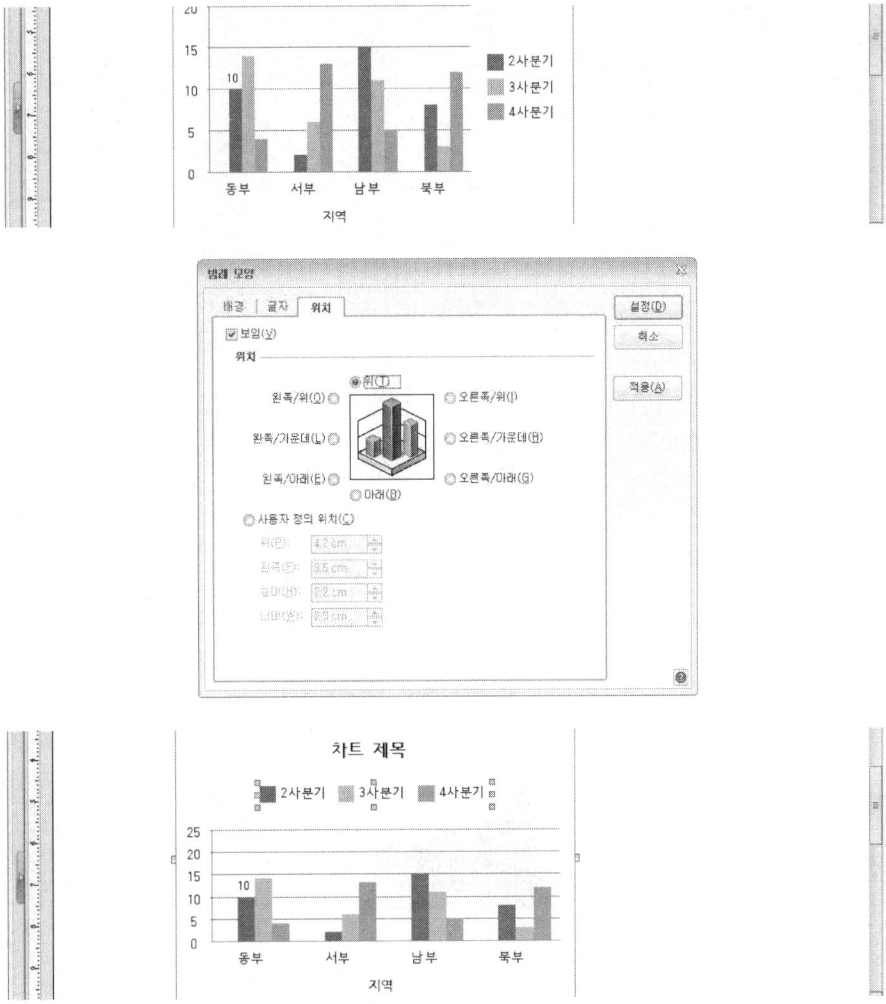

[그림 2-68] 차트 – 축/범례(2)

이외에도 개체 메뉴에는 애니메이션을 실시간으로 재생하기 위한 플래시 개체, 음향 자료나 음성에 관련된 소리 개체, 그리기 개체 그리고 다른 응용 프로그램들에서 만든 자료들을 이용하기 위한 OLE 개체를 삽입하기 위한 기능도 포함되어 있어 보다 효율적이고 다양한 문서를 작성할 수 있다.

또한, [캡션 넣기]는 그림이나 표 등과 같은 개체에 제목을 붙이거나 캡션 내용을 고치는 기능이다.

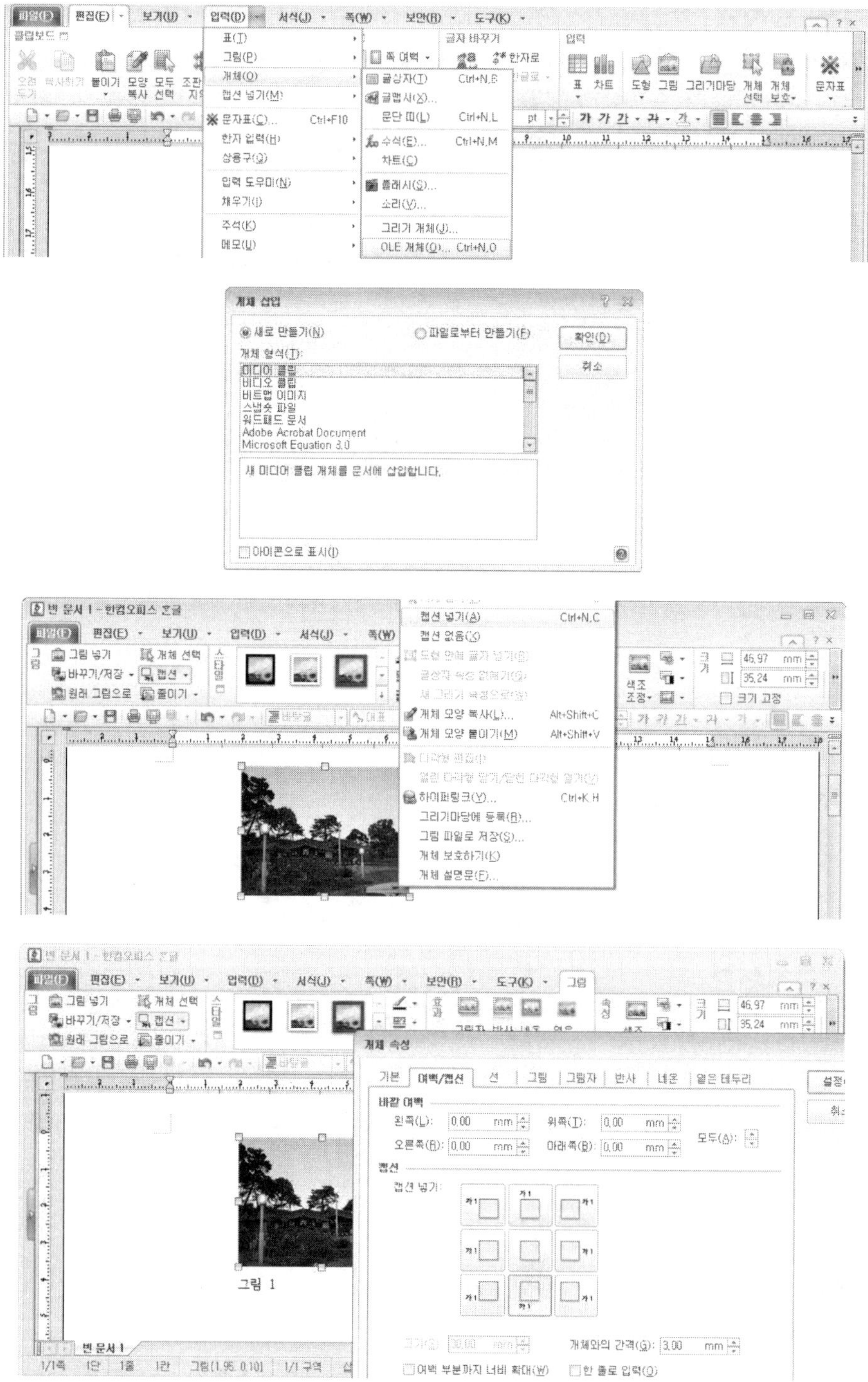

[그림 2-69] 개체 삽입과 캡션 넣기

[입력 도우미] 메뉴는 [주소 찾기], [외래어 표기], [로마자로 바꾸기], [로마자 등록]으로 구성되어 있다.

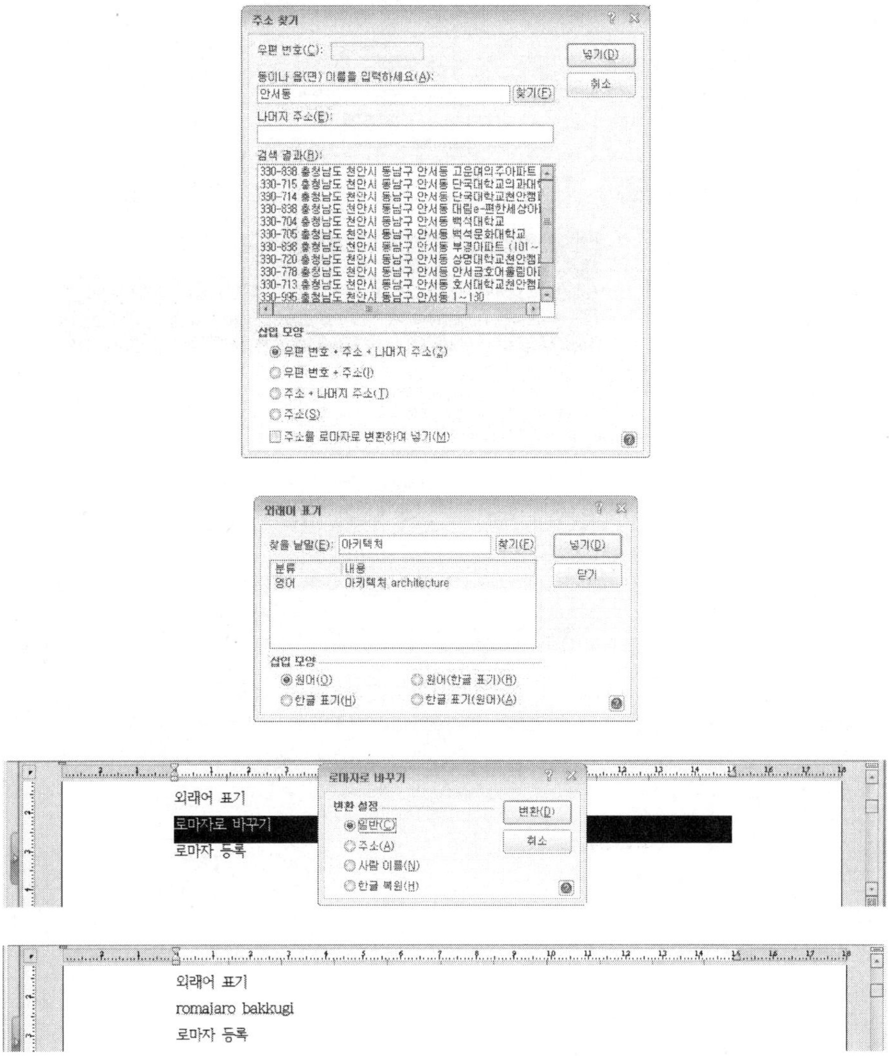

[그림 2-70] 입력 도우미

[주소 찾기]와 [외래어 표기]는 주소와 우편번호를 빠르게 찾을 수 있는 기능과 해당 외래어의 원어를 검색할 때 사용한다. [로마자로 바꾸기]와 [로마자 등록]은 우리말을 로마자로 표기하거나 사용자가 필요

한 낱말들의 로마자를 추가하는 기능이다. [로마자 편집하기/지우기]는 로마자 사용자 사전에 등록된 낱말의 로마자 표기나 로마자 변환 속성을 수정하거나 지우기 위한 기능이다.

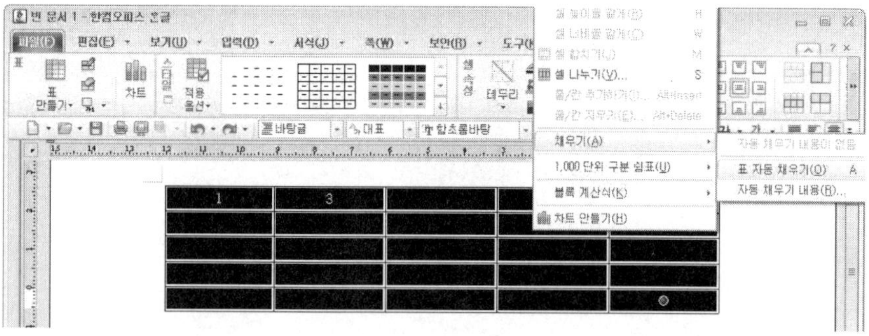

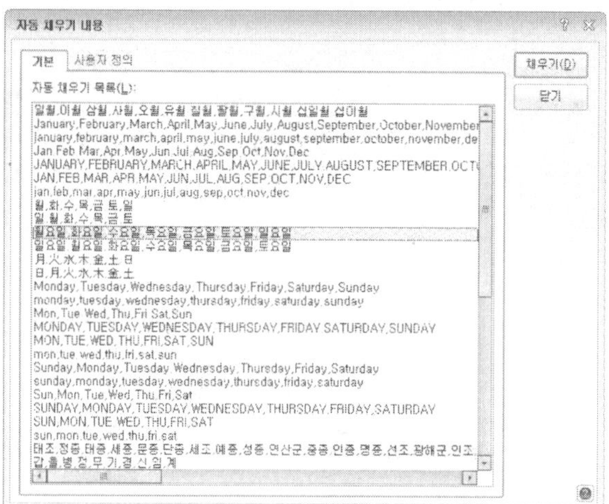

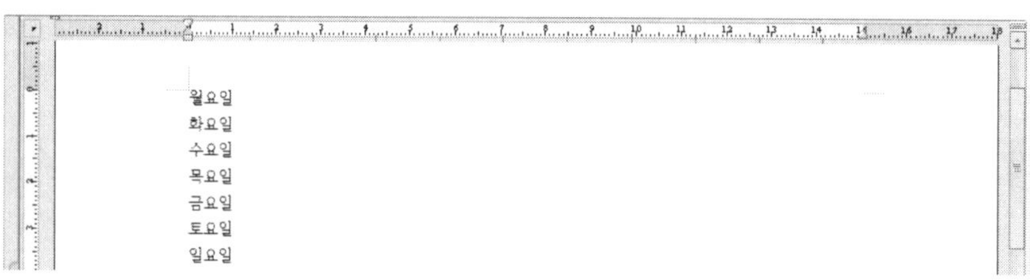

[그림 2-71] 표 자동 채우기와 자동 채우기 내용(1)

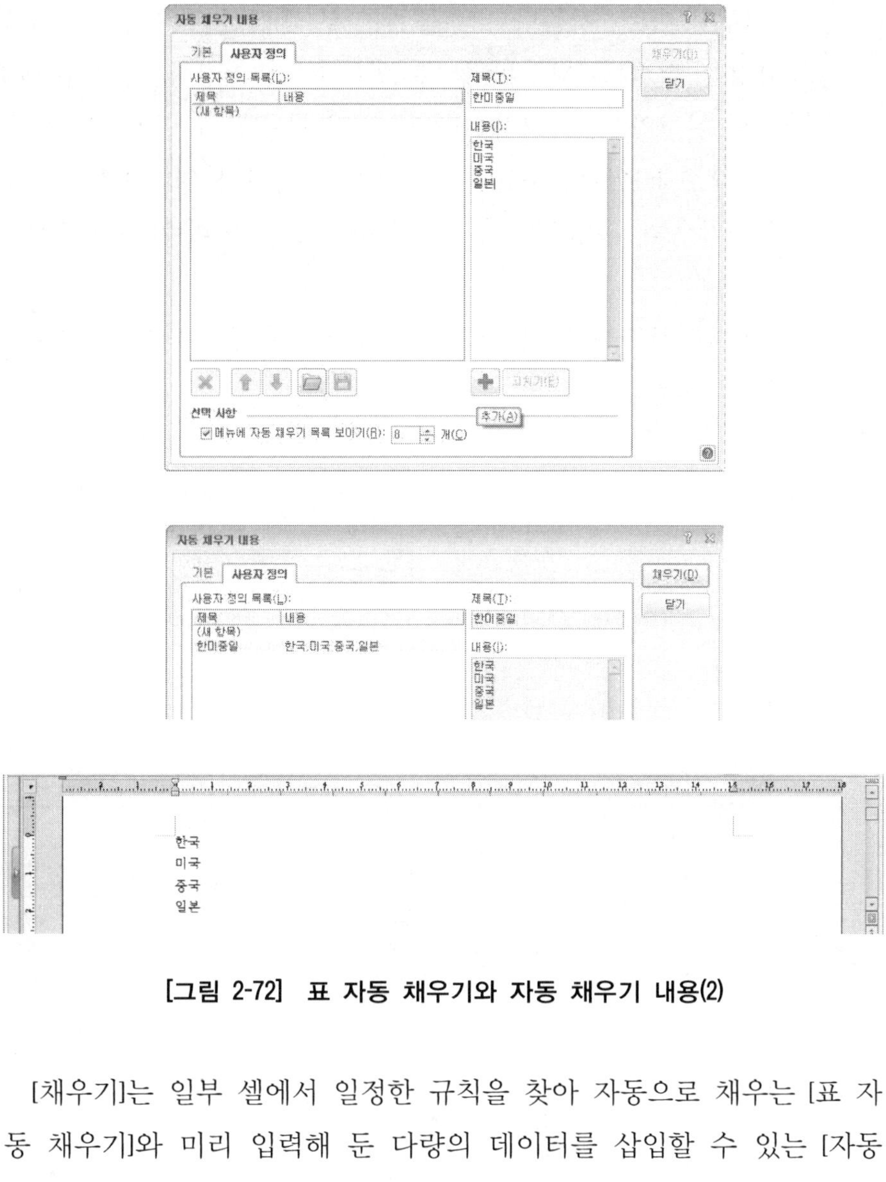

[그림 2-72] 표 자동 채우기와 자동 채우기 내용(2)

[채우기]는 일부 셀에서 일정한 규칙을 찾아 자동으로 채우는 [표 자동 채우기]와 미리 입력해 둔 다량의 데이터를 삽입할 수 있는 [자동 채우기 내용] 기능이 포함되어 있다. 자동 채우기의 경우 사용자 정의 탭에서 내용을 추가할 수도 있다.

[주석]은 낱말이나 문장의 뜻을 알기 쉽게 풀이하는 것으로 각주와 미주가 있다. 각주는 각주 번호가 들어 있는 본문의 아래 부분에 내용이 들어가고, 미주는 본문 쪽과는 상관없이 그 장이나 글 전체의 마지막 부분에 미주의 내용이 들어간다.

[주석] 탭은 각주나 미주를 파일로 저장하는 기능으로 주석 전체의 내용을 살펴보거나 사용할 수 있는 [주석 저장하기], 각주/미주 번호로 쓰일 문자와 번호 모양 크기를 지정하는 [주석 번호], 각주/미주 및 다단 각주의 [위치], 구분선의 길이를 지정하기 위한 [구분선] 그리고 모든 [각주]와 [미주]로 서로 변환하는 [각주↔미주] 기능으로 구성되어 있다.

이때 [각주]나 [미주]만으로 구성된 경우에는 변환 기능은 사용할 수 없다.

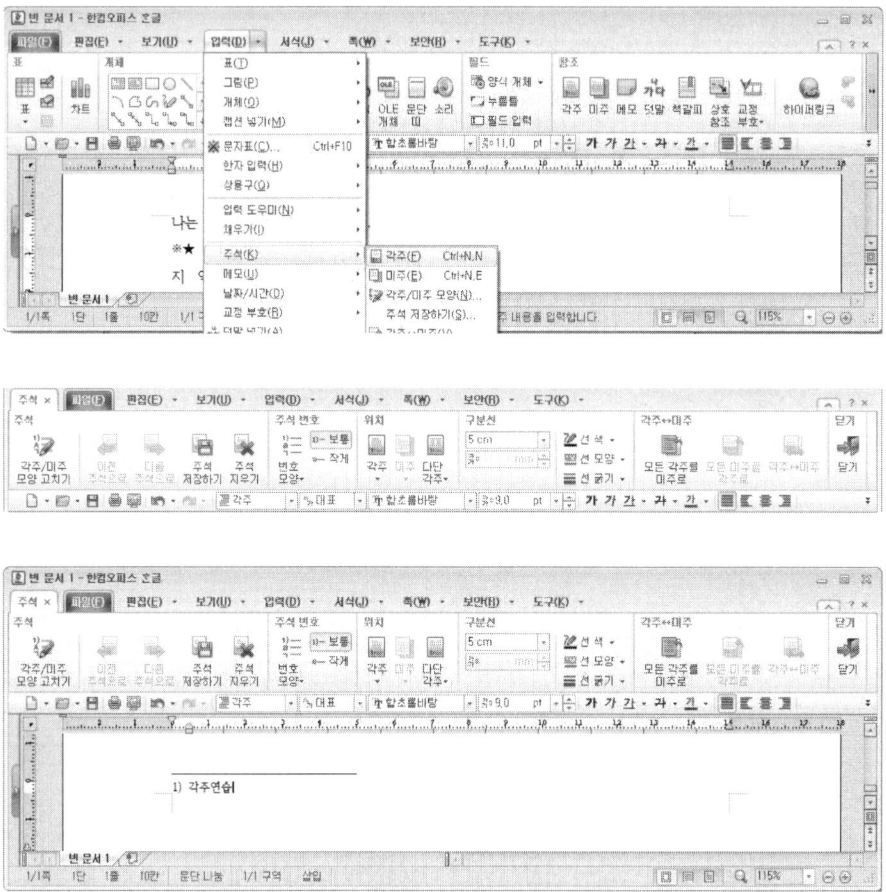

[그림 2-73] 주석

메모란 기억해야 할 내용을 메모 글상자에 기록해 두는 기능으로 [메모] 탭은 메모, 스타일, 크기 그리고 보이기/숨기기 기능이 포함되어 있는 [메모 넣기]와 크기, 테두리, 메모 색을 설정하기 위한 [메모 모양]으로 구성되어 있다.

이때, 메모 모양의 적용 범위를 [새 구역으로]를 선택할 경우 구역마다 다르게 메모 모양을 설정할 수도 있으며. [파일]의 [인쇄] 메뉴에서 인쇄할 때 메모의 포함 여부도 설정할 수 있다.

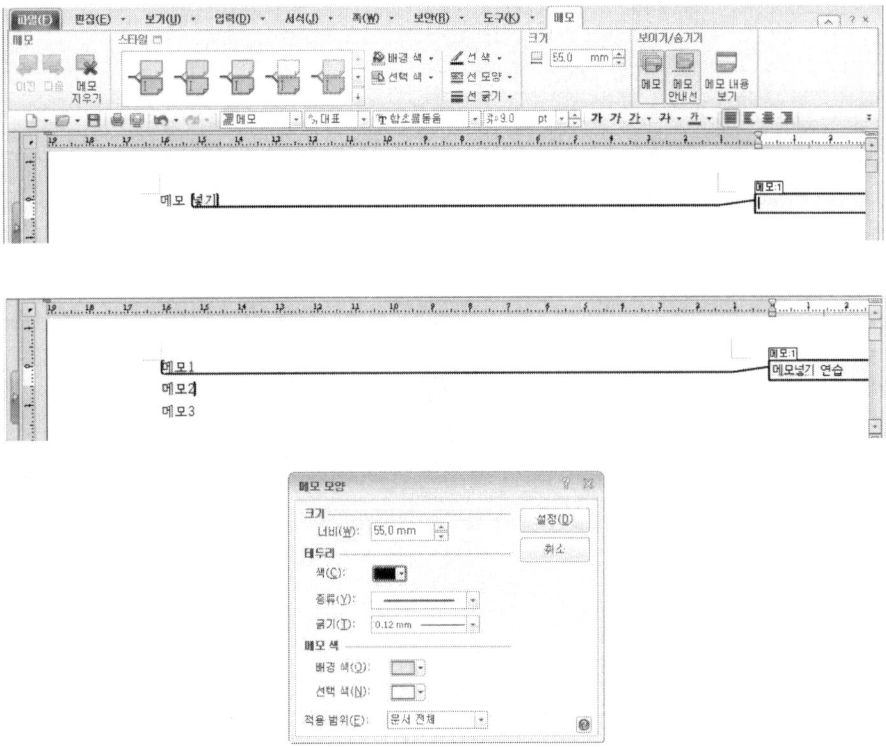

[그림 2-74] 메모

[날짜/시간]은 시스템에 설정된 날짜/시간을 [문자열]이나 [코드]로 삽입하거나 어느 위치에 어느 파일인지를 표시하기 위해 [파일 이름 넣기] 기능이 포함되어 있다.

이때, [코드]나 [파일 이름 넣기]를 사용한 경우 다시 불러올 때 현재 시스템의 날짜/시간이나 바뀐 경로의 [파일 이름]으로 나타난다.

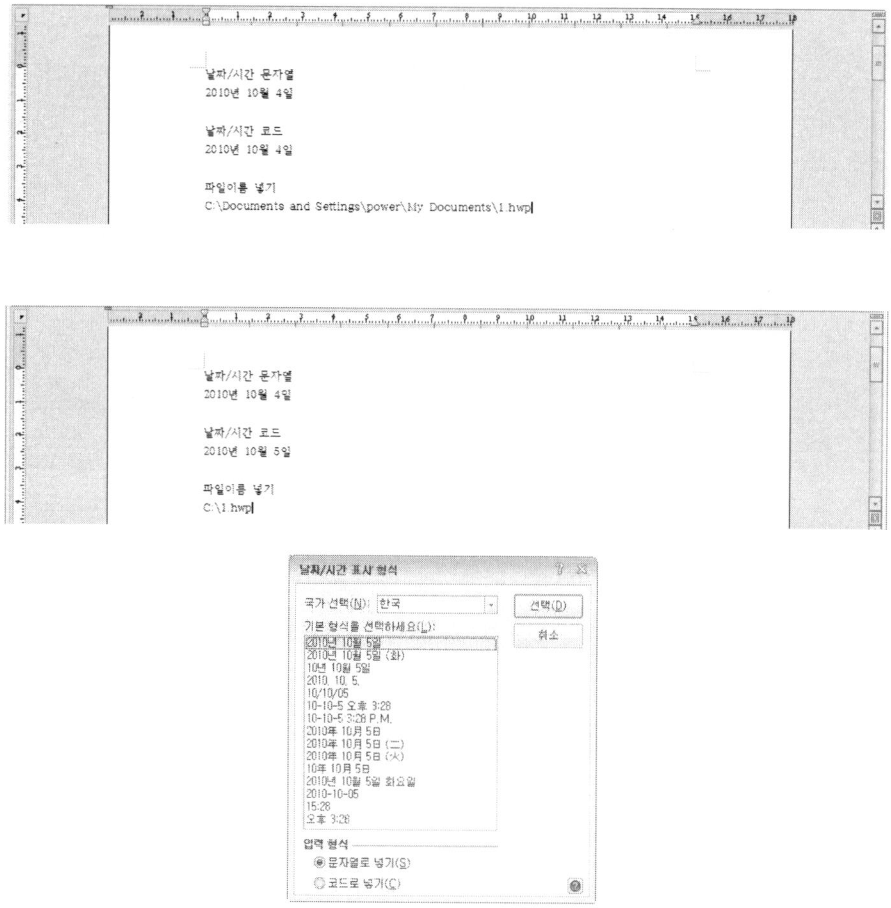

[그림 2-75] 날짜/시간 및 파일 이름 넣기

[교정 부호]와 [자료 연결]은 맞춤법, 띄어쓰기 등을 바로 잡기 위해 다양한 교정 부호를 넣는 입력할 내용을 포함하여 교정 부호를 삽입하고, 블록 설정한 영역을 참고 자료와 하이퍼링크로 연결할 수 있는 기능이다.

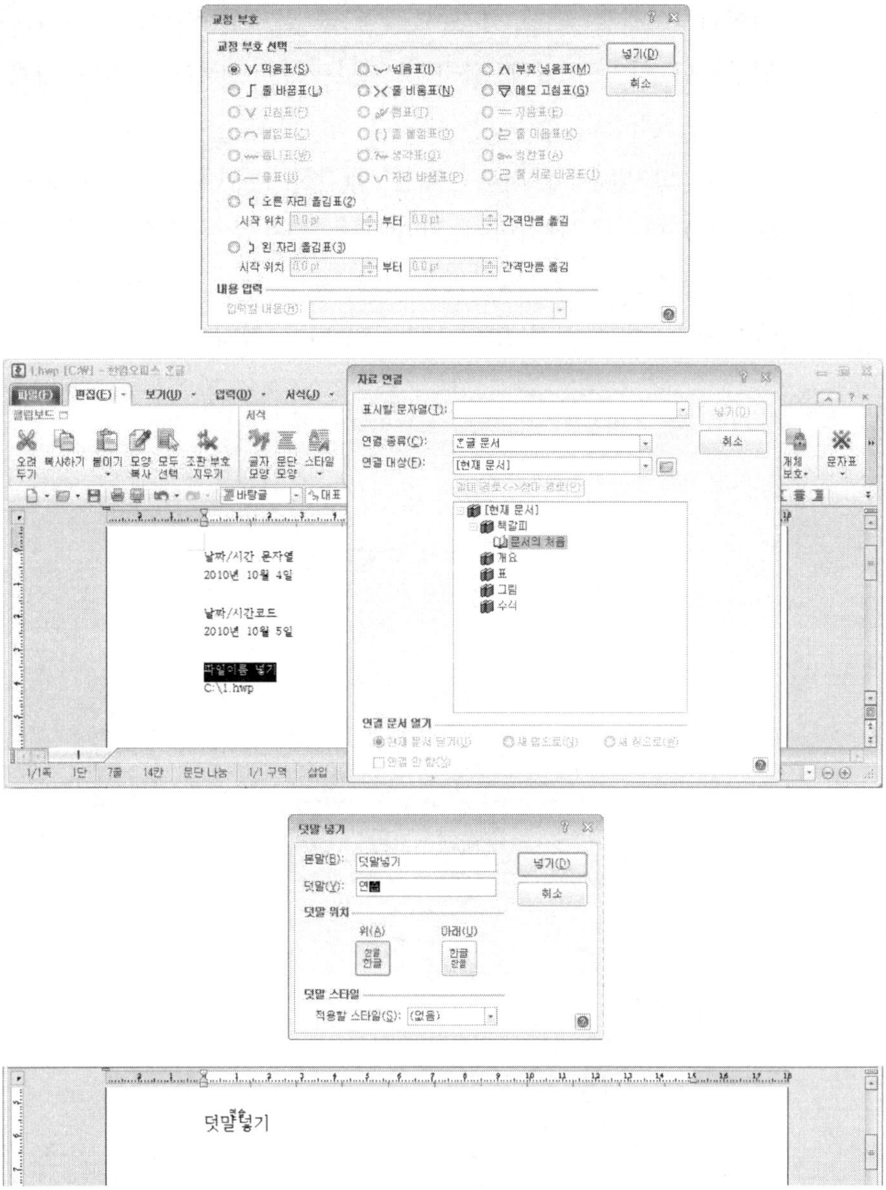

[그림 2-76] 교정 부호와 자료 연결 및 덧말 넣기

[글자 겹치기]란 여러 가지 기호나 문자를 이용하여 두세 글자 정도를 겹쳐 씀으로써 새로운 모양의 글자를 만들거나 원 문자나 사각형 문자를 입력할 수 있는 기능이다. 예를 들어 한글이라는 문자를 겹쳐 쓰고자 하는 경우 [입력]의 [글자 겹침]을 선택하고 겹쳐 쓸 모양을 선

택한다. 여기서 글자 겹침은 겹쳐 쓸 글자를 연속으로 입력하면 되며, 원문자나 사각 모양에 겹쳐 쓸 경우에는 모양을 선택한 다음 겹쳐 쓸 숫자를 입력한다.

[CCL 넣기]란 저작권 문제를 해결하기 위해 CCL(Creative Common License) 마크를 삽입하기 위한 기능으로 문서 저작물 영리 목적 허용 설정, 저작물 변경 또는 2차 저작 허용 설정, 저작권 재판 관할 설정, CCL 표시 방법 설정 영역으로 구성되어 있다.

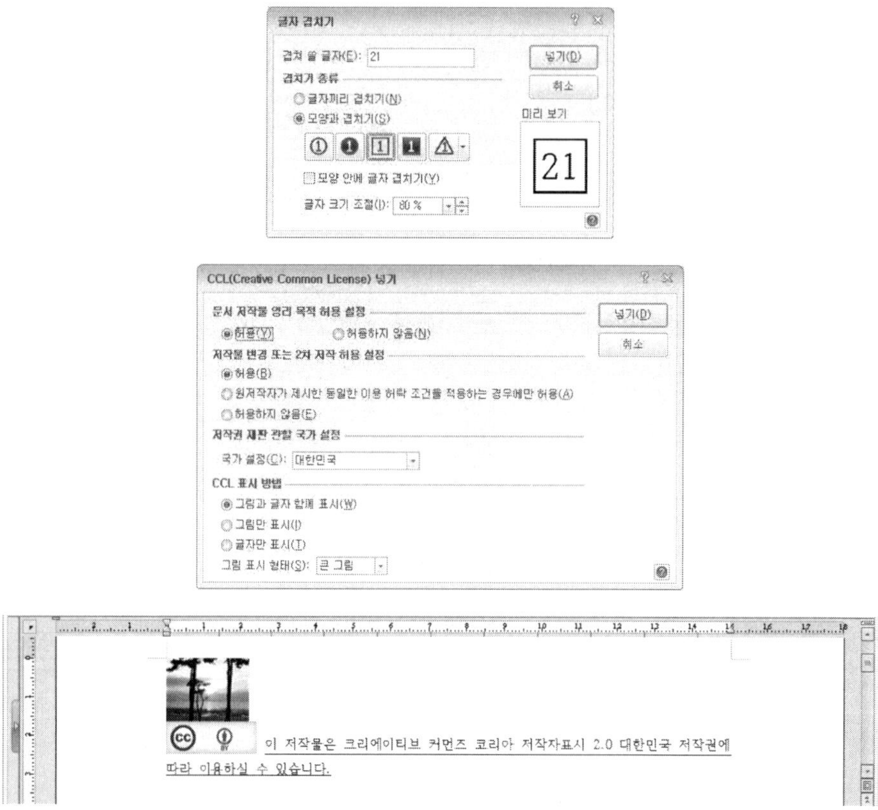

[그림 2-77] 글자 겹치기와 CCL 넣기

[책갈피]란 문서 중간에 표시를 해두었다가 필요할 때 곧 바로 표시된 위치로 이동할 수 있게 하기 위한 기능으로 책갈피 이름과 책갈피 목록 그리고 책갈피 정렬 기준 영역으로 구성되어 있다. 책갈피 이름

상자에 입력한 다음 [넣기] 단추를 이용하여 책갈피를 넣어 두고 [이동] 단추를 책갈피가 삽입된 위치로 찾아간다.

[하이퍼링크]란 문서 안에서 한글 문서, 웹 주소, 전자 우편 주소, 외부 어플리케이션 문서 등을 연결하여 참조하거나 이동할 수 있도록 하는 기능으로 표시할 문자열, 연결 종류, 연결 대상, 연결 문서 열기로 구성되어 있다. 또한, [상호 참조]란 문서를 편집할 때 표, 그림, 수식 등의 위치가 변경되는 경우에 고쳐진 사항을 다시 반영하여 표시해 주는 기능이다.

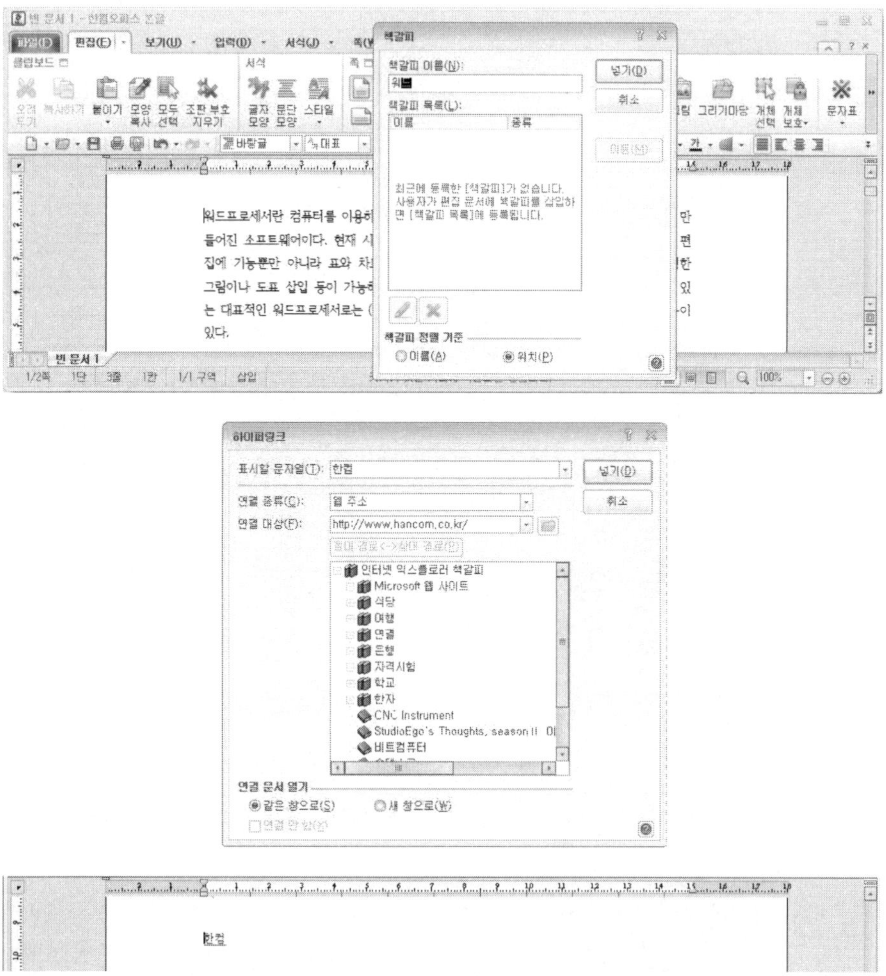

[그림 2-78] 책갈피와 하이퍼링크

[필드 입력]은 [문서마당]의 서식 파일(*.hwt)을 만들기 위해 필요한 항목들을 삽입하기 위한 기능으로 서식 파일을 작성한 다음 문서마당 꾸러미에 추가하여 사용한다. 작성법은 우선 각 항목의 이름을 입력하고 맨 끝에 [필드 입력]을 이용하여 항목에 들어갈 내용을 삽입한 다음 저장하기의 서식을 한글 서식(*.hwt)으로 선택하고 저장경로 및 파일명을 입력한다.

[그림 2-79] 필드 입력

[양식 개체]와 [문서 끼워 넣기]란 명령 단추, 선택 상자, 목록 상자, 라디오 단추, 입력 상자 등을 편집 화면에 개체를 삽입하거나 현재의 커서 위치에 여러 문서를 합치기 위해 선택한 문서 파일을 넣는 기능이다.

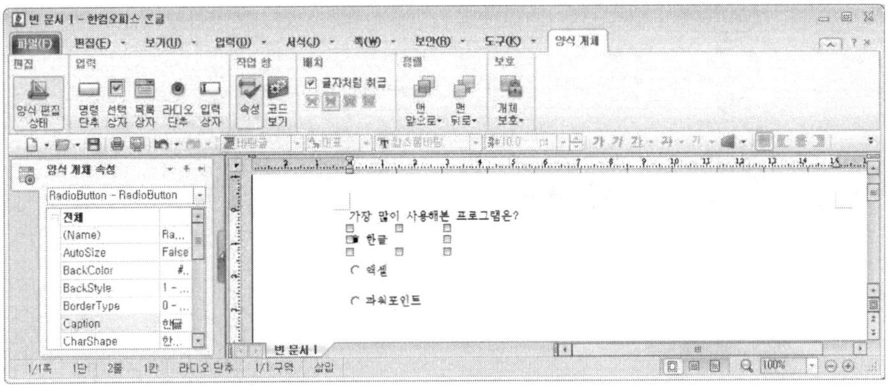

[그림 2-80] 양식 개체

2.5 편 집

2.5.1 영역 설정과 오려두기/복사하기-붙이기

블록이나 구역은 편집 기능이 적용될 문서 내용의 일정한 범위를 하나의 단위로 지정하는 것으로, 블록을 이용하여 각종 편집 기능을 수행할 수 있다.

블록은 문단 안이나 표 등에 제한 없이 설정할 수 있으며, F3 키를 누른 다음 ←→↑↓ 화살표를 눌러 영역을 설정한다. 또한, 구역은 한 줄 이상의 문장 안에서는 지정할 수 없고 하나의 문단이 하나의 줄로 이루어진 경우에만 지정할 수 있으며, F4 키를 누른 다음 ←→↑↓ 화살표를 눌러 영역을 설정한다.

오려두기 또는 복사하기는 블록 또는 구역으로 설정된 영역을 임시 장소인 클립보드(clipboard)에 오려두거나 복사하는 역할을 수행하며 원하는 장소에 커서를 위치시키고 오른쪽 마우스 버튼을 클릭하여 붙여 넣을 수 있다.

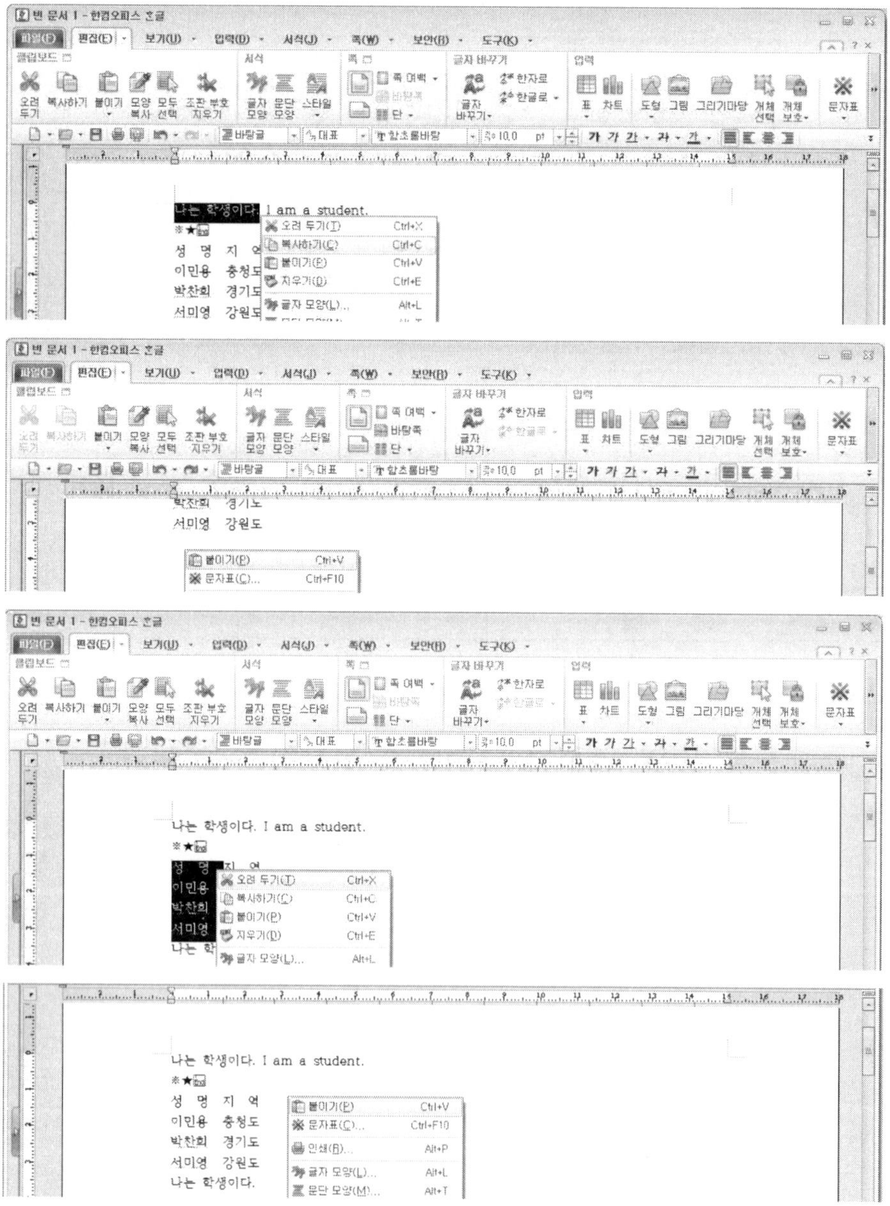

[그림 2-81] 영역 설정과 오려두기/복사하기-붙이기

편집에서 [되돌리기]와 [다시 실행]은 문서 편집 과정에서 실행한 명령을 단계별로 기억하여 수행한 동작을 다시 원래대로 되돌리는 것과 취소한 명령을 다시 실행하기 위한 기능이다.

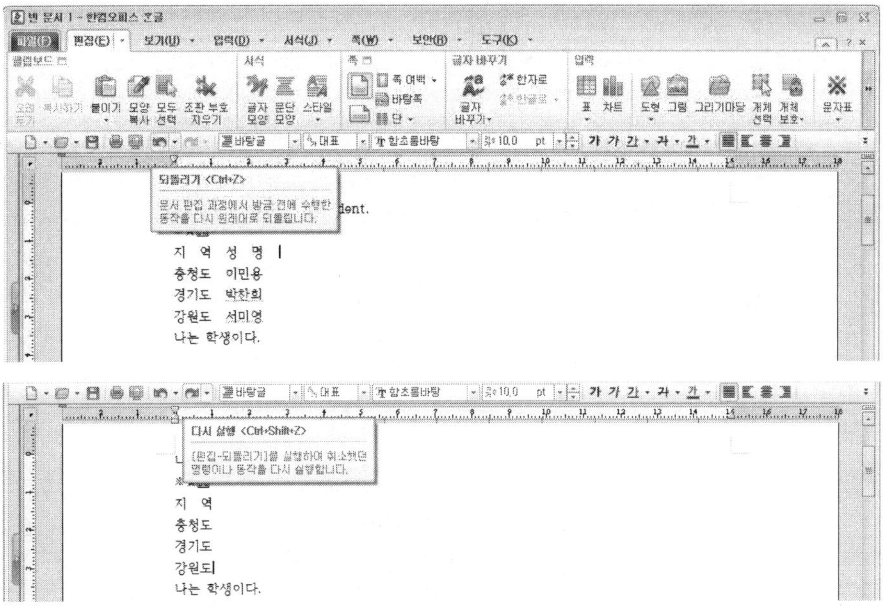

[그림 2-82] 되돌리기와 다시 실행

[골라 붙이기]란 다른 프로그램에서 작업한 개체를 윈도우에서 응용 프로그램 사이의 데이터 전송을 위해 사용되는 임시 기억 저장소인 클립보드에 복사한 후 문서 안에 삽입하는 기능으로 대화 상자에서 원하는 데이터 형식을 선택하여 지정한다.

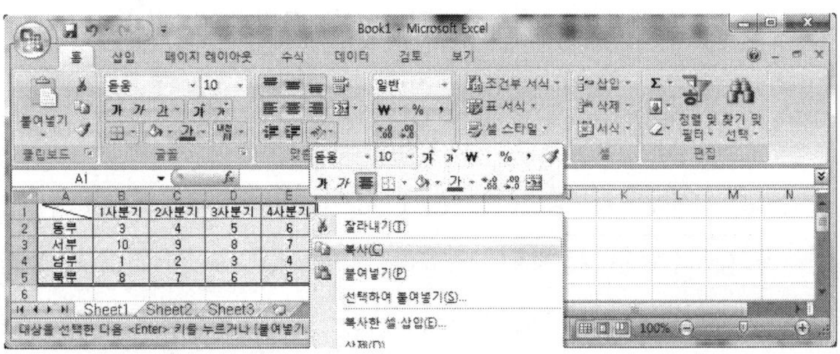

[그림 2-83] 골라 붙이기(1)

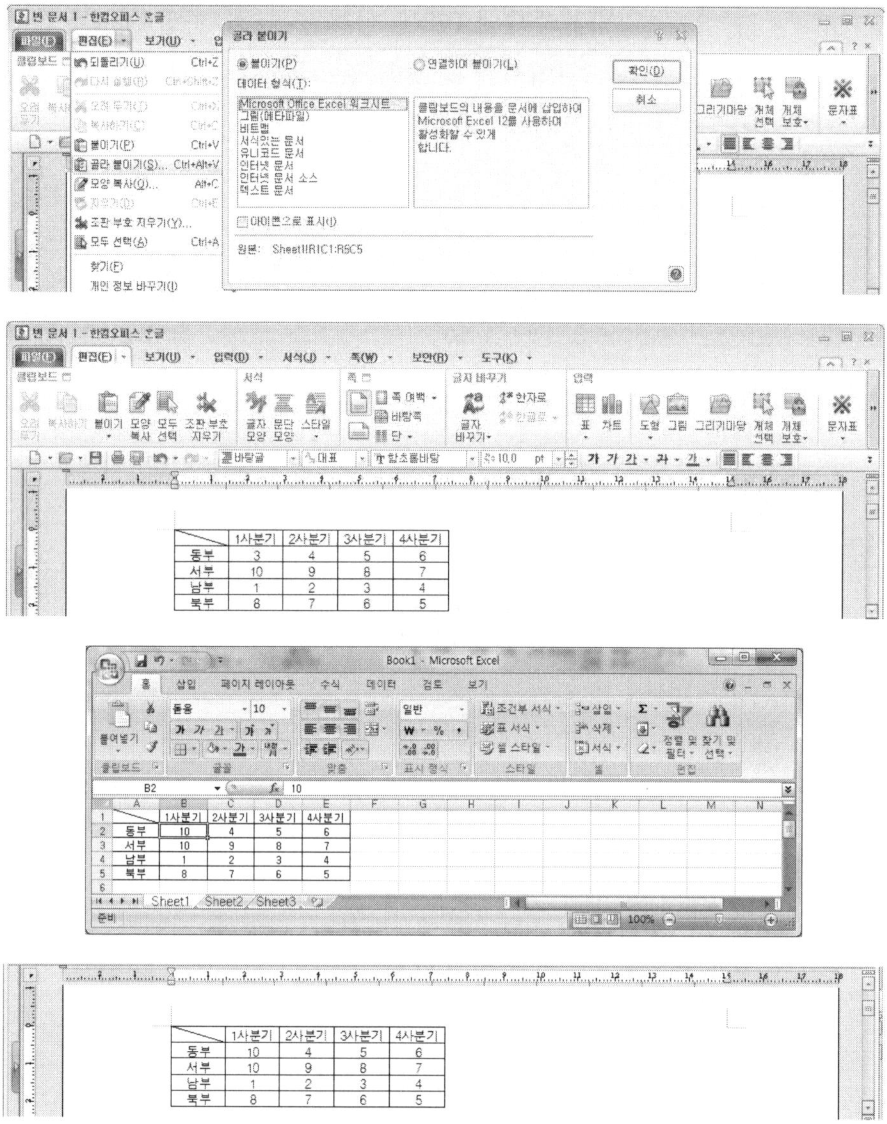

[그림 2-84] 골라 붙이기(2)

이때, 연결하여 붙이기를 선택할 경우 원본 문서의 내용이 변경되면 동시에 편집 창의 문서에 붙여 넣은 내용도 함께 변경된다.

모양 복사는 특정한 모양을 반복적으로 자주 지정해야 하는 경우 커서가 위치한 글자 모양이나 문단 모양, 글자나 문단 스타일 등을 다른 곳으로 복사하는 기능이다. 모양을 복사하는 방법은 복사할 글자 모양의 글자 바로 뒤에 커서를 놓고 [모양 복사]를 눌러 실행하고 모양을 바꿀 부분을 블록으로 설정한 다음 [모양 복사]를 다시 실행한다.

[그림 2-85] 모양 복사

2.5.2 찾기와 찾아 바꾸기

[찾기]와 [찾아 바꾸기]는 찾을 내용이나 바꿀 내용을 입력하여 현재 작업 중인 문서에서 특정한 문자열을 찾거나 문서에서 문자열을 찾아서 다른 문자열로 바꾸는 기능이다.

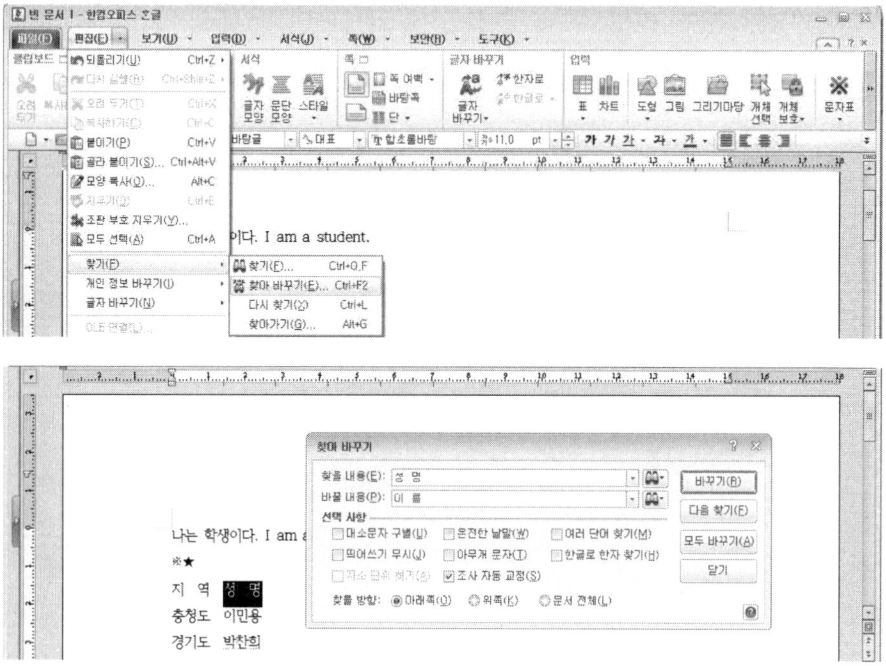

[그림 2-86] 찾아 바꾸기

[개인 정보 바꾸기]는 문서 내용의 일부를 다른 문자를 이용하여 숨기기 위한 기능으로 한글을 종료했을 경우 복구가 불가능하다. 만약 복구가 필요한 경우에는 [보안]의 [개인 정보 보호] 기능을 사용해야 한다.

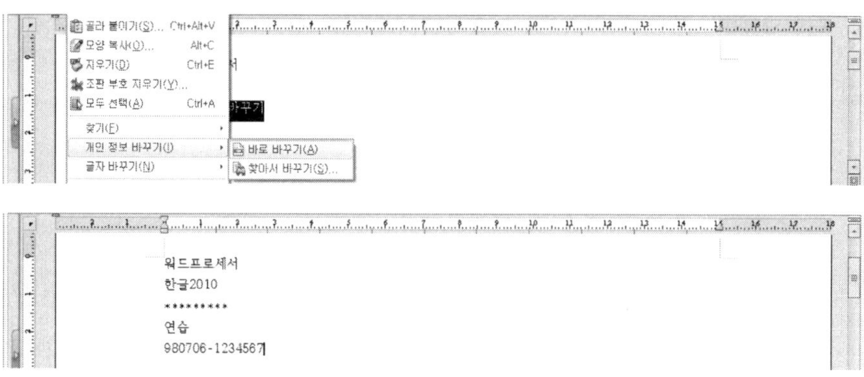

[그림 2-87] 개인 정보 바꾸기(1)

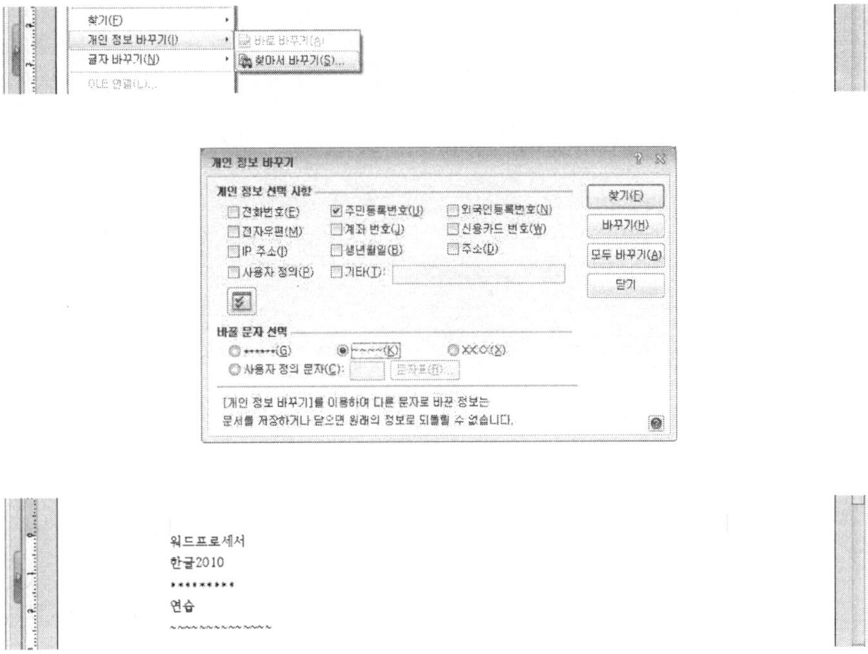

[그림 2-88] 개인 정보 바꾸기(2)

또한, [OLE 연결]은 두 프로그램의 자료를 서로 공유했을 때 하나의 개체가 변화가 생기면 공유하고 있는 다른 프로그램의 개체도 수정되는 기능이다.

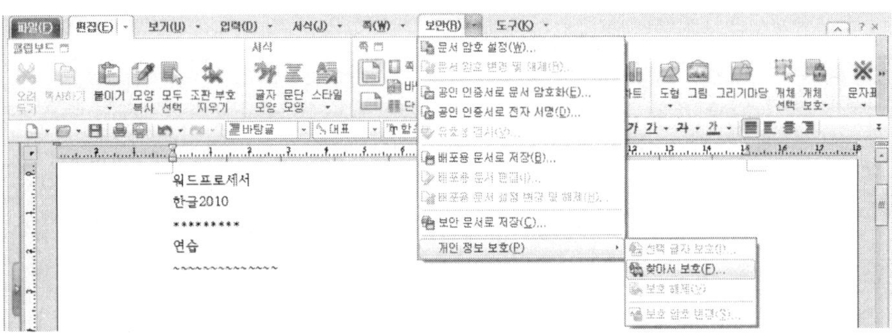

[그림 2-89] 보안-개인 정보 바꾸기(1)

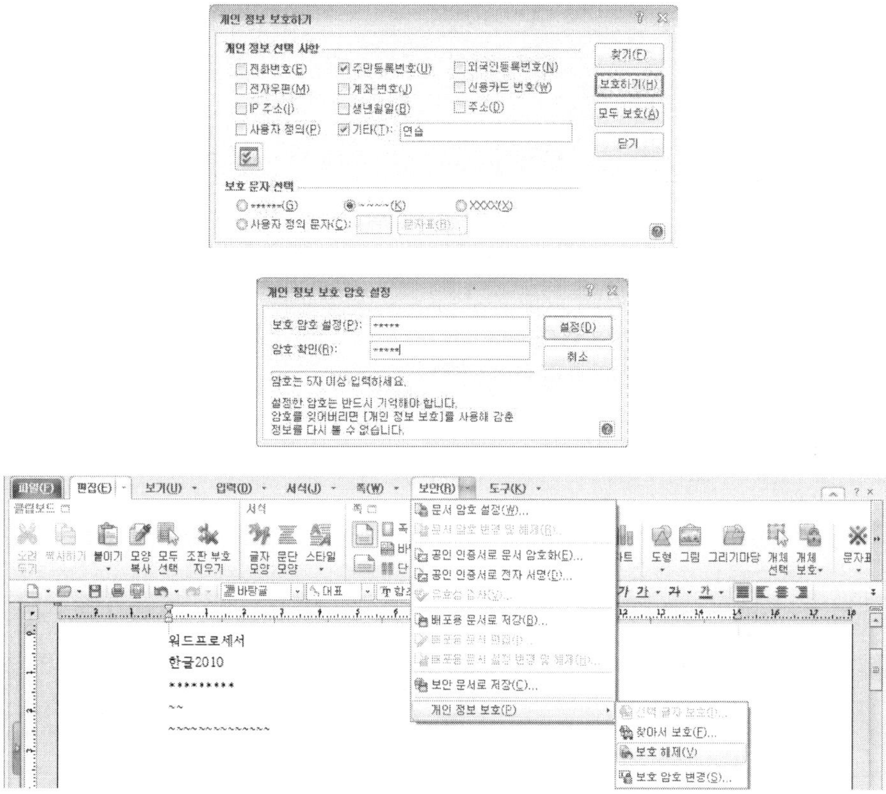

[그림 2-90] 보안－개인 정보 바꾸기(2)

2.6 서 식

한글 2010은 글자 편집과 문단 편집, 쪽 번호 매기기 등의 다양한 모양 편집 기능을 제공한다.

글자 모양 편집 기능은 현재 입력할 내용이나 설정된 블록/구역 영역의 글자 모양을 언어 종류에 상관없이 글꼴, 장평, 자간, 크기를 일괄적으로 지정하거나 한글, 영문, 한자, 일어, 외국어, 기호 등의 글자

마다 각각 따로 지정할 수 있다. 또한, 글자 색, 기울임, 진하게, 밑줄, 그림자, 양각, 음각, 외곽선, 첨자 등의 다양한 글자 속성을 적용하여 글자를 꾸밀 수 있다.

문단이란 문장의 단락으로 글자를 입력하여 Enter↵를 칠 때까지 연결된 문장을 의미하며 문단 모양에서는 왼쪽/오른쪽 여백, 줄 간격, 문단 위/아래 간격, 첫째 줄, 정렬 방식, 낱말 간격 등을 설정한다.

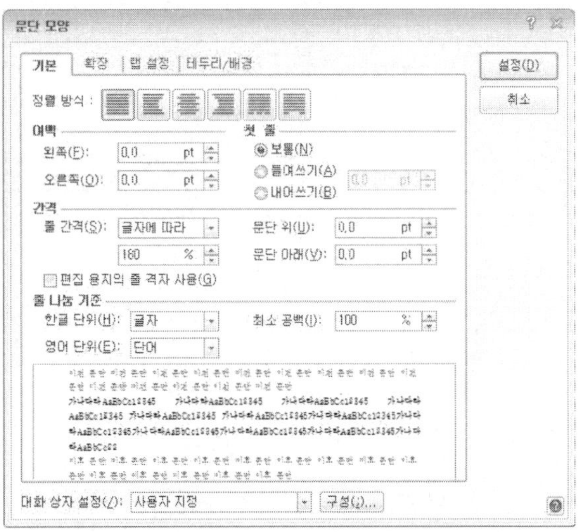

[그림 2-91] 글자와 문단 모양 편집

[문단 첫 글자 장식]은 장식할 모양과 글꼴과 선 종류 등으로 이루어진 글자/테두리 그리고 대화 상자 설정으로 구성되어 있다. [스타일]은 각각 일관성 있는 문단 모양 편집을 위해 글자나 문단의 모양을 정해 놓고 쓰는 것으로 해당 문단의 모양을 바꾸는 기능이며, [스타일 마당]은 한글에서 제공되는 스타일 묶음이다.

[그림 2-92] 첫 글자 장식과 스타일(1)

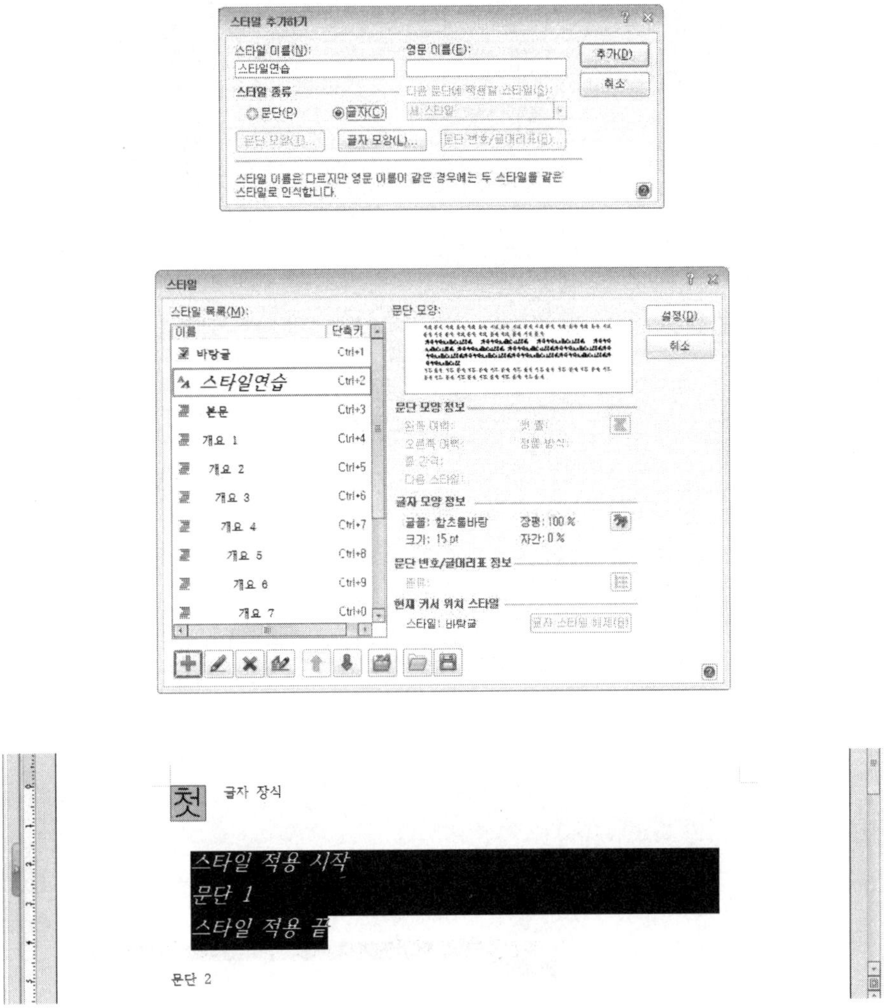

[그림 2-93] 첫 글자 장식과 스타일(2)

[문단 번호 모양]은 문단 번호, 글머리표 또는 그림 글머리표를 설정하여 여러 항목을 나열하기 위한 기능이며 [서식] 메뉴에서 [한 수준 감소와 증가]를 이용하여 항목의 수준을 설정할 수 있다.

[그림 2-94] 문단 번호 모양

[개요 번호 모양]은 기본으로 제공하는 개요 번호 모양 중에서 선택하거나 사용자 정의 단추를 누른 후 수준, 번호 서식, 글자 모양, 번호 위치, 본문과의 배치 등을 설정할 수도 있다. 또한, [개체 속성]은 삽입한 개체의 크기와 위치, 여백 등의 기본 사항, 여백/캡션 탭, 선 그리고 채우기 등 각각의 속성을 설정할 수 있도록 구성되어 있다.

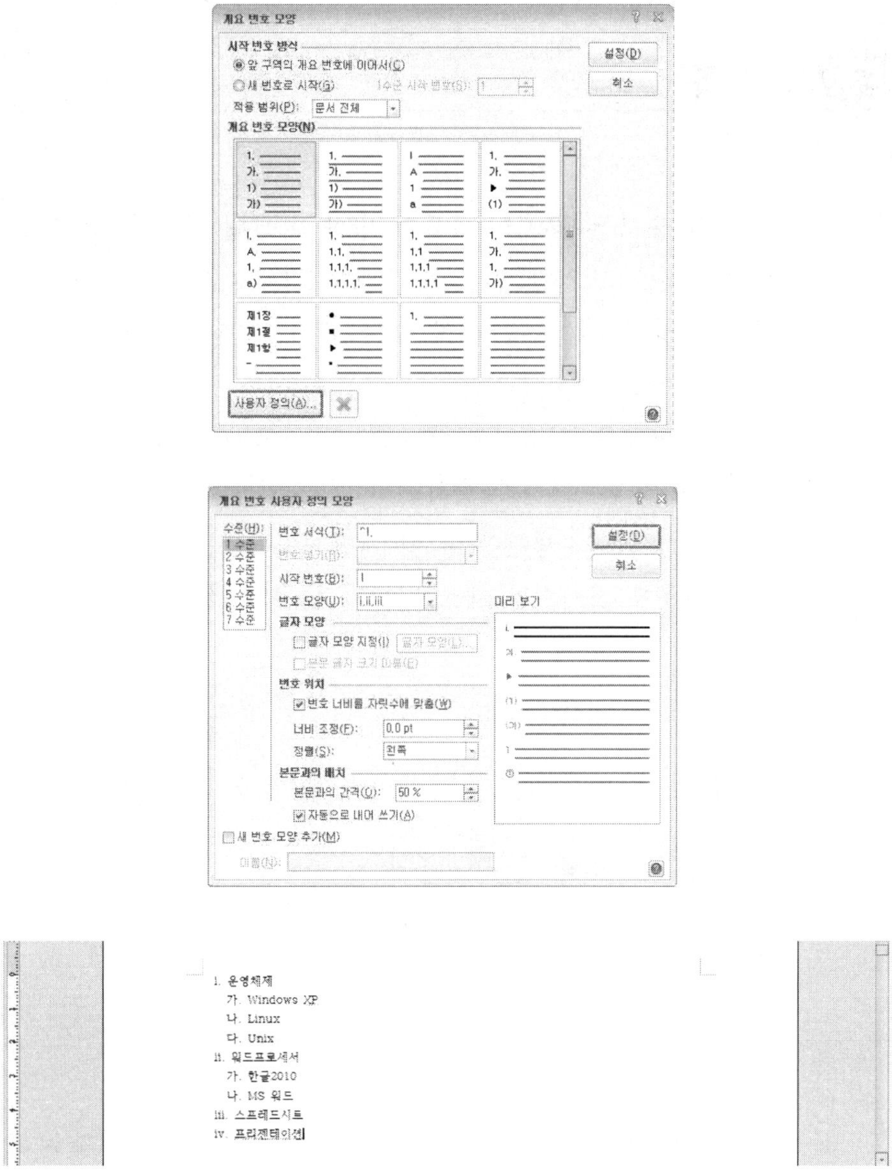

[그림 2-95] 개요 번호 모양

2.7 쪽

[편집 용지]는 용지의 종류와 방향 여백을 설정 및 세로쓰기를 하기 위한 기능으로 일반 편집 상태에서도 [세로쓰기]를 실행할 수 있으며, 블록 설정 부분, 특정 구역 또는 문서 전체를 지정하여 실행할 수도 있다.

용지 방향을 설정하고 가로쓰기, 영문과 숫자를 오른쪽으로 90도 영문으로 눕힘, 영문과 숫자는 원래 모양대로 하는 영문 세움 중에서 원하는 서식을 지정한다. 선택 사항 부분에서는 머리말/꼬리말에 세로쓰기 적용할 것인지와 세로쓰기를 적용할 범위를 선택하여 지정한다.

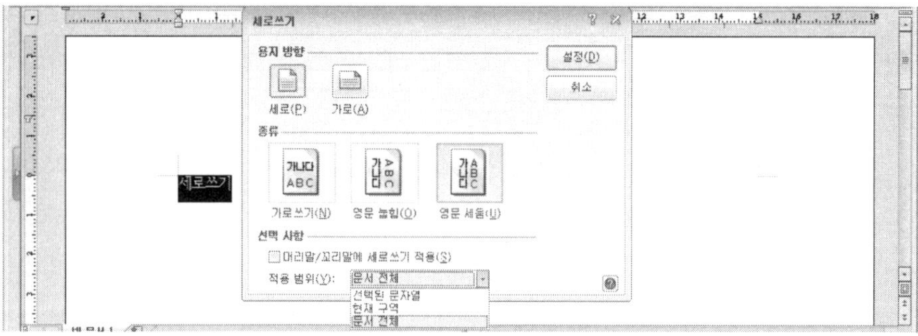

[그림 2-96] 세로쓰기

[쪽 테두리/배경]은 구역 단위로 [양쪽], [홀수 쪽], [짝수 쪽]을 지정하여 각 쪽의 본문을 에워싸는 테두리를 넣거나 배경을 지정하여 문서를 꾸미는 기능이다.

한 구역 안에 '양쪽 테두리/배경'이나 '짝수 테두리/배경'과 함께 '홀수 쪽 테두리/배경'을 함께 만든 경우, 짝수 쪽에는 '양쪽 테두리/배경'이나 '짝수 쪽 테두리/배경'이 나타나고 홀수 쪽에는 '홀수 쪽 테두리/배경'이 나타난다.

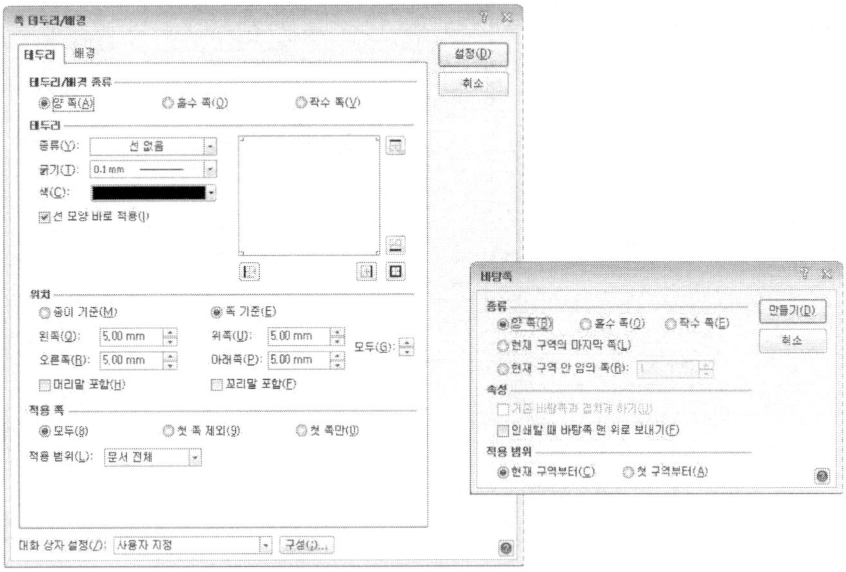

[그림 2-97] 쪽 테두리/배경, 바탕쪽

[바탕쪽]은 한 쪽 분량 안에서 글자 입력, 표 만들기, 그림 그리기 등 일반 편집 화면에서 작업할 수 있는 거의 모든 기능을 이용해 쪽 편집을 할 수 있는 기능이다.

[머리말/꼬리말]은 반복적인 내용을 페이지의 위 또는 아래에 표시하는 것으로 보통 책의 제목, 장의 제목 등을 표시한다.

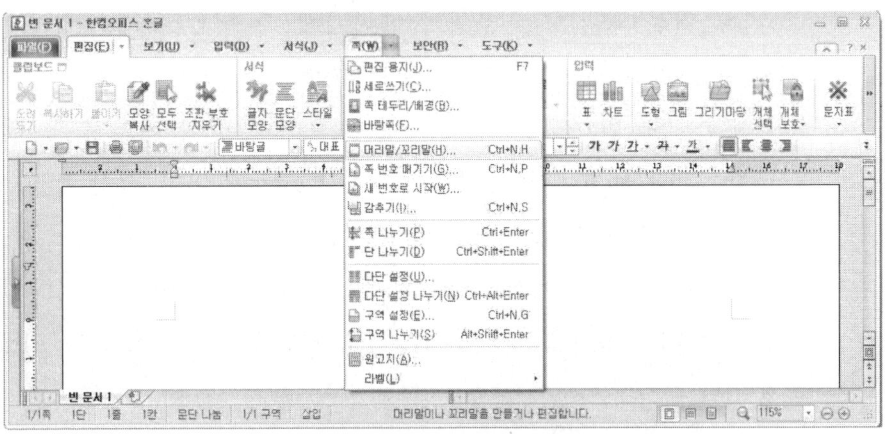

[그림 2-98] 머리말/꼬리말(1)

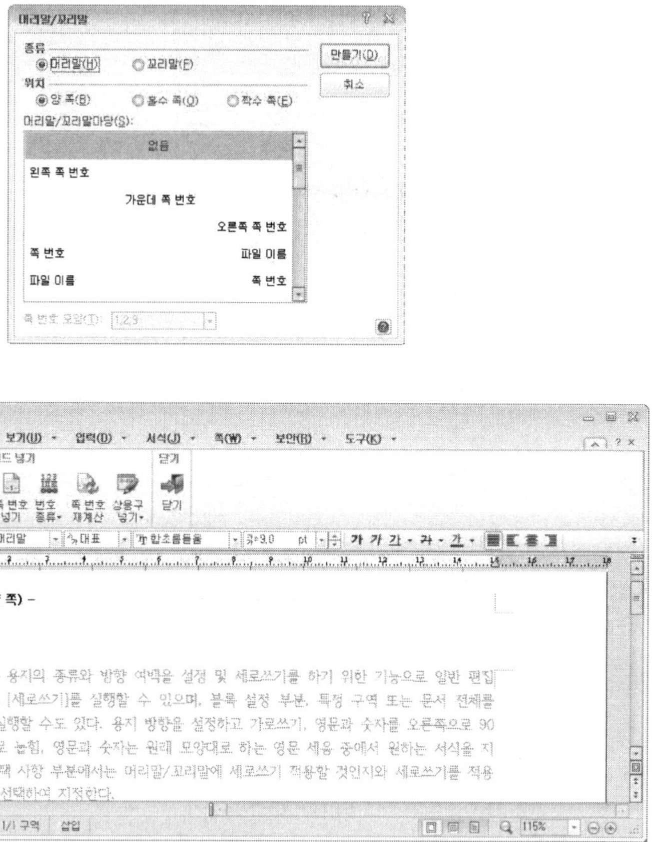

[그림 2-99] 머리말/꼬리말(2)

[쪽 번호 매기기]는 문서의 페이지에 쪽 번호를 매기기 위한 기능으로 번호 위치와 번호 모양 등을 지정할 수 있다.

또한, [새 번호로 시작] 기능을 이용하여 현재 매겨진 쪽 번호, 그림 번호, 각주 번호, 미주 번호, 수식 번호를 임의의 시작 번호 부분에서 새로운 시작 번호로 지정하여 변경할 수 있다.

[감추기]란 문서에서 현재 커서가 있는 쪽의 머리말, 꼬리말, 쪽 번호, 쪽 테두리/배경, 바탕쪽을 선택하여 인쇄되지 않도록 지정하는 기능이다.

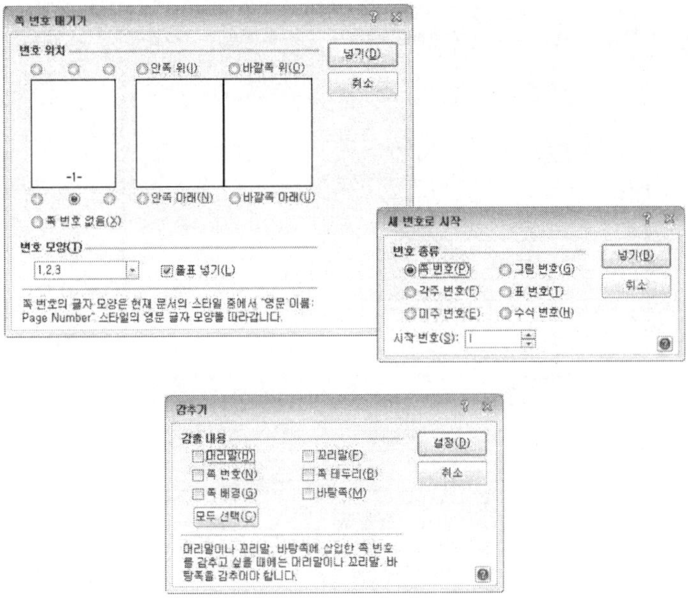

[그림 2-100] 쪽 번호 매기기, 새 번호로 시작, 감추기

[쪽 나누기]란 현재 커서에서 강제로 쪽을 나누기 위한 기능이며, [다단 설정]은 신문이나 회보, 찾아보기 등을 만들 때 한쪽을 여러 개로 나누어 편집하는 기능으로 각 단의 너비가 서로 다른 단을 만들거나 한쪽 안에 단수가 다른 단을 만들 수도 있다.

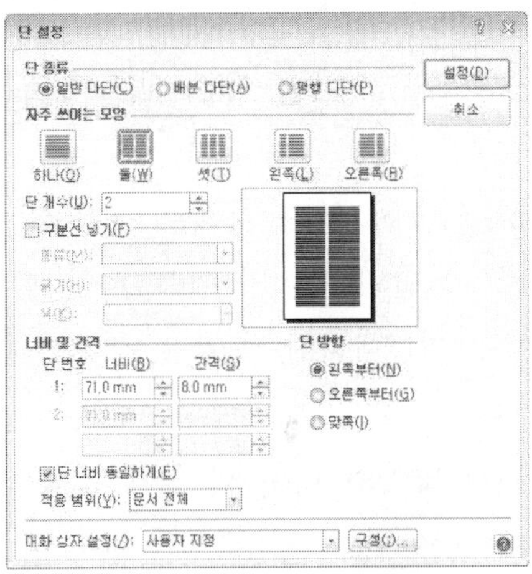

[그림 2-101] 다단 편집

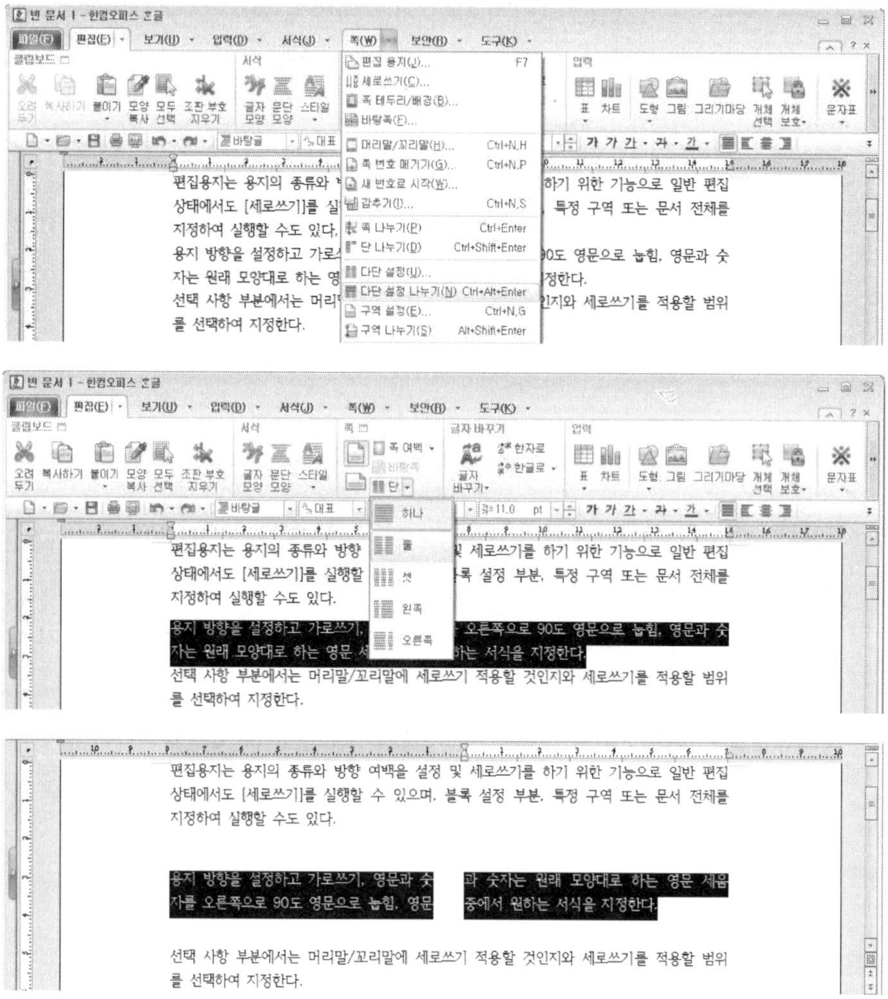

[그림 2-102] 다단 설정 나누기

단의 종류에는 한 단씩 차례로 내용을 가득 채우는 일반 다단, 마지막 쪽에서 각 단의 높이가 가능한 한 같아지도록 내용의 양을 자동으로 조절하는 배분 다단 그리고 하나의 단에서 내용이 다 채워지지 않더라도 다음 단으로 이동하여 내용을 입력하기 위한 평행 다단이 있으며 구분선 넣기와 너비 및 간격 등을 선택 적용할 수 있다.

[다단 설정 나누기]는 한 쪽이나 하나의 문서에서 여러 개의 단 모양을 사용하여 문서를 편집할 수 있도록 해주는 기능이며, [구역 설정]

은 문서를 여러 개의 구역을 나누고 각 구역마다 시작 쪽 번호를 매기거나 개체 시작 번호 등을 다르게 설정하기 위한 기능이다.

또한, [원고지]란 200자 원고지, 400자 원고지, 1000자 원고지 중에서 작성할 원고지 종류를 선택하여 원고지 사용법에 맞추어 작성하는 기능이며 [라벨]은 이름표나 명함 등을 만들 수 있도록 해주는 기능이다.

2.8 보 안

보안에는 파일에 문서 암호를 지정하는 문서 암호, 기밀문서의 정보 유출을 막고 개인의 문서 보안성을 강화하기 위한 공인 인증서, 전자 서명의 유효성 검사, 내용을 변경시키지 못하도록 하기 위한 배포용 문서 그리고 공인 인증서 인증 매체를 이용하는 보안 문서 저장 기능이 포함되어 있다.

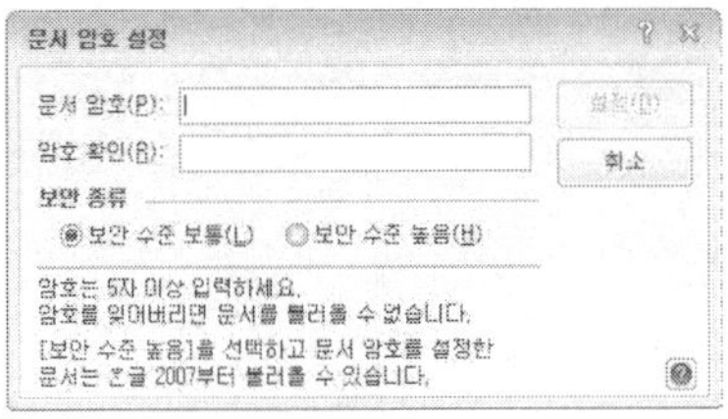

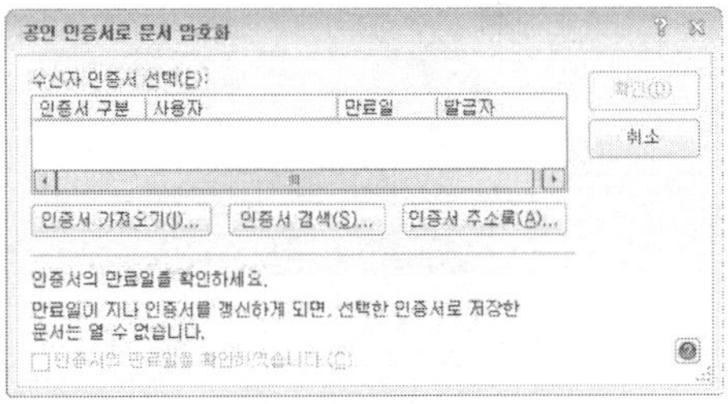

[그림 2-103] 문서 암호 설정, 공인 인증서

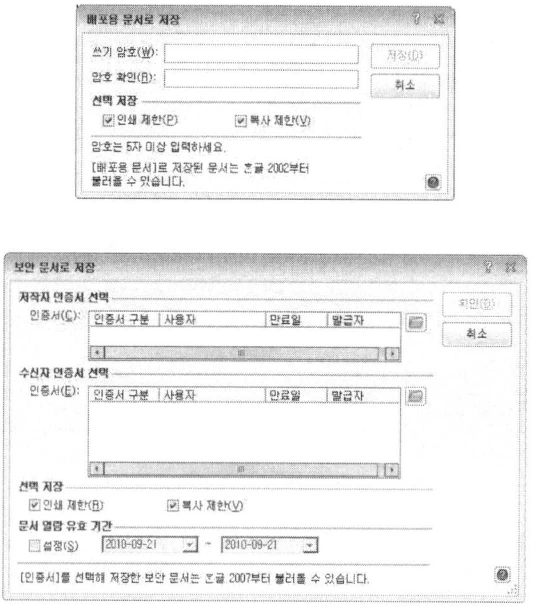

[그림 2-104] 배포용 및 보안 문서로 저장

[개인 정보 보호]는 문서 전체가 아닌 문서 일부분을 암호를 걸어 다른 문자로 변경하여 처리하기 위한 기능이다.

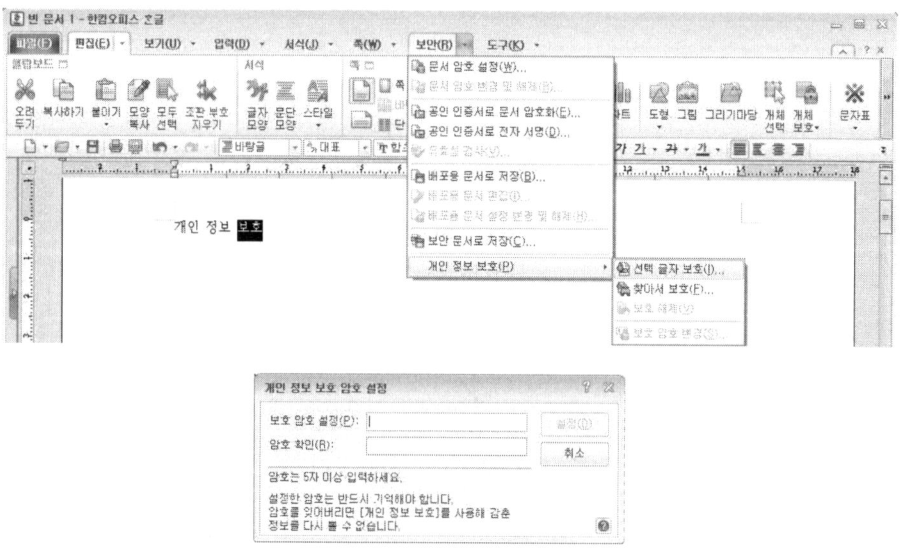

[그림 2-105] 개인 정보 보호

2.9 도 구

[도구] 탭은 맞춤법, 빠른 교정, 사전 모음, 블로그, 메일 머지, 매크로, 차례/색인, 블록 계산, 정렬, 문서 찾기, 프레젠테이션, 글자판, 사용자 설정 그리고 환경 설정으로 구성되어 있다.

[맞춤법]은 현재 문서를 맞춤법 사전과 비교하여 올바른 단어로 교정해 주는 기능이다.

[빠른 교정]은 문서 작성 중에 단어나 띄어쓰기가 있으면 자동으로 낱말을 교정해 주는 기능으로 어미나 조사에 대한 교정도 가능하며 필요한 낱말들을 직접 추가하거나 삭제할 수도 있다.

[사전 모음]은 한컴 사전 및 한자 자전, 유의어/반의어 사전을 이용할 수 있는 기능이며, [블로그]는 문서를 블로그로 올리거나 초안으로 올리기 및 계정을 관리하는 기능을 제공한다.

[메일 머지]란 안내장이나 초대장과 같이 문서의 내용이 동일하고 이름이나 주소 부분 등 일부 항목의 데이터만 바뀌는 경우 기본 틀인 서식 파일을 작성하고, 변경될 내용을 데이터 파일로 작성한 뒤 결합하여 문서를 작성하기 위한 기능이다.

서식 파일의 작성은 기본 문서를 작성한 뒤 [도구]－[메일 머지]－[표시 달기]를 이용하여 메일 머지 데이터가 들어갈 공간을 확보하여 작성한 다음 한글 문서로 작성한다.

데이터 파일의 작성은 한글에서 데이터를 입력하거나, 윈도우의 주소록에 등록해 놓은 자료나 구축해 놓은 DBF 파일, 넥셀 또는 엑셀 파일을 불러와 데이터 파일로 이용하여 만들 수 있다. 한글을 이용한 데이터 파일의 작성은 우선 필드 수를 지정하고 데이터를 입력한 다음 한글 파일로 저장한다.

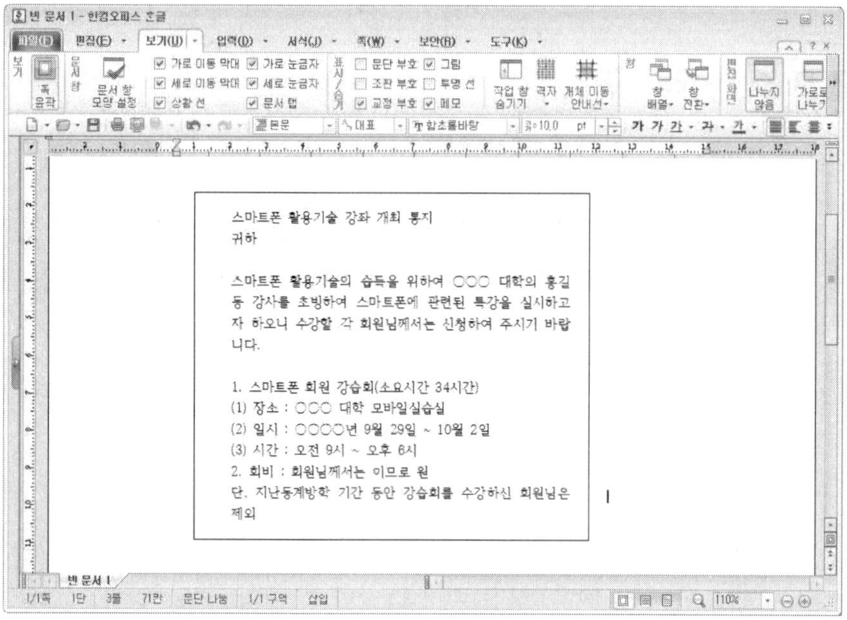

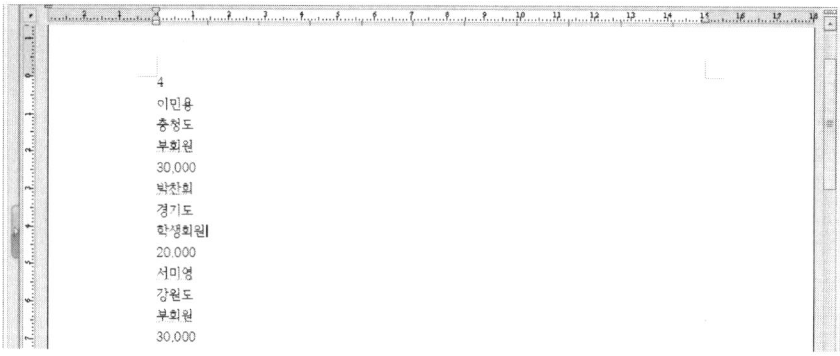

[그림 2-106] 메일 머지 형식 문서와 데이터 파일

[메일 머지 표시 달기]는 메일 머지를 수행할 서식 파일에 데이터 파일의 이름이나 자격, 회비 등이 대입될 위치를 표시하는 기능이며, 마지막 과정으로 [메일 머지 만들기]는 데이터 파일과 서식 파일을 결합하여 메일 머지 표시 달기를 수행한 위치에 내용만 다르고 나머지 내용이 같은 안내장이나 초대장을 만들어 주는 기능이다. 이때, [메일 머지 만들기]라는 대화 상자가 나타나면 사용할 데이터 파일에 대한 자료의 종류를 지정하고 출력 방향을 선택한다.

[그림 2-107] 메일 머지 서식 문서에 표시 달기와 메일 머지 만들기

[매크로]는 사용자가 입력하는 일련의 명령어를 기억하였다가 단축키로 그대로 재생하는 기능으로 키보드 입력만을 기억하는 [키 매크로]와 키보드뿐만 아니라 마우스 동작을 포함한 사용자의 모든 동작을 기억하는 [스크립트 매크로]가 있다.

[그림 2-108] 매크로 정의

각 매크로는 사용자가 이름을 붙일 수 있으며, 별도의 파일로 저장해 두거나 정의된 매크로를 다시 편집할 수 있는 기능도 포함되어 있다.

매크로를 사용하기 위해서는 우선 [도구]-[매크로]-[정의]를 이용하여 일련의 명령어를 기록하고 [매크로 기록 끝]을 눌러 저장한 후 매크로를 적용할 영역을 설정하고 정의한 단축키를 이용하여 매크로를 적용한다.

[차례/찾아보기]란 제목 차례, 표 차례, 그림 차례, 수식 차례 등의 각종 차례와 찾아보기 표시를 달아 놓은 낱말들에 대하여 찾아보기를 자동으로 만들어 주는 기능이다.

여기서 차례는 본문의 제목, 표, 그림, 수식 등이 들어 있는 줄을 한곳에 모아, 각 줄마다 본문 중에서 쪽 번호 위치를 붙여 주는 것이다.

제목 차례를 만들기 위해서는 모든 제목에 커서를 위치하고 [도구]-[차례/찾아보기]-[제목 차례 표시]를 선택한 다음 [도구]-[차례/찾아보기]-[만들기]를 선택하고 차례 만들기 대화 상자에서 경로와 파일명을 입력하여 차례 만들기를 작성한다.

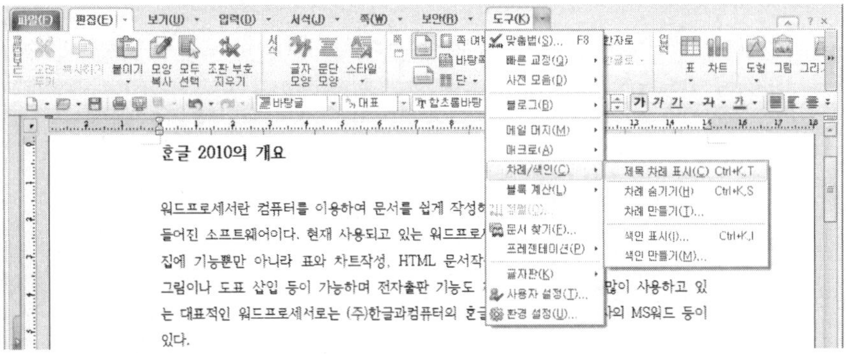

[그림 2-109] 제목 차례 표시

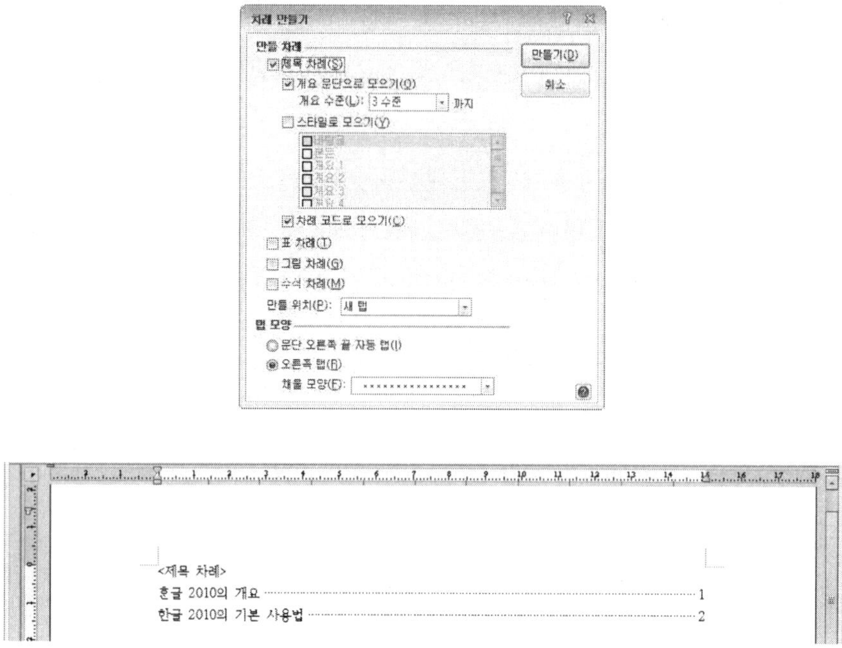

[그림 2-110] 차례 만들기

색인 표시는 책의 제일 뒷부분에 중요한 낱말을 찾기 위해 쪽 번호를 알려 주기 위한 기능으로 우선 본문에 색인 표시를 한 다음 [색인 만들기]를 실행한다.

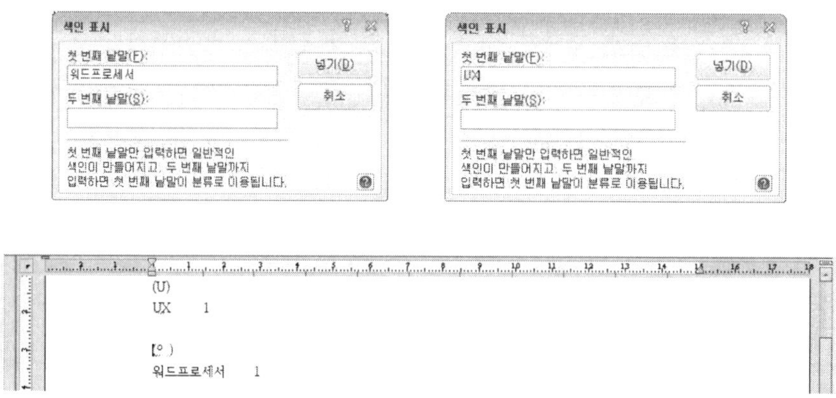

[그림 2-111] 색인 만들기

[정렬]은 특정 항목을 기준으로 '가나다' 순서 또는 그 역순 등으로 문서 내용의 일부를 다시 배열하는 기능이다.

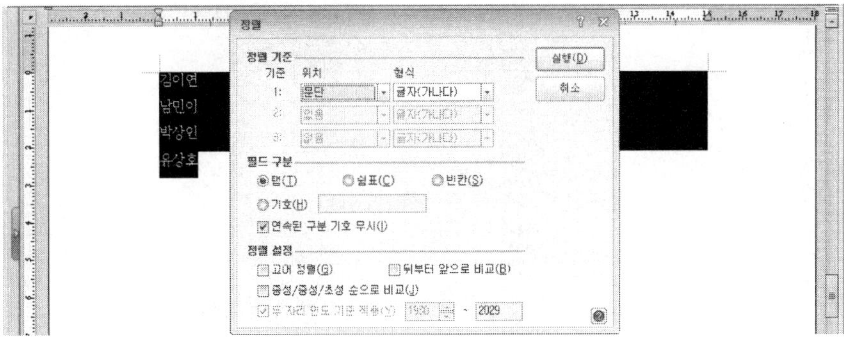

[그림 2-112] 정렬

[문서찾기]는 파일의 이름이나 위치를 정확히 알지 못할 때 낱말을 이용하여 찾기 위한 기능으로 한/글(*.hwp), 한/셀(*.cell), 넥셀(*.nxl), 한/쇼(*.show), 슬라이드(*.hpt), 워드(*.doc, *.docx), 엑셀(*.xls, *.xlsx), 파워포인트(*.ppt, *.pptx), 텍스트 문서(*.txt) 형식이 검색이 가능하다.

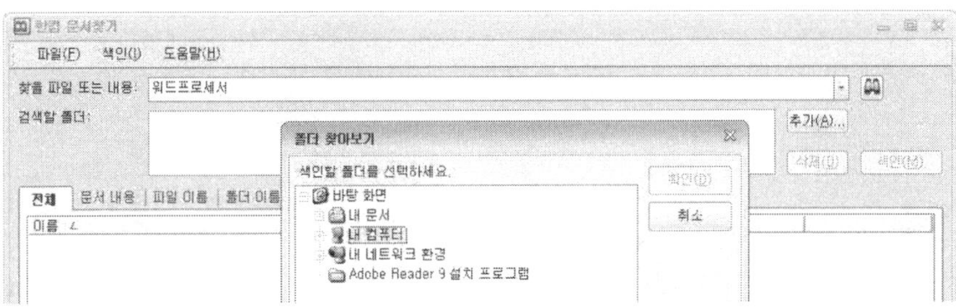

[그림 2-113] 문서찾기

[프레젠테이션]은 배경 화면이나 전환 효과, 효과음, 적용 범위 등을 지정하여 업무 보고를 할 수 있도록 발표 자료를 작성하는 기능이다.

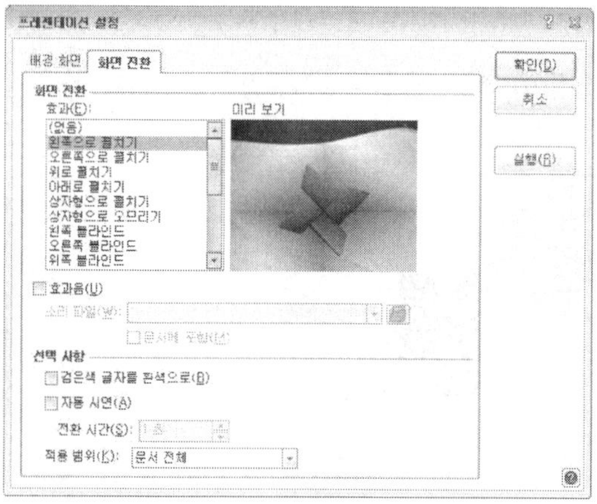

[그림 2-114] 프레젠테이션 설정

MEMO

MEMO

C.H.A.P.T.E.R

3

ITQ (Information Technology Qualification)

정보기술자격(ITQ)시험은 Information Technology Qualification의 약자로 정보화시대의 기업, 기관, 단체 구성원들에 대학 정보기술능력 또는 정보기술활용능력을 객관적으로 평가하여 정보기술관리 및 실무능력 수준을 지수화 및 등급화하여 국가에서 공식적으로 인증하는 시험으로, 산업인력의 정보경쟁력 강화를 통한 산업의 정보화를 추구하며 나아가서는 국가의 정보화를 촉진시키기 위한 목적으로 시행하는 국가공인자격이다.

3.1 ITQ 한글 2005 버전

■ 아래 한글 2005 시험 출제 기준

한글 2005 버전에서는 문서 작성 및 편집에 필요한 다양한 기능을 평가하기 위한 공통부분, 기능평가 I (표와 차트), 기능평가II(수식, 도형, 그림, 글맵시), 조합 문서 작성을 위한 문서 작성 능력으로 구성되어 있다.

항목	배점	내용
1. 스타일	50점	※ 영문 텍스트 작성과 스타일 기능 영문 텍스트 작성 스타일 이름/문단 모양/글자 모양
2. 표와 차트	100점	※ 표를 작성하고 이를 이용한 간단한 차트 작성 능력 표 내용 작성/정렬/셀 배경색 표 계산/캡션/차트 기능
3. 수식 편집기	40점	※ 수식 편집기 사용능력 수식 편집기를 이용한 수식 작성
4. 그림/그리기	110점	※ 다양한 기능을 통합한 문제로 그림/그리기, 책갈피 및 하이퍼링크[하이퍼텍스트] 등 문서 작성 시 응용 능력 하이퍼링크[하이퍼텍스트] 그림 삽입 및 크기 설정/그림 앞뒤 배치 글맵시 작성/도형에 문자열 입력하기
5. 문서 작성 능력	200점	※ 문서 작성을 위한 다양한 능력 글꼴/머리말, 쪽 번호 책갈피, 각주, 문단 번호 그림 삽입 및 편집, 표 작성, 그러데이션 문단 첫 글자 장식, 들여쓰기, 한자 문자표, 줄 간격, 장평, 자간 등

3.2 ITQ 한글 2005 버전용 기출 문제 풀이

정보기술자격(ITQ) 시험

과 목	코드	문제유형	시험시간	수험번호	성 명
아래한글	1111	A	60분		

수험자 유의사항

- 수험자는 문제지를 받는 즉시 응시하고자 하는 과목의 문제지가 맞는지 확인하여야 합니다.
- 파일명은 본인의 "수험번호-성명"으로 입력하여 답안폴더(내문서₩ITQ₩)에 하나의 파일로 저장해야 하며, 답안문서 파일명이 "수험번호-성명"과 일치하지 않거나, 답안파일을 전송하지 않아 미제출로 처리될 경우 실격 처리합니다(예 : 내문서₩ITQ₩12345678-홍길동.hwp).
- 답안 작성을 마치면 파일을 저장(크기 : 1.44Mb 이내로 작성)하고, '답안 전송' 버튼을 선택하여 감독위원 PC로 답안을 전송하십시오(단, 지정된 용량 초과 시 실격 처리됨). 수험생 정보와 저장한 파일명이 다를 경우 전송되지 않으므로 주의하시기 바랍니다.
- 답안 작성 중에도 주기적으로 저장하고 답안을 전송하여야 문제 발생을 줄일 수 있습니다. 작업한 내용을 저장하지 않고 전송할 경우 이전에 저장된 내용이 전송되오니 이점 유의하시기 바랍니다.
- 답안문서는 지정된 경로 외의 다른 보조기억장치에 저장하는 경우, 지정된 시험 시간 외에 작성된 파일을 활용할 경우, 기타 통신수단(이메일, 메신저, 네트워크 등)을 이용하여 타인에게 전달 또는 외부 반출하는 경우는 부정 처리합니다.
- 시험 중 부주의 또는 고의로 시스템을 파손한 경우는 수험자가 변상해야 하며, <수험자 유의사항>에 기재된 방법대로 이행하지 않아 생기는 불이익은 수험생 당사자의 책임임을 알려 드립니다.
- 시험을 완료한 수험자는 답안파일이 전송되었는지 확인한 후 감독위원의 지시에 따라 문제지를 제출하고 퇴실합니다.

답안 작성요령

- 온라인 답안 작성 절차
  수험자 등록 → 시험 시작 → 답안파일 저장 → 답안 전송 → 시험 종료
- 공통 부문
  - 글자체는 별도의 지시사항이 없는 경우는 바탕(또는 신명조), 글자크기 10포인트로 합니다.
  - 각 문항에 주어진 ≪조건≫에 따라 작성하고 언급하지 않은 조건은 출력형태와 같이 작성합니다.
  - 용지여백은 왼쪽·오른쪽 11㎜, 위쪽·아래쪽·머리말·꼬리말 10㎜, 제본 0㎜로 합니다.
  - 그림 삽입 문제의 경우 내문서₩ITQ₩Picture 폴더에서 지정된 파일을 선택하여 삽입하십시오.
  - 삽입한 그림은 반드시 문서에 포함하여 저장해야 합니다(미포함 시 감점 처리).
  - 각 항목은 지정된 페이지에 출력형태와 같이 정확히 작성하시기 바라며, 그렇지 않을 경우에 해당 항목은 0점 처리됩니다.

    ※ 페이지구분 : 1페이지 – 기능평가 I (1, 2번 문제번호 표시),
2페이지 – 기능평가 II (3, 4번 문제번호 표시),
3페이지 – 문서작성 능력평가
- 기능평가
  - 문제와 ≪조건≫은 입력하지 않으며 문제번호와 답(≪출력형태≫)만 작성합니다.
  - 4번 문제는 묶기를 했을 경우 0점 처리됩니다.
- 문서작성 능력평가
  - A4 용지(210㎜×297㎜) 1매 크기, 세로 서식 문서로 작성합니다.
  - ⬚ 표시는 문서작성에 대한 지시사항이므로 작성하지 않습니다.

한국생산성본부 KOREA PRODUCTIVITY CENTER

■ 공통부분 작업

1. 파일명을 내문서\ITQ 폴더에 '수험번호-성명' 형태 즉, 수험번호가 12345678이고 성명이 홍길동인 경우 '12345678-홍길동.hwp'로 저장한다.

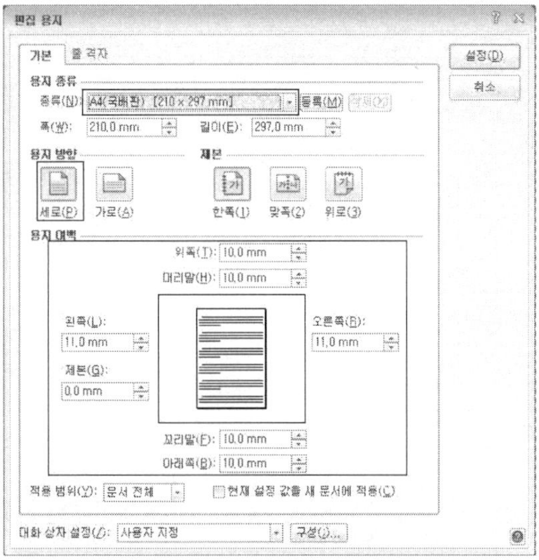

2. 글꼴과 글자 크기를 바탕(또는 신명조), 10포인트로 설정하고 편집 용지에서 용지 여백을 각각 왼쪽 · 오른쪽 11mm, 위쪽 · 아래쪽 · 머리말 · 꼬리말 10mm, 제본 0mm로 각각 설정하고 저장한다.

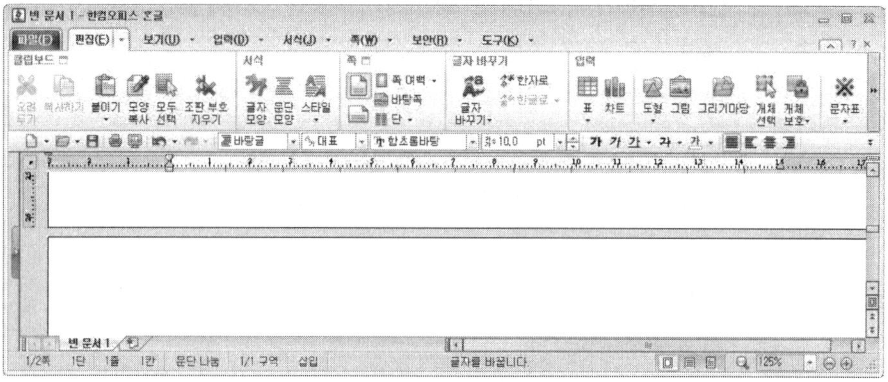

3. 문서를 만들 때 각 페이지의 구분은 Ctrl을 누른 상태에서 Enter↵를 쳐서 실행한다.

기능평가 I (150점)

1. 다음의 ≪조건≫에 따라 스타일 기능을 적용하여 ≪출력형태≫와 같이 작성하시오. (50점)

≪조건≫ (1) 스타일 이름 - namsadang
(2) 문단모양 - 왼쪽 여백 : 10pt, 문단 아래간격 : 10pt
(3) 글자모양 - 글꼴 : 돋움, 크기 : 10pt, 장평 : 95%, 자간 : 5%

≪출력형태≫

The namsadang is a Korean itinerant troupe which consists of male performers who present various performing arts such as acrobatics, singing, dancing and playing like a circus.

It is said that namsadang was spontaneously formed during the Joseon Dynasty and used to wander about marketplaces and villages.

2. 다음의 ≪조건≫에 따라 ≪출력형태≫와 같이 표와 차트를 작성하시오. (100점)

≪표 조건≫ (1) 표 전체(표, 캡션) - 돋움, 10pt
(2) 정렬 - 문자 : 가운데 정렬, 숫자 : 오른쪽 정렬
(3) 셀 배경색 : 노랑
(4) 한글의 계산 기능을 이용하여 빈칸에 합계를 구하고, 캡션 기능 사용할 것
(5) 선 모양은 ≪출력형태≫와 동일하게 처리할 것

≪출력형태≫

남사당패의 공연 현황(단위 : 명)

관람객	2009년	2008년	2007년	2006년	2005년
국내 공연	4,523	4,089	5,689	3,452	2,589
해외 공연	3,768	3,516	2,141	2,589	1,937
초청 공연	1,457	1,808	894	2,529	1,672
합계					

≪차트 조건≫ (1) 차트 데이터는 표 내용에서 2009년, 2008년, 2007년의 값만 이용할 것
(2) 종류 - <2차원 세로 막대형>으로 작업할 것
(3) 제목 - 궁서, 진하게, 12pt, 배경 - 선 모양(한 줄로), 그림자(2pt)
(4) 제목 이외의 전체 글꼴 - 돋움, 보통, 10pt
(5) 기타 나머지 사항은 ≪출력형태≫와 동일하게 처리할 것

≪출력형태≫

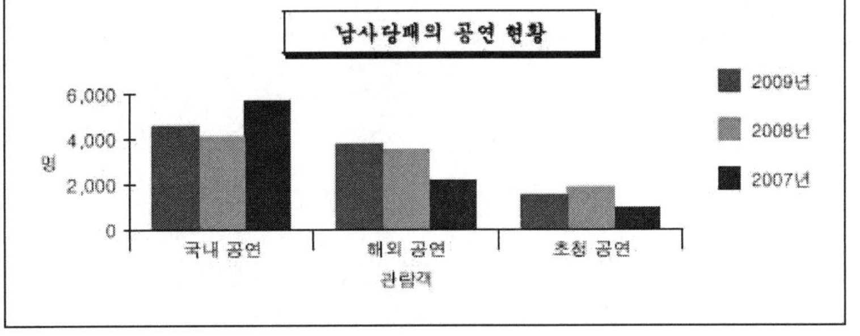

1. 서식 탭의 스타일에서 스타일 추가하기 단추를 누르고 스타일 이름을 namsadang으로 지정한 다음 문단 모양 설정에서 왼쪽 여백 : 10pt, 문단 아래 간격 : 10pt로 지정하고 글자 모양에서 글꼴 : 돋움, 크기 : 10pt, 장평 : 95%, 자간 5%로 각각 설정한다.

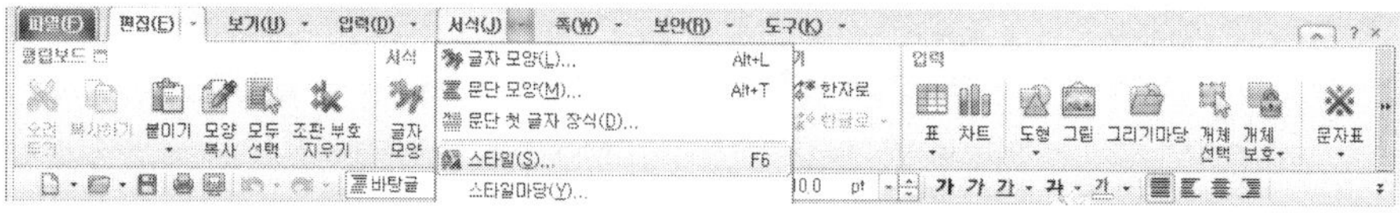

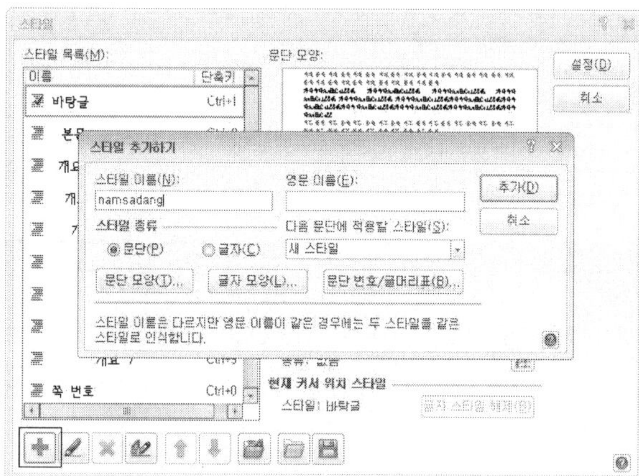

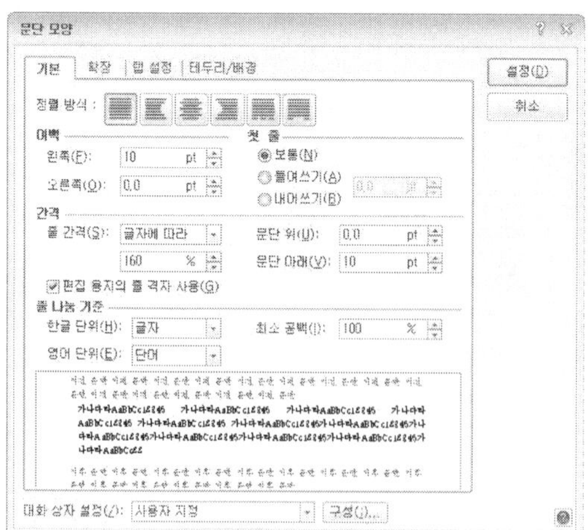

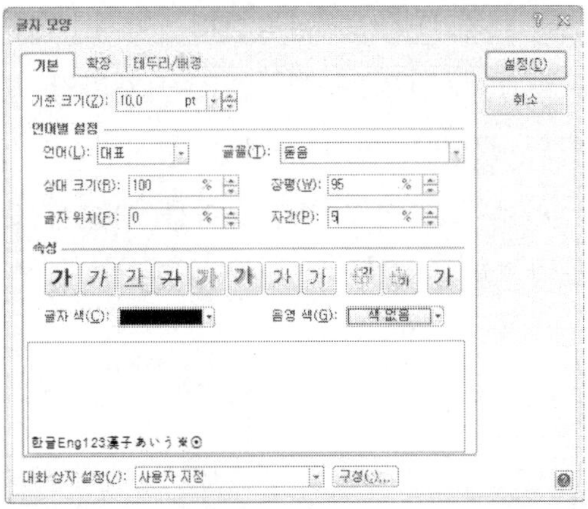

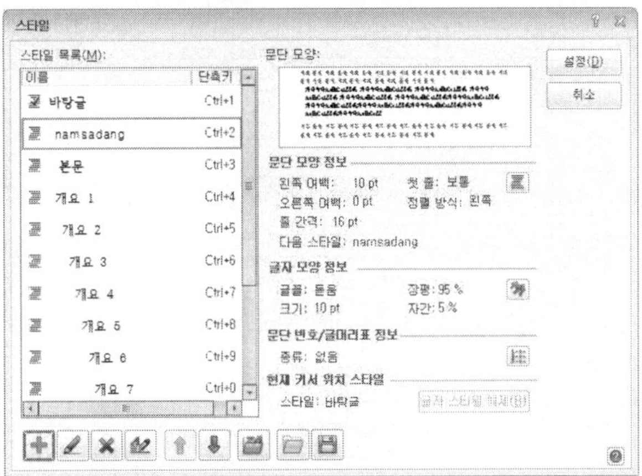

2. 다음 과정으로 namsadang 스타일을 적용할 영역을 블록으로 형성한 후 스타일을 적용한다.

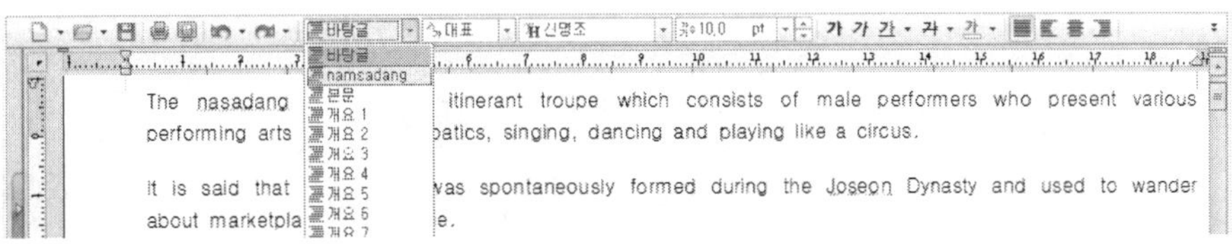

3. 입력 탭에서 [표 만들기] 기능으로 5줄, 6칸의 표를 작성하고 자료를 입력한 후 [캡션 넣기]를 위로 지정하여 위쪽에 남사당패의 공연 현황(단위 : 명)이라는 캡션을 넣고 표 전체(표, 캡션)의 글자

모양을 돋움, 10pt로 설정한다. 이때, 캡션은 오른쪽으로 정렬하고 숫자는 [1,000단위 구분 쉼표]−[자릿점 넣기]에서 쉼표를 넣는다. 표 안의 정렬은 셀의 블록을 형성한 후 정렬 기능을 이용하여 문자를 가운데로 정렬하고 숫자를 오른쪽으로 정렬하며, [셀 배경색]은 노랑으로 설정한다.

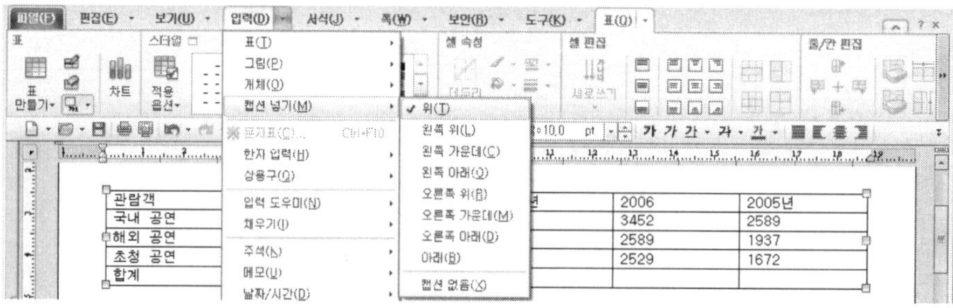

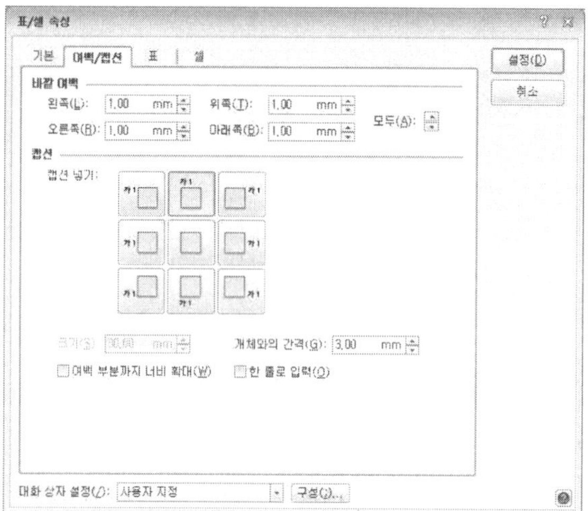

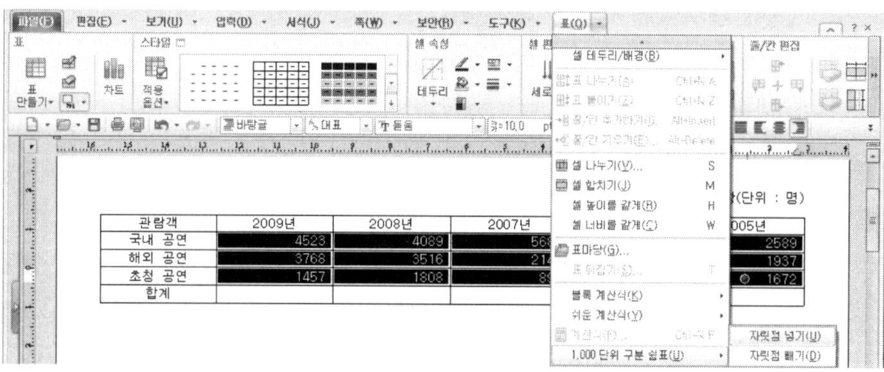

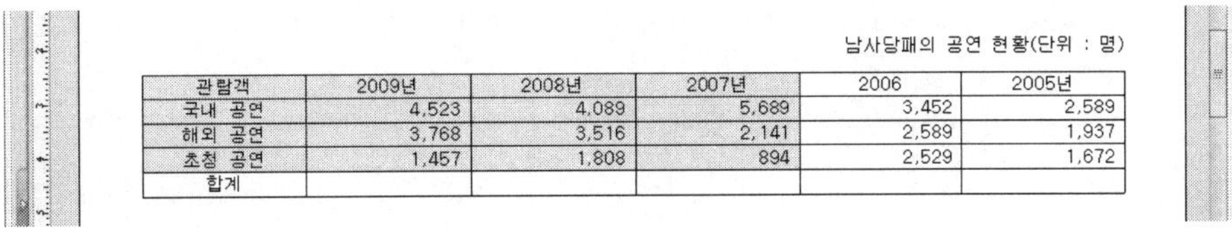

남사당패의 공연 현황(단위 : 명)

관람객	2009년	2008년	2007년	2006	2005년
국내 공연	4,523	4,089	5,689	3,452	2,589
해외 공연	3,768	3,516	2,141	2,589	1,937
초청 공연	1,457	1,808	894	2,529	1,672
합계					

4. 합계를 구하기 위한 자료 영역과 결과를 나타낼 영역을 블록으로 형성하고 한글의 계산 기능인 블록 계산식을 이용하여 빈칸에 합계를 구한다. 다음 과정으로 선 모양을 설정하기 위한 셀의 영역에 대한 블록을 형성하고 표의 셀 속성 그룹에서 대각선과 선 모양을 적용하여 ≪출력형태≫와 동일하게 처리한다.

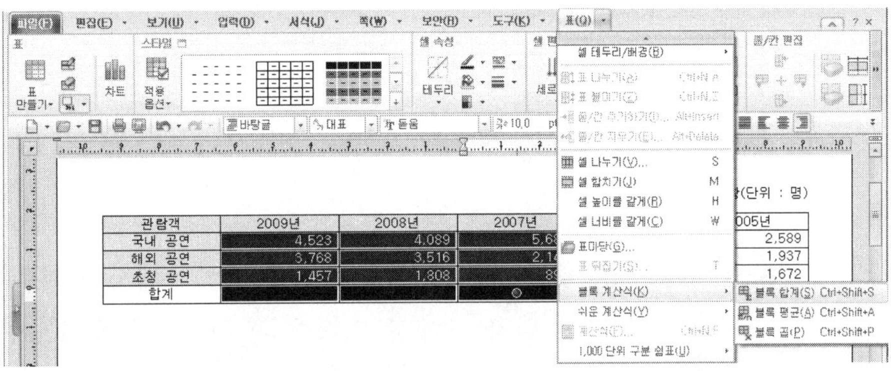

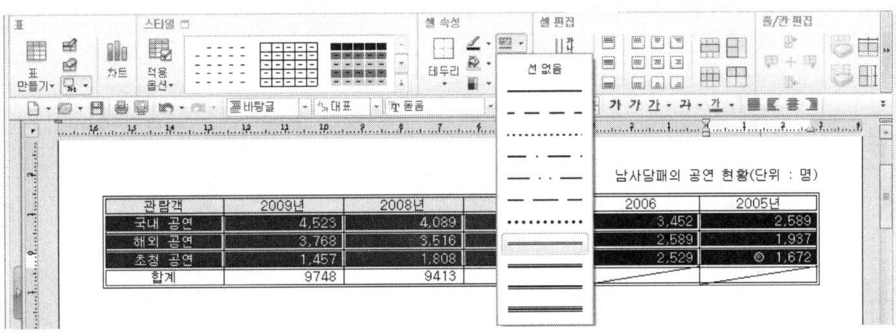

5. 표 내용에서 차트 작성에 필요한 영역인 2009년, 2008년, 2007년의 값에 해당하는 표의 노랑색 영역을 블록으로 설정하고, 표의 도구 상자에서 차트를 누르거나 오른쪽 마우스 단추를 눌러 차트 만들기를 선택하여 〈2차원 세로 막대형〉으로 작성한다.

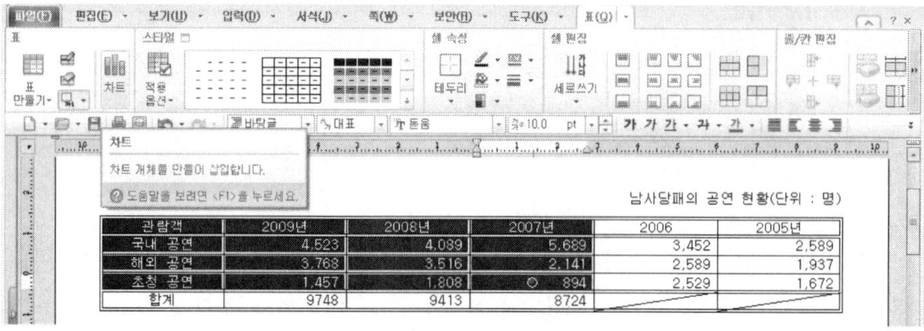

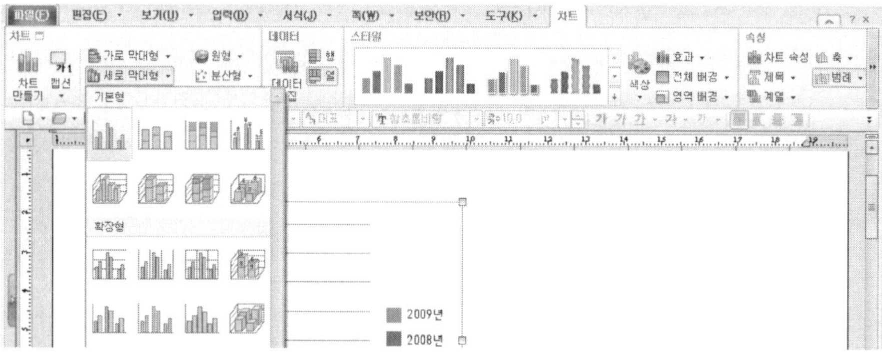

6. 데이터 그룹에서 행으로 설정하고 속성 그룹에서 제목을 위쪽 표시로 지정하고 글자 탭에서 입력한 후 궁서, 굵게, 12pt, 배경 선 모양(한 줄로) 그리고 그림자를 2pt로 각각 설정한다.

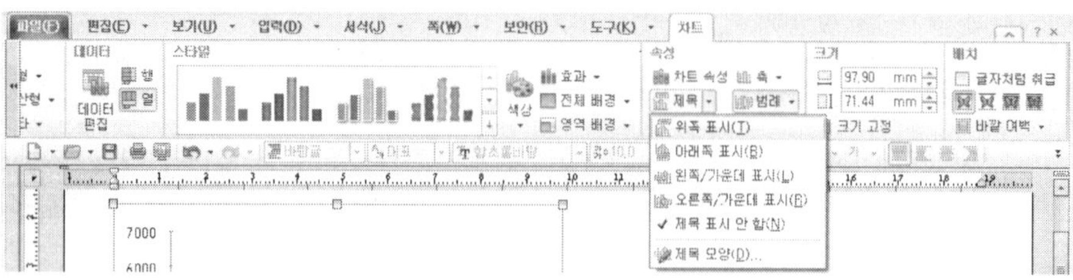

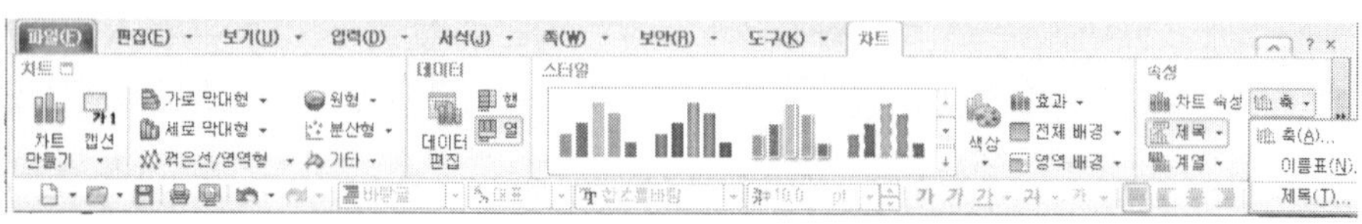

7. 다음 과정으로 속성 그룹의 [축]에서 가로 항목 축과 세로 항목 축을 선택하고 입력할 내용에 관람객과 명으로 각각 입력하고 글꼴을 돋움, 보통, 10pt로 설정한다.

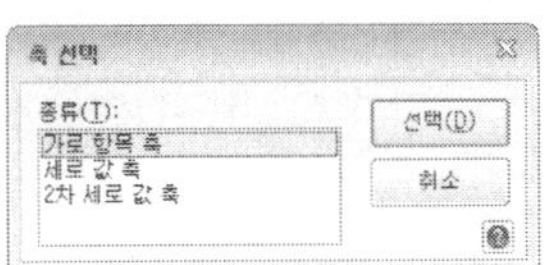

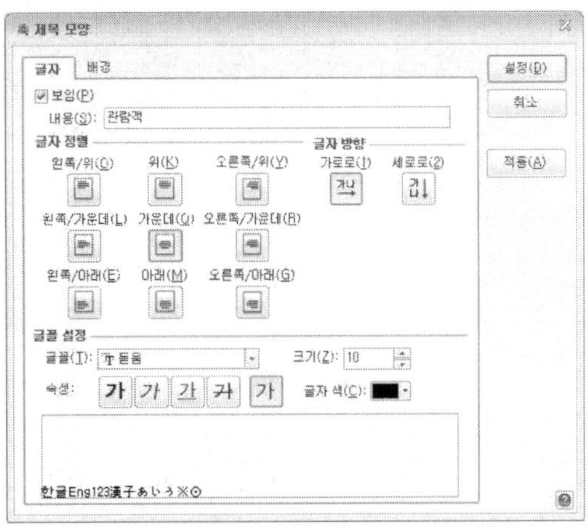

8. 차트에서 제목 이외의 축 이름표와 범례 등을 각각 더블 클릭하여 글꼴을 돋움, 보통, 10pt로 설정한다.

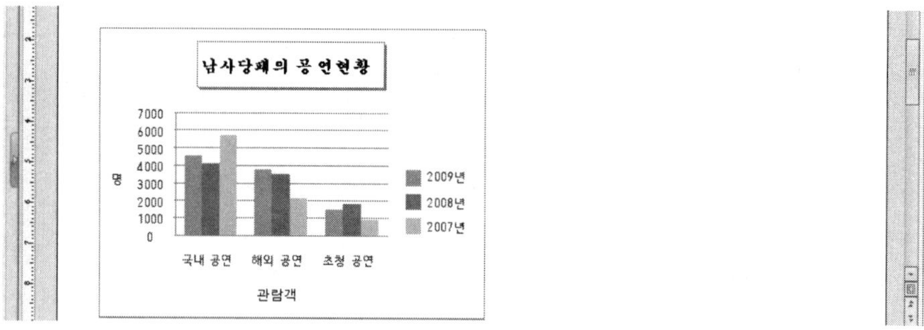

9. 차트에서 세로 축 부분을 누르고 축 모양에서 선과 비례, 배경 탭을 이용하여 출력 형태로 수정한다. 이때 선택 사항에서 보조 격자선 없음으로 설정한 다음 비례에서 꾸밈 설정 보여주기를 선택하고 최솟값 0, 최댓값 6000, 큰 눈금선 3, 작은 눈금선 1로 설정하고, 눈금을 가운데로 설정한다.

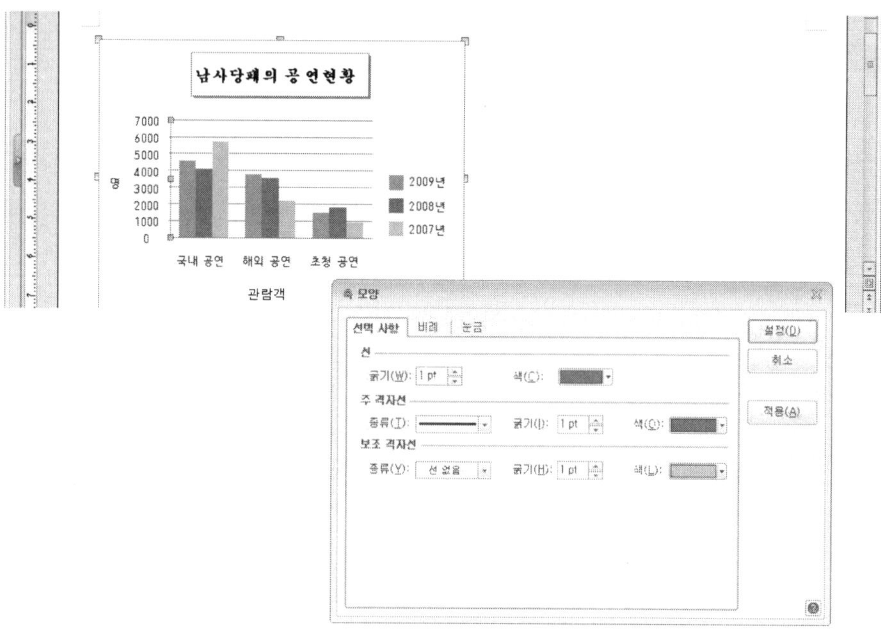

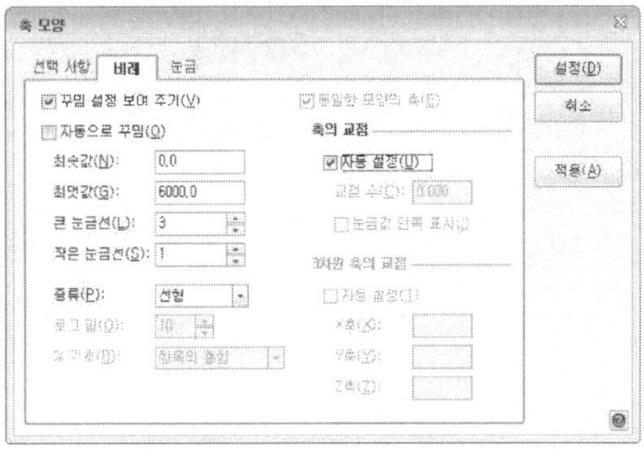

10. 마지막 과정으로 제목 이외의 전체 글꼴을 궁서, 보통, 10pt로 설정하여 ≪출력형태≫와 동일하게 마무리한 다음 페이지는 구분을 위해 Ctrl을 누른 상태에서 Enter↵를 눌러 페이지 나누기를 실시한다.

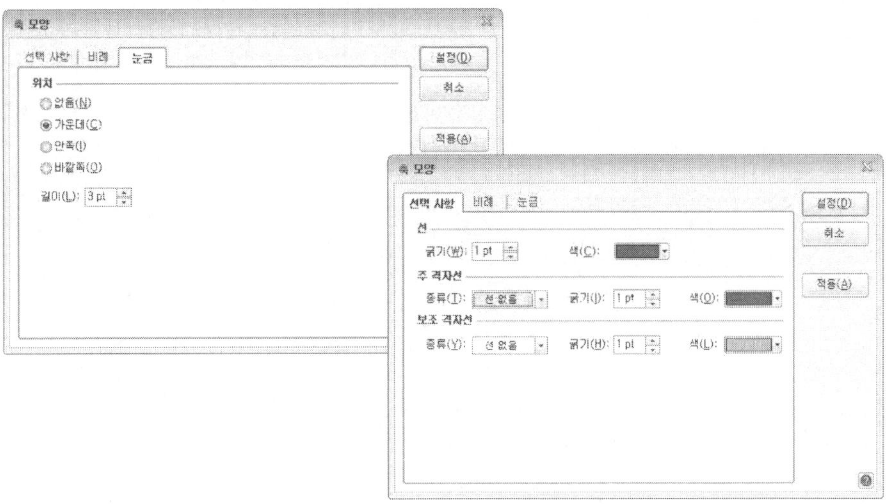

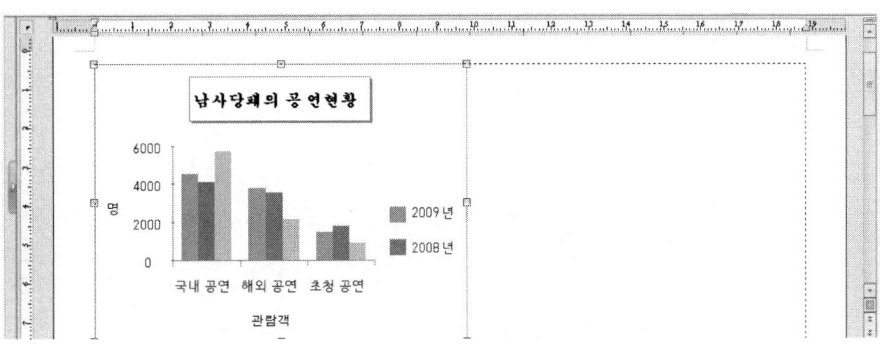

MEMO

기능평가 II (150점)

3. 수식 편집기로 다음 수식 (1), (2)를 각각 입력하시오. (40점)

《출력형태》

(1) $\frac{k}{A \cdot B} = \frac{k}{B-A}\left(\frac{1}{A} - \frac{1}{B}\right)\ (A \neq B)$

(2) $\frac{c}{\sqrt{a} \pm \sqrt{b}} = \frac{c(\sqrt{a} \mp \sqrt{b})}{a-b}$

4. 다음의 《조건》에 따라 《출력형태》와 같이 문서를 작성하시오. (110점)

《조건》

(1) 그리기 도구를 이용하여 작성을 하고, 모든 도형(글맵시, 지정된 그림 포함)을 《출력형태》와 같이 작성하시오.

(2) 도형의 면색은 지시사항이 없으면 색없음을 제외하고 서로 다르게 임의로 지정하시오.

《출력형태》

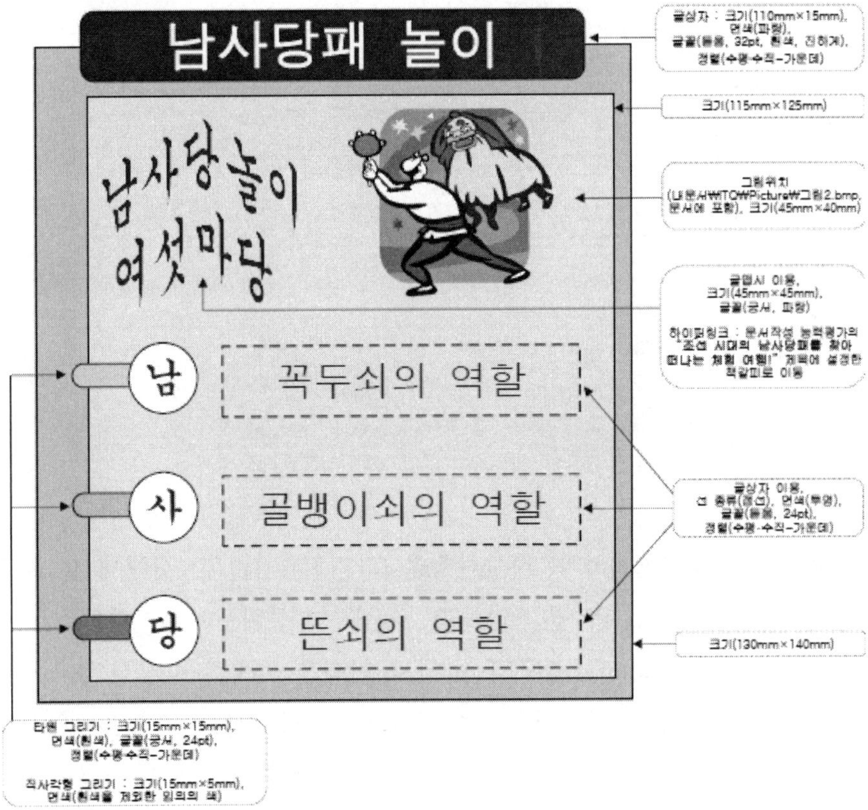

1. 입력 메뉴의 개체에서 수식을 선택하여 나타나는 수식 편집기에서 해당 수식을 입력하고 넣기 단추를 누른다.

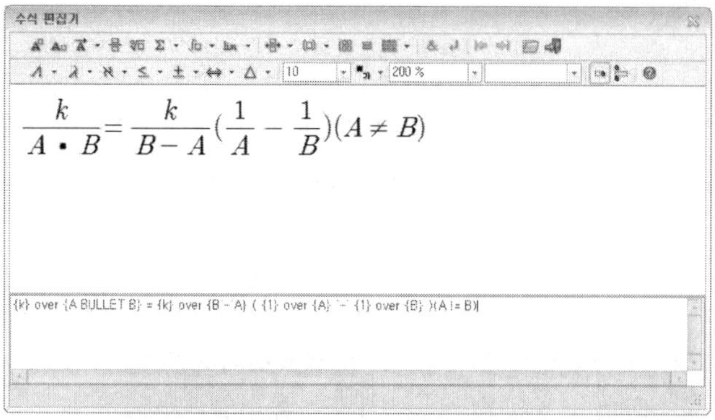

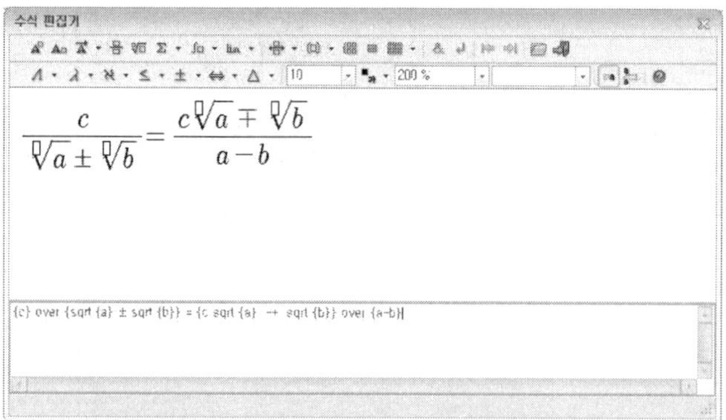

2. 130mm×140mm의 직사각형을 그리고 입력의 개체에서 글상자를 선택하여 글상자를 만들고 개체 속성의 기본 탭에서 크기를 '110mm×15mm', 채우기 탭에서 면색을 '파랑', 사각형 모서리를 곡률로 각각 설정한다. 이후 문자열을 입력하고 글꼴을 돋움, 32pt, 흰색, 진하게 설정하고 정렬을 수평수직-가운데로 설정한다. 다음 과정으로 115mm×125mm의 직사각형을 그리고 130mm×140mm와 서로 다른 임의의 면색을 예를 들어 서로 다른 메론 색 계열로 지정한다.

3. 입력의 개체에서 글맵시를 이용하여 45mm×45mm 크기에 궁서, 파랑의 글꼴로 '남사당놀이여섯마당'이라는 문자열을 입력하고 갈매기수장형으로 지정한다. 다음 과정으로 작성한 글맵시 부분을 문서 작성 능력 평가의 "조선 시대의 남사당패를 찾아 떠나는 체험 여행!" 제목에 설정한 책갈피로 이동할 수 있도록 하이퍼링크를 설정한다.

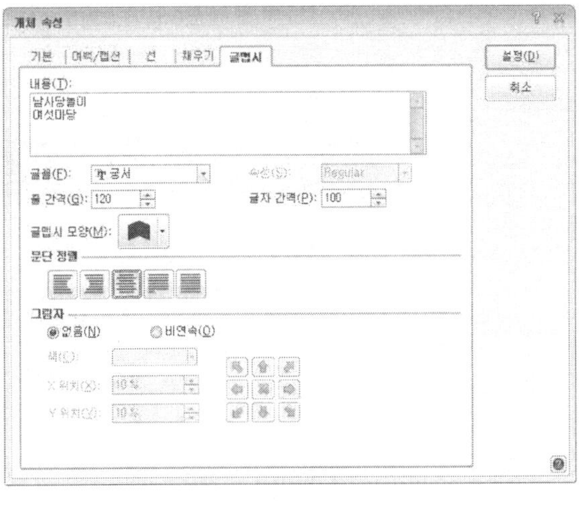

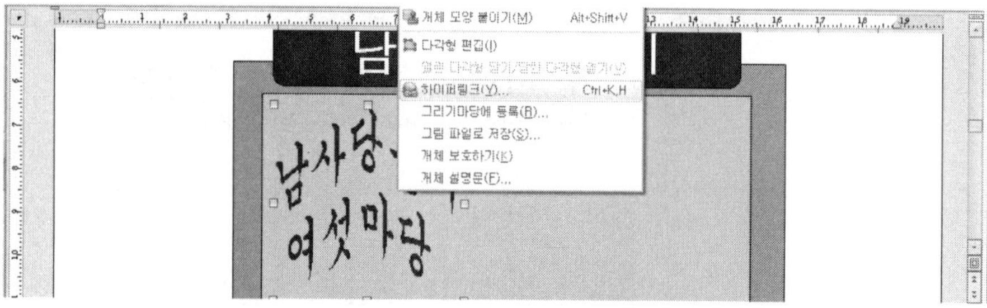

4. 입력 개체의 그림에서 삽입하고자 하는 그림의 위치와 파일을 지정하여 삽입한 다음 크기를 45mm×40mm 크기로 조절한다.

5. 직사각형과 원을 이용한 번호 항목을 만들기 위해 우선 크기 15mm×5mm 직사각형을 그리고 흰색을 제외한 임의의 면색을 지정하고, 15mm×15mm 타원을 그리고 흰색으로 면색을 설정한 후

궁서, 24pt로 설정하고 수평・수직-가운데로 정렬한다. 다음 과정으로 글상자를 이용하여 선 종류를 점선, 면색을 투명하게 그리고 글꼴을 돋움, 24pt로 설정하고 수평・수직-가운데로 정렬하여 작성한다. 이후, 페이지 구분을 위해 Ctrl을 누른 상태에서 Enter↵를 눌러 페이지 나누기를 실시한다.

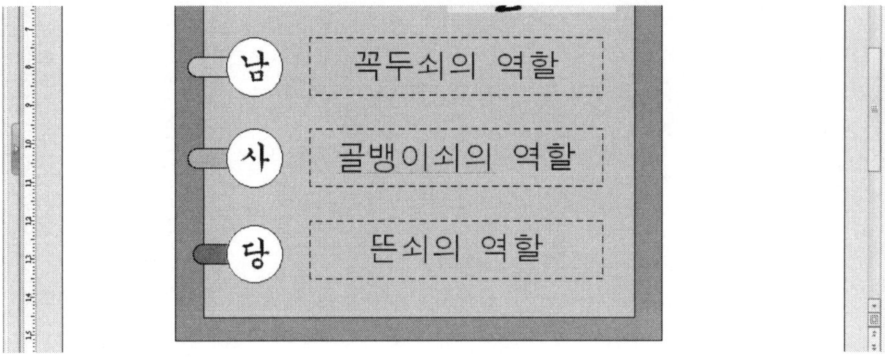

MEMO

■ 안성 바우덕이 공연

글꼴 : 궁서, 18pt, 흰색, 음영색 : 빨강(100%)

가) 상설 공연

a) 상반기 공연 : 2010. 4. 17 - 2010. 7. 31(매주 토요일)

b) 하반기 공연 : 2010. 8. 7 - 2010. 11. 27(매주 토요일)

나) 프로그램 내용

a) 밤 공연 : 어름, 풍물, 살판, 버나, 덧뵈기, 덜미 놀이 공연

b) 낮 공연 : 살판, 덧뵈기, 버나, 운우풍뢰, 해설 있는 인형극

문단 번호 기능 사용, 왼쪽 여백 : 15pt(1수준), 25pt(2수준), 줄 간격 : 180%

■ 남사당놀이 소개

글꼴 : 궁서, 18pt, 기울임, 강조점

표 전체 글꼴 : 굴림, 10pt, 가운데 정렬, 셀 배경색(그러데이션) : 유형(수평), 시작색(흰색), 끝색(노랑)

놀이마당	구성 및 특징		공연 일정	주요 공연 내용
버나	대접돌리기 놀이	재담과 소리	2월	경북-울진 대공연
살판	땅재주 놀이	어릿광대와 꾼	4월	안성-시민의 날 행사 공연
어름	줄타기 놀이	해학과 흥	5월	서울-바우덕이 공연
덧뵈기	탈춤놀이	풍자와 만담	9월	안성-바우덕이 축제
덜미	꼭두각시놀이	박첨지놀음	11월	토요 상설 공연

- 기타 자세한 내용은 홈페이지 http://www.namsadangnori.org를 참고하세요.

남사당패를 사랑하는 모임

글꼴 : 돋움, 20pt, 진하게, 장평 120%, 자간 5%, 가운데 정렬

① 기예를 처음 배우는 초보자

쪽 번호 매기기 2로 시작 → - 나 -

1. 문서 작성을 위해 다음과 같이 기본 문서 내용을 입력한 다음 모양의 머리말/꼬리말 기능에서 머리말을 입력하고 글꼴을 궁서, 10pt로 설정하고 오른쪽으로 정렬한다.

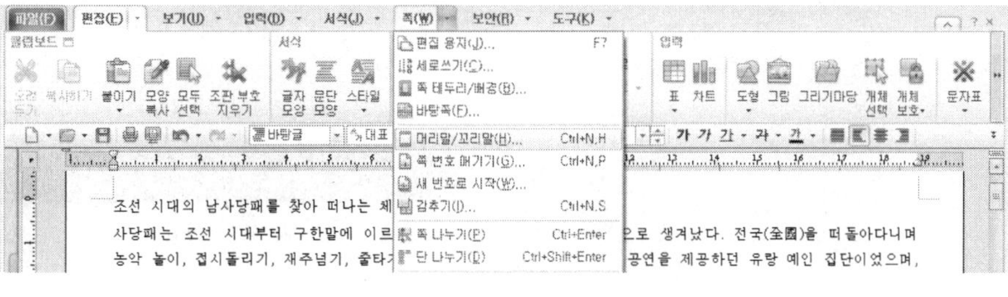

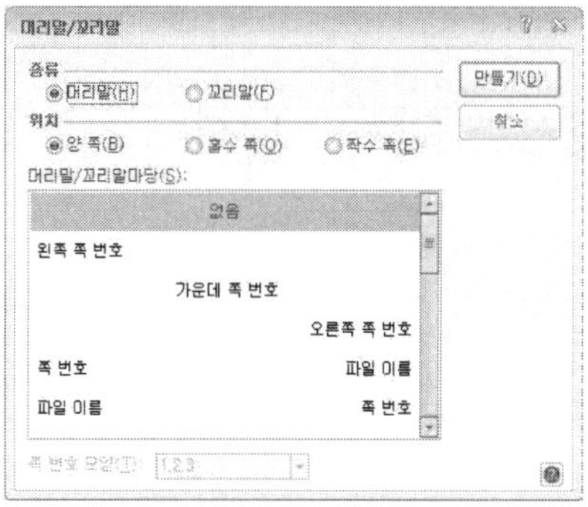

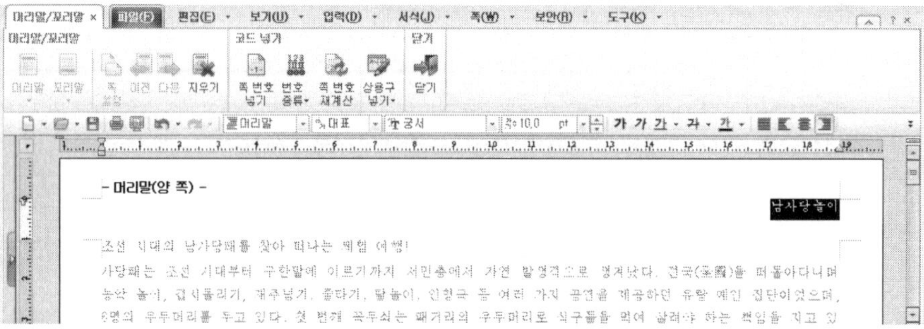

2. "조선 시대의 남사당패를 찾아 떠나는 체험 여행!" 부분을 블록 설정하여 궁서, 18pt, 진하게 설정하고 오른쪽 정렬한 다음 입력의 책갈피에서 이름을 '남사당패'로 설정한 후 모양의 문단 첫 글자 장식에서 글꼴과 면색을 굴림과 노랑으로 설정한다. 이후 한자로 변환할 단어를 블록 설정한 후 한자 키나 F9 키를 누르고 해당 한자를 선택하고 입력 형식을 설정한다.

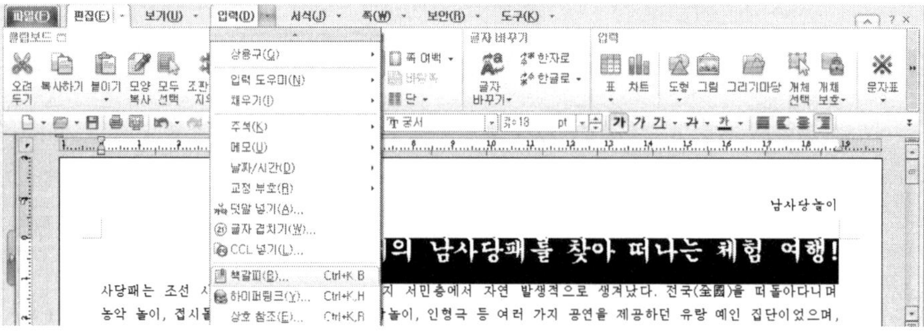

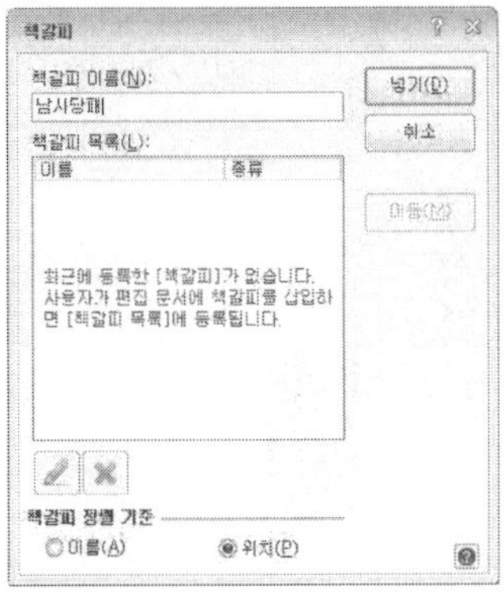
책갈피
책갈피 이름(N):
남사당패
넣기(D)
취소
책갈피 목록(L):
이름
종류
이동(M)
최근에 등록한 [책갈피]가 없습니다. 사용자가 편집 문서에 책갈피를 삽입하면 [책갈피 목록]에 등록됩니다.
책갈피 정렬 기준
이름(A)
위치(P)

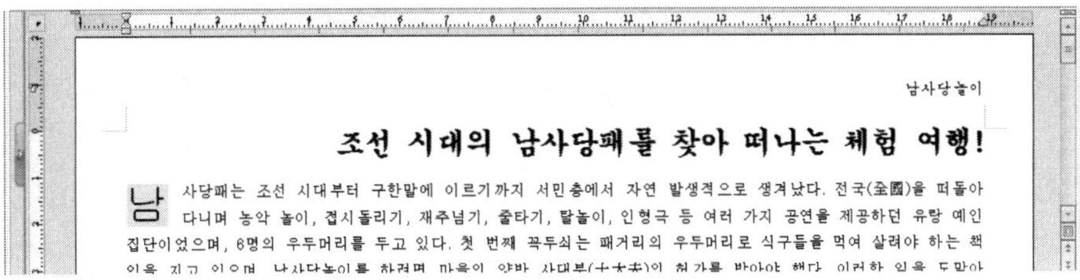
남사당놀이
조선 시대의 남사당패를 찾아 떠나는 체험 여행!
남사당패는 조선 시대부터 구한말에 이르기까지 서민층에서 자연 발생적으로 생겨났다. 전국(全國)을 떠돌아 다니며 농악 놀이, 접시돌리기, 재주넘기, 줄타기, 탈놀이, 인형극 등 여러 가지 공연을 제공하던 유랑 예인 집단이었으며, 6명의 우두머리를 두고 있다. 첫 번째 꼭두쇠는 패거리의 우두머리로 식구들을 먹여 살려야 하는 책

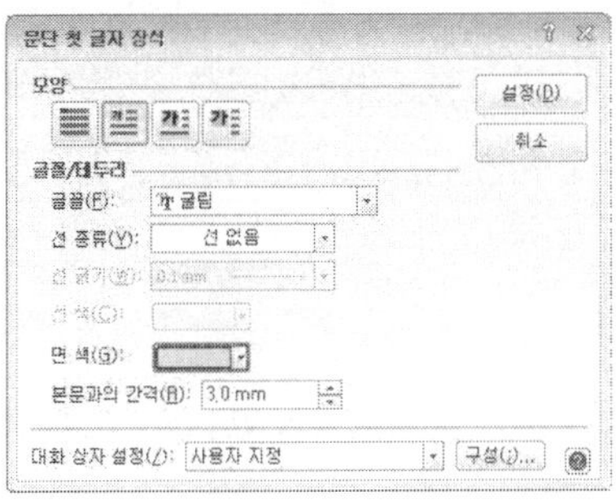
문단 첫 글자 장식
모양
설정(D)
취소
글꼴/테두리
글꼴(F): 굴림
선 종류(Y): 선 없음
면 색(G):
본문과의 간격(B): 3.0 mm
대화 상자 설정(Z): 사용자 지정
구성(J)...

한자로 바꾸기
한자 목록(L):
전국 全局 全國
바꾸기(D)
지나가기(G)
한 자씩(T)
닫기
입력 형식
漢字(R)
漢字(한글)(H)
한글(漢字)(B)

3. 입력 개체의 그림에서 그림 위치를 지정하여 삽입하고 크기와 바깥 여백 왼쪽을 각각 30mm×40mm, 2mm로 설정한다.

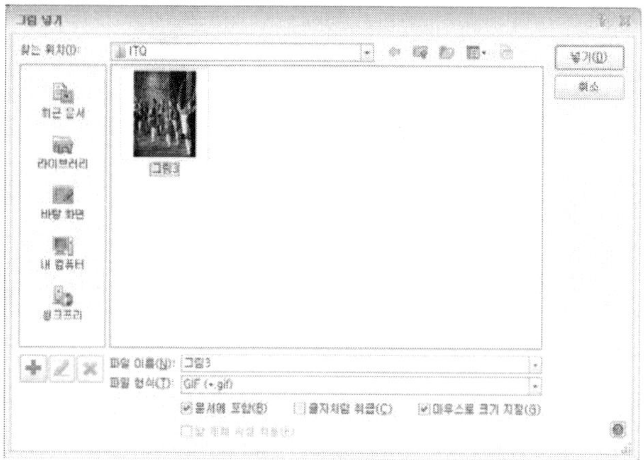

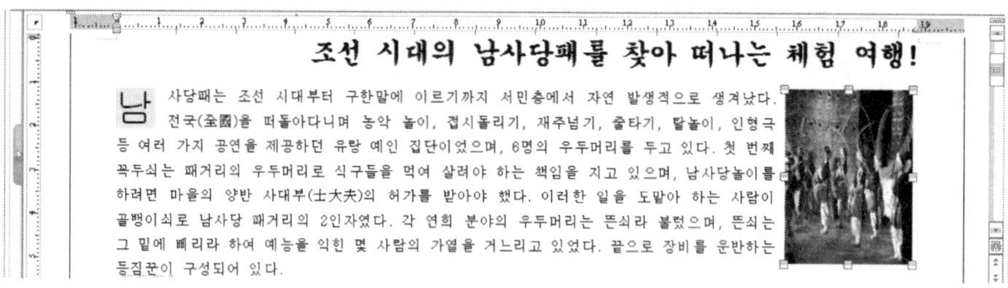

4. 각주의 위치에 커서를 놓고 입력 주석의 각주를 선택하고 해당 문자열을 입력하고 각주 모양을 선택한다.

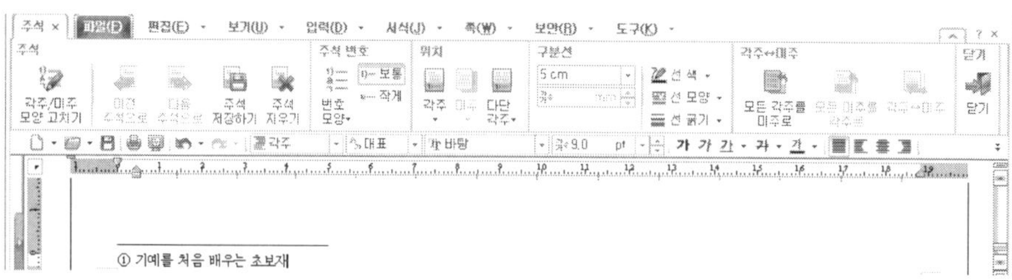

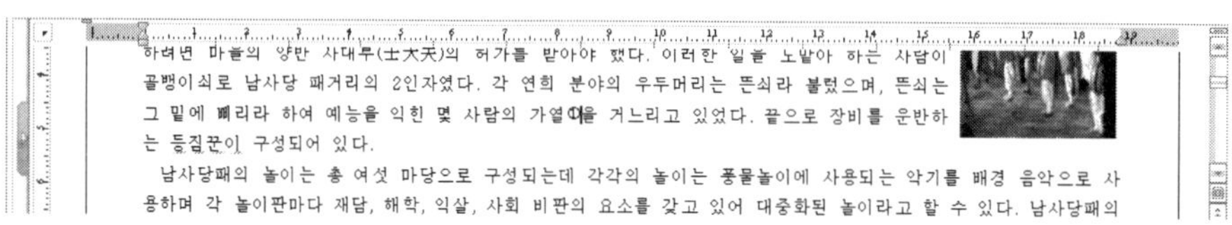

5. "안성 바우덕이 공연" 부분의 영역을 설정하고 글꼴을 궁서, 18pt, 흰색으로 설정하고 음영색을 빨강(100%)으로 설정한다. 다음 과정으로 모양의 문단 번호 기능을 사용하여 문단 번호 모양과 방식을 설정한 다음 왼쪽 여백을 1수준 15pt, 2수준 25pt로 설정하고 줄 간격을 180%로 설정한다.

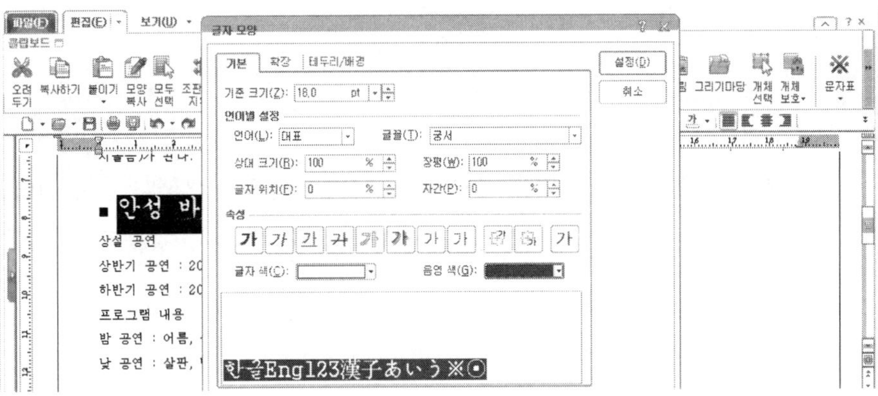

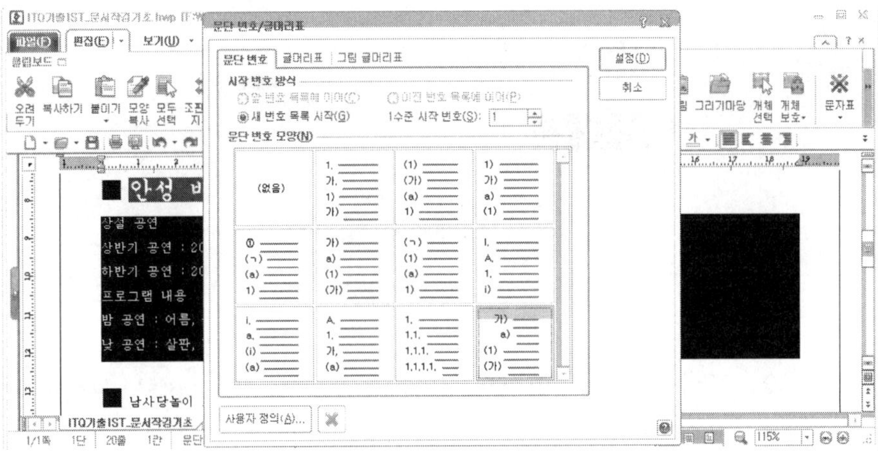

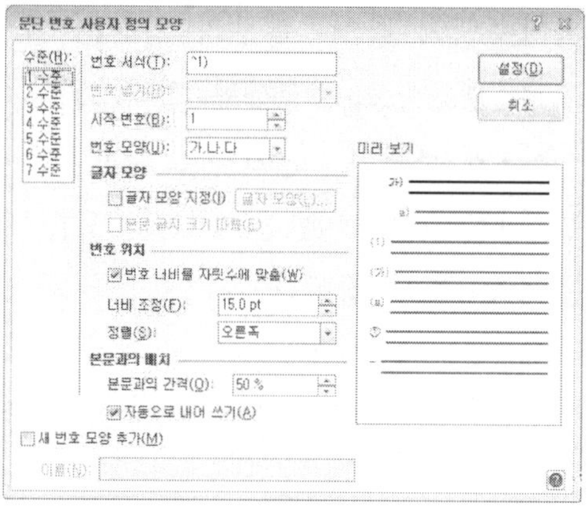

6. "남사당놀이 소개" 부분의 글꼴을 글자 모양의 궁서, 18pt, 기울임으로 하고 확장 탭에서 '남사당놀이' 부분에 강조점을 설정한다.

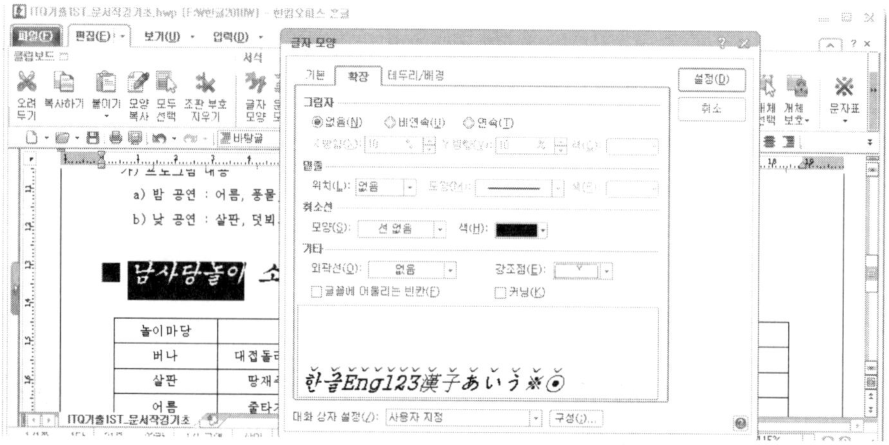

7. 표의 전체 셀 영역의 전체 글꼴을 굴림, 10pt로 설정하고 정렬 방식을 가운데 정렬로 설정한다.

다음 과정으로 표의 첫 번째 행을 셀 테두리 배경의 배경 탭에서 셀 배경색을 수평 그러데이션으로 설정하고 시작 색과 끝색을 흰색과 노랑으로 설정한다.

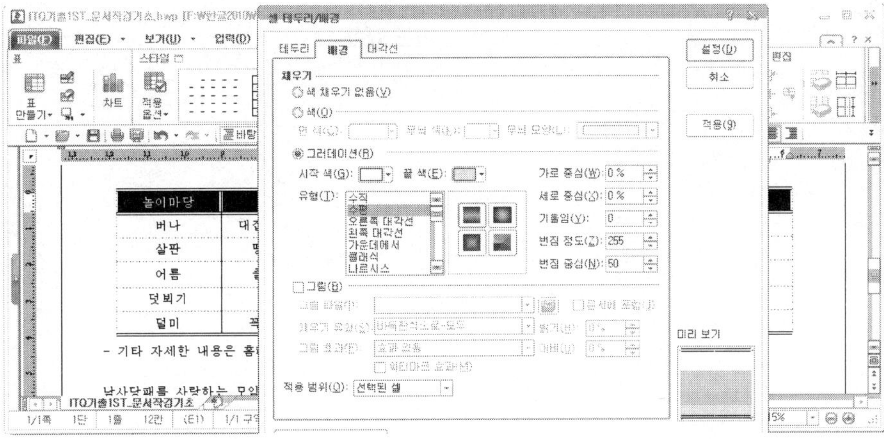

8. 문서 아래 부분의 "남사당패를 사랑하는 모임"을 돋움, 20pt, 진하게, 장평 120%, 자간 5%, 가운데 정렬로 설정한 다음 모양의 쪽 번호 매기기에서 위치를 지정하고 번호 모양을 지정한 후 시작 모양의 새 번호로 시작에서 쪽 번호의 시작 번호를 2로 지정한다.

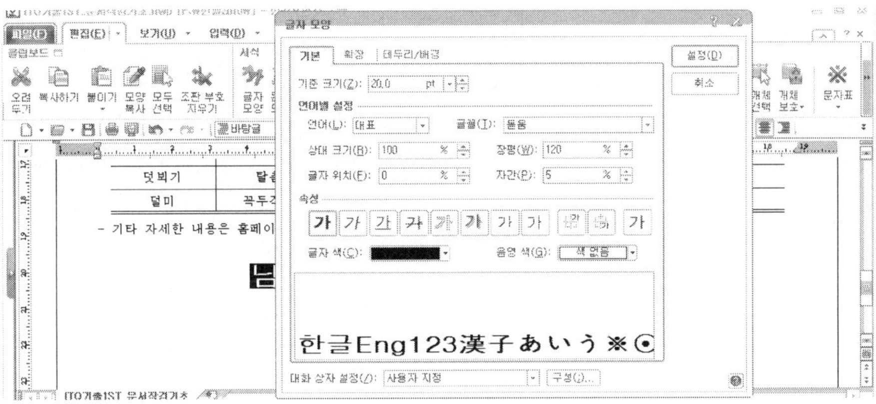

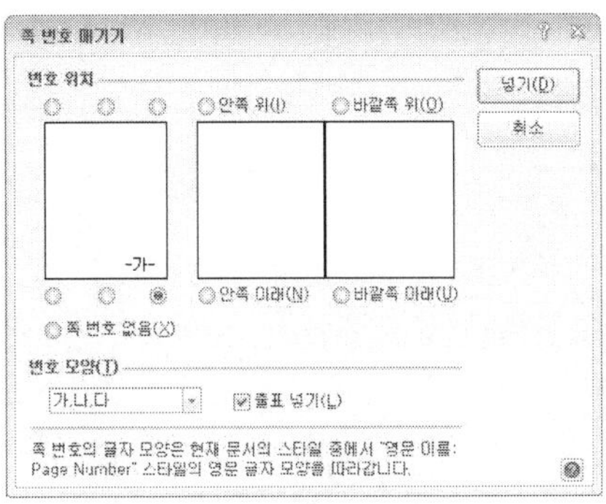

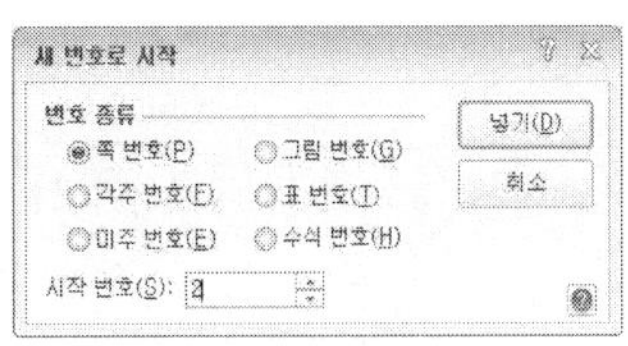

MEMO

3.3 ITQ 한글 2007/2010 버전

한글 2005 버전에 비해 상위 버전인 한글 2007과 2010 버전에서의 전체적인 변경 사항으로는 영어/한글 스타일과 그림의 자르기/효과 그리고 덧말 넣기 기능이 있으며, 내문서\ITQ\Picture 폴더 아래의 첨부 파일이 버전에 따라 변경되었다.

한글 2005	 그림1  그림2  그림3
한글 2007/2010	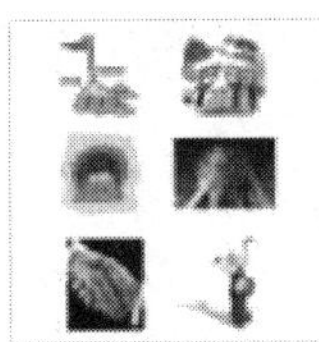 그림4  그림5  동영상  로고1  로고2  로고3

■ 아래 한글 2007/2010 시험 출제 기준

전 체	
문서 작업	새 문서 열고/닫기 내문서/ITQ 폴더에 정확한 파일명으로 저장하기 (C:\내문서/ITQ/12345678-홍길동.doc or .hwp) 답안 파일을 제외한 불필요한 파일 열고 지우기 내문서/ITQ 폴더에 다른 이름으로 저장하기
기본 기능	도움말 기능 되돌리기/다시실행 조판 부호/문단 부호 표시/감추기 특별한 단어나 문구 찾기/찾아 바꾸기 모든 페이지에 맞춤법 검사 미리 보기 기능
환경 설정	편집 용지 크기/방향 변경 문서 여백 조정 도구 모음 표시/감추기 화면 확대/축소 화면 보기 모드 변경
텍스트 사용	텍스트 입력, 수정, 복사, 이동, 삭제 글자, 단어, 줄, 문장, 문단, 전체 선택 글꼴 크기, 색상 변경 텍스트 서식 : 진하게, 기울임, 밑줄, 음영, 강조점 입력한 영문의 대소문자 변경 모양 복사
문단	출력 형태와 동일한 정렬 그림의 왼쪽, 양쪽, 오른쪽에 글씨 배치 줄 바꾸기나 이어 붙이기 문단 줄 간격 지정 출력 형태와 동일한 문단 번호 지정 문단/구역/페이지 나누기
기타	쪽 번호 넣기나 지우기 쪽 번호 스타일 변경 머리글/바닥글 삽입/삭제 본문 내용 특정 페이지에 작성 • 1page : 기능평가 I (1번, 2번) • 2page : 기능평가 II (3번, 4번) • 3page : 문서 작성 능력평가

스타일	
스타일 전체	출력 형태와 같이 영문/한글 입력 스타일 이름 생성/삭제 스타일 글자/문단 모양(글꼴/크기/장평/자간/여백/줄 간격 등) 지정 언어에 따라 다른 글꼴이 적용되도록 스타일 지정 작성된 문장에 스타일 적용
표	
표 작성	표 칸/줄 표 생성/삭제 표 크기 지정 칸/줄 삽입/삭제/병합 표 테두리/배경색 지정 칸/줄 선택 표 안에 텍스트 입력/삭제
표 활용	표에 캡션 삽입/삭제 블록 계산식을 이용한 계산
차트	
차트 작성	차트 생성/삭제 차트 크기 변경 차트에 적용된 원본 데이터 삽입/삭제/수정 차트의 종류 변경 차트 제목 생성/수정/삭제 눈금선 삽입/수정/삭제 범례 삽입/수정/삭제
수식	
수식 편집기	수식 편집기 창 열기 출력 형태와 동일한 수식 생성/삭제 수식 편집기 창 닫기
개체	
도형	도형 삽입/수정/삭제 도형 크기 변경/텍스트 입력 도형 복사/이동 도형 회전/대칭 도형 속성 변경(선 스타일, 채우기 등) 개체 위치와 배치 변경

글맵시 /워드아트	글맵시 생성/삭제/수정/선택 글맵시 크기 변경 글맵시 복사/이동
그림	그림 생성/삭제/수정/선택 그림 크기 변경 그림 복사/이동 그림 자르기/ 효과 주기(회색조, 흑백, 워터마크 등) 그림 캡션 삽입/삭제
하이퍼링크	해당 개체와 이미 지정된 책갈피 하이퍼링크
문서 작성 능력 평가	
문서 작성	책갈피 삽입/삭제/이동 한자 변환 문자표 입력/삭제 들여쓰기 문단 첫 글자 장식 각주 입력/삭제/모양 변경 덧말 입력/삭제

3.4 ITQ 한글 2007/2010 버전용 sample 문제 풀이

한글 2007/2010버전용

정보기술자격(ITQ) 시험

과 목	코드	문제유형	시험시간	수험번호	성 명
아래한글	1111	Sample	60분		

수험자 유의사항

- 수험자는 문제지를 받는 즉시 응시하고자 하는 과목의 문제지가 맞는지 확인하여야 합니다.
- 파일명은 본인의 "수험번호-성명"으로 입력하여 답안폴더(내문서₩ITQ₩)에 하나의 파일로 저장해야 하며, 답안문서 파일명이 "수험번호-성명"과 일치하지 않거나, 답안파일을 전송하지 않아 미제출로 처리될 경우 실격 처리합니다(예 : 내문서₩ITQ₩12345678-홍길동.hwp).
- 답안 작성을 마치면 파일을 저장하고, '답안 전송' 버튼을 선택하여 감독위원 PC로 답안을 전송하십시오(단, 지정된 용량 초과 시 실격 처리됨). 수험생 정보와 저장한 파일명이 다를 경우 전송되지 않으므로 주의하시기 바랍니다.
- 답안 작성 중에도 주기적으로 저장하고 답안을 전송하여야 문제 발생을 줄일 수 있습니다. 작업한 내용을 저장하지 않고 전송할 경우 이전에 저장된 내용이 전송되오니 이점 유의하시기 바랍니다.
- 답안문서는 지정된 경로 외의 다른 보조기억장치에 저장하는 경우, 지정된 시험 시간 외에 작성된 파일을 활용할 경우, 기타 통신수단(이메일, 메신저, 네트워크 등)을 이용하여 타인에게 전달 또는 외부 반출하는 경우는 부정 처리합니다.
- 시험 중 부주의 또는 고의로 시스템을 파손한 경우는 수험자가 변상해야 하며, <수험자 유의사항>에 기재된 방법대로 이행하지 않아 생기는 불이익은 수험생 당사자의 책임임을 알려 드립니다.
- 시험을 완료한 수험자는 답안파일이 전송되었는지 확인한 후 감독위원의 지시에 따라 문제지를 제출하고 퇴실합니다.

답안 작성요령

- **온라인 답안 작성 절차**
  수험자 등록 → 시험 시작 → 답안파일 저장 → 답안 전송 → 시험 종료
- **공통 부문**
  - 글자체는 별도의 지시사항이 없는 경우는 바탕(또는 신명조), 글자크기 10포인트로 합니다.
  - 각 문항에 주어진 《조건》에 따라 작성하고 언급하지 않은 조건은 출력형태와 같이 작성합니다.
  - 용지여백은 왼쪽·오른쪽 11㎜, 위쪽·아래쪽·머리말·꼬리말 10㎜, 제본 0㎜로 합니다.
  - 그림 삽입 문제의 경우 내문서₩ITQ₩Picture 폴더에서 지정된 파일을 선택하여 삽입하십시오.
  - 삽입한 그림은 반드시 문서에 포함하여 저장해야 합니다(미포함 시 감점 처리).
  - 각 항목은 지정된 페이지에 출력형태와 같이 정확히 작성하시기 바라며, 그렇지 않을 경우에 해당 항목은 0점 처리됩니다.
    ※ 페이지구분 : 1페이지 – 기능평가 I (1, 2번 문제번호 표시),
    2페이지 – 기능평가 II (3, 4번 문제번호 표시),
    3페이지 – 문서작성 능력평가
- **기능평가**
  - 문제와 《조건》은 입력하지 않으며 문제번호와 답(《출력형태》)만 작성합니다.
  - 4번 문제는 묶기를 했을 경우 0점 처리됩니다.
- **문서작성 능력평가**
  - A4 용지(210㎜×297㎜) 1매 크기, 세로 서식 문서로 작성합니다.
  - [ ] 표시는 문서작성에 대한 지시사항이므로 작성하지 않습니다.

한국생산성본부 KOREA PRODUCTIVITY CENTER

MEMO

기능평가 Ⅰ (150점)

1. 다음의 ≪조건≫에 따라 스타일 기능을 적용하여 ≪출력형태≫와 같이 작성하시오. (50점)

≪조건≫ (1) 스타일 이름 - hotline
(2) 문단모양 - 왼쪽 여백 : 10pt, 문단 아래간격 : 10pt
(3) 글자모양 - 글꼴 : 한글(궁서)/영문(굴림), 크기 : 10pt, 장평 : 110%, 자간 : 5%

≪출력형태≫

1388 Youth Line is run 24 hours on the national level as a one-stop service and in close alignment.

치료 및 예방을 계속할 수 있도록 지원하기 위하여 개인별로 상담 전문가와 연결하여 지속적인 지원과 상담이 가능하도록 추진할 계획이다.

2. 다음의 ≪조건≫에 따라 ≪출력형태≫와 같이 표와 차트를 작성하시오. (100점)

≪표 조건≫ (1) 표 전체(표, 캡션) - 돋움, 10pt
(2) 정렬 - 문자 : 가운데 정렬, 숫자 : 오른쪽 정렬
(3) 셀 배경색 : 노랑
(4) 한글의 계산 기능을 이용하여 빈칸에 합계를 구하고, 캡션 기능 사용할 것
(5) 선 모양은 ≪출력형태≫와 동일하게 처리할 것

≪출력형태≫

청소년 유해정보 심의 건수(2009년 상반기)

구분	삭제 요구	이용 해지	접속 차단	기타	심의 건수
질서 위반	1,325	1,309	986	1	2,858
음란성	1,361	1,168	1,051	102	2,872
사행심	1,008	1,501	907	0	3,241
합계					

≪차트 조건≫ (1) 차트 데이터는 표 내용에서 구분별 삭제 요구, 이용 해지, 접속 차단의 값만 이용할 것
(2) 종류 - <꺾은선형>으로 작업할 것
(3) 제목 - 궁서, 굵게, 12pt, 배경 - 선 모양(한 줄로), 그림자(2pt)
(4) 제목 이외의 전체 글꼴 - 궁서, 보통, 10pt
(5) 기타 나머지 사항은 ≪출력형태≫와 동일하게 처리할 것

≪출력형태≫

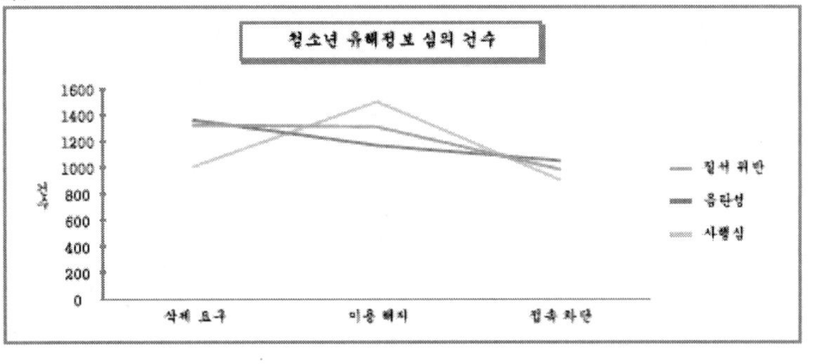

1. 서식 탭의 스타일에서 스타일 추가하기 단추를 누르고 스타일 이름을 hotline으로 지정한 다음 문단 모양 설정에서 왼쪽 여백 : 10pt, 문단 아래 간격 : 10pt로 지정하고 글자 모양에서 글꼴 : 한글(궁서)/영문(굴림), 크기 : 10pt, 장평 : 110%, 자간 5%로 각각 설정한다.

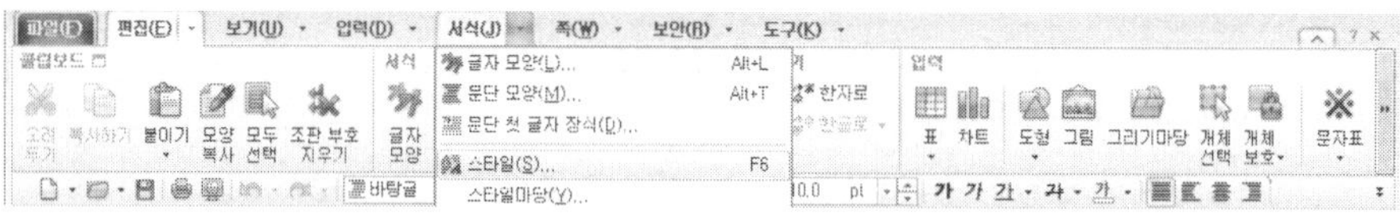

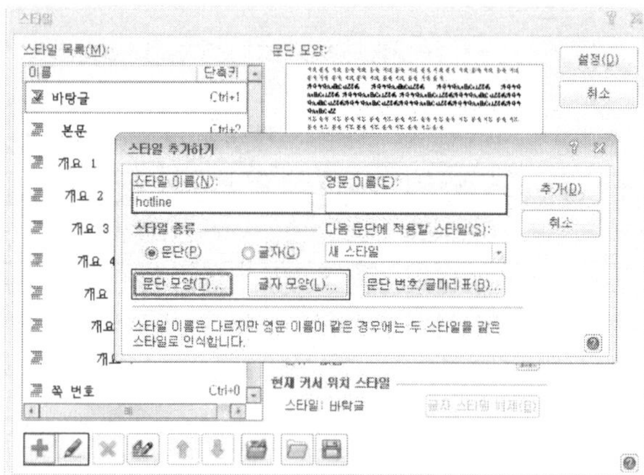

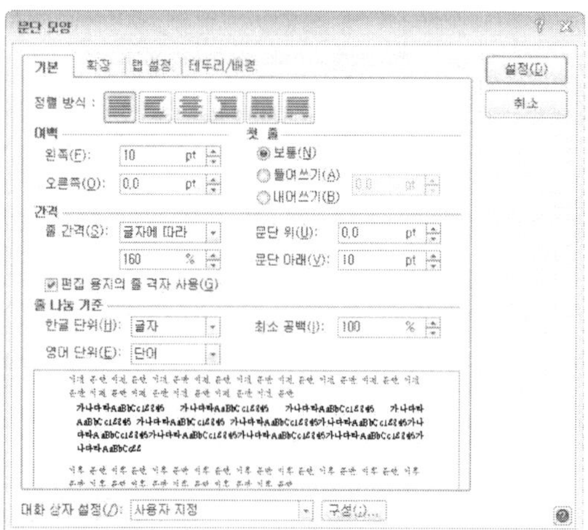

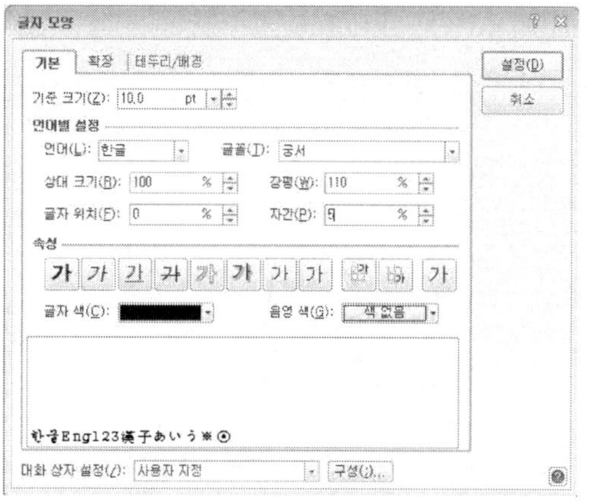
글자 모양
기본
확장
테두리/배경
설정(D)
취소
기준 크기(Z): 10.0 pt
언어별 설정
언어(L): 한글
글꼴(T): 궁서
상대 크기(R): 100 %
장평(W): 110 %
글자 위치(E): 0 %
자간(P): 5 %
속성
글자 색(C):
음영 색(G): 색 없음
대화 상자 설정(/): 사용자 지정
구성(J)...

글자 모양
기본
확장
테두리/배경
설정(D)
취소
기준 크기(Z): 10.0 pt
언어별 설정
언어(L): 영문
글꼴(T): 굴림
상대 크기(R): 100 %
장평(W): 110 %
글자 위치(E): 0 %
자간(P): 5 %
속성
글자 색(C):
음영 색(G): 색 없음
대화 상자 설정(/): 사용자 지정
구성(J)...

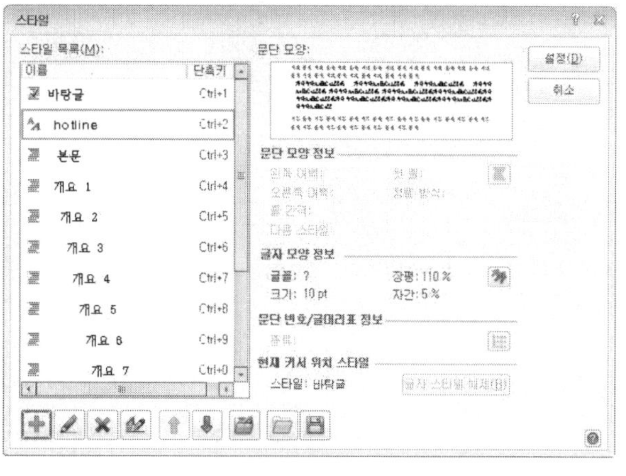
스타일
스타일 목록(M):
이름
단축키
바탕글 Ctrl+1
hotline Ctrl+2
본문 Ctrl+3
개요 1 Ctrl+4
개요 2 Ctrl+5
개요 3 Ctrl+6
개요 4 Ctrl+7
개요 5 Ctrl+8
개요 6 Ctrl+9
개요 7 Ctrl+0
문단 모양:
설정(D)
취소
문단 모양 정보
글자 모양 정보
글꼴: ?
장평: 110 %
크기: 10 pt
자간: 5 %
문단 번호/글머리표 정보
현재 커서 위치 스타일
스타일: 바탕글

2. 다음 과정으로 hotline 스타일을 적용할 영역을 블록으로 형성한 후 스타일을 적용한다.

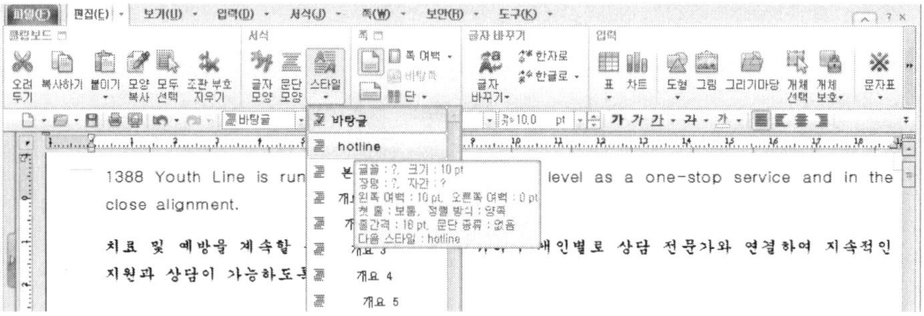

3. 입력 탭에서 [표 만들기] 기능으로 5줄, 6칸의 표를 작성하고 자료를 입력한 후 [캡션 넣기]를 위로 지정하여 위쪽에 '청소년 유해정보 심의 건수(2009년 상반기)'라는 캡션을 넣고 표 전체(표, 캡션)의 글자 모양을 돋움, 10pt로 설정한다. 이때, 캡션은 오른쪽으로 정렬하고 숫자는 [1,000 단위 구분 쉼표]－[자릿점 넣기]에서 쉼표를 넣는다.

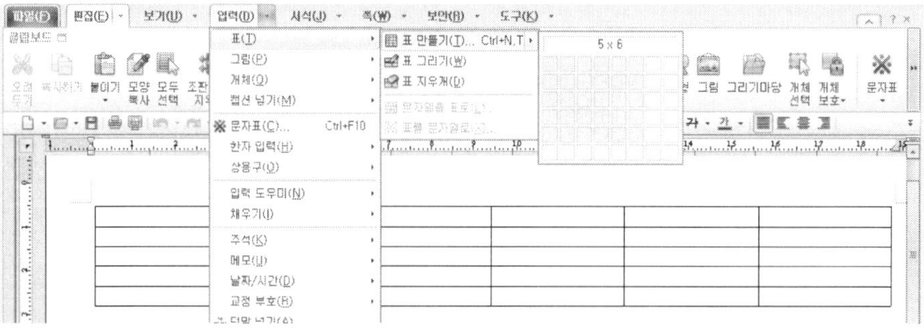

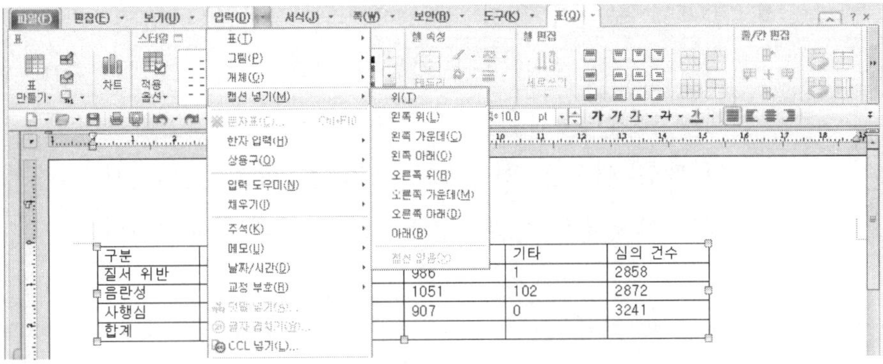

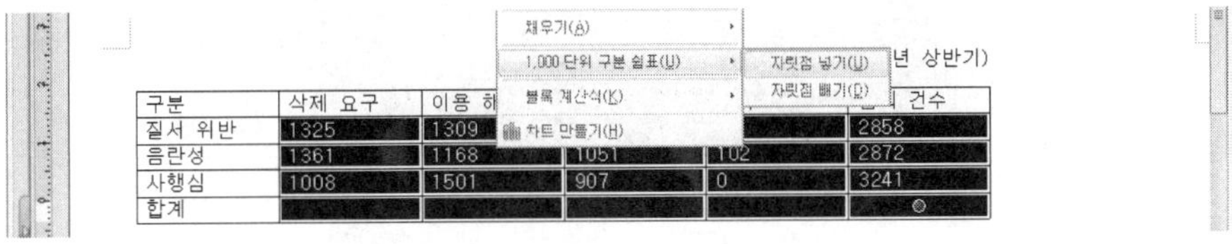

4. 표 안의 정렬은 셀의 블록을 형성한 후 정렬 기능을 이용하여 문자를 가운데로 정렬하고 숫자는 오른쪽으로 정렬하며, 셀 배경색은 노랑으로 지정한다.

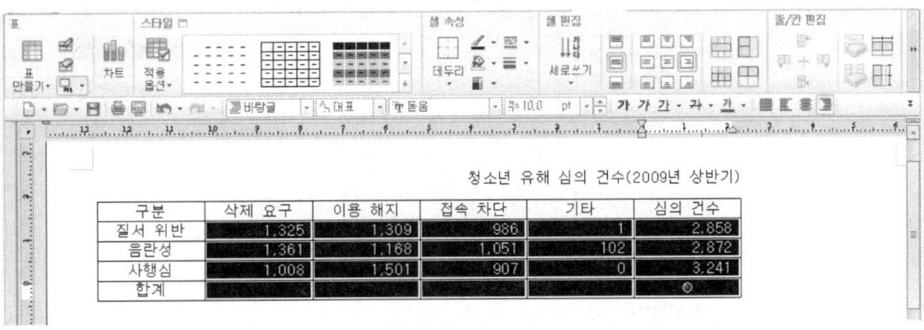

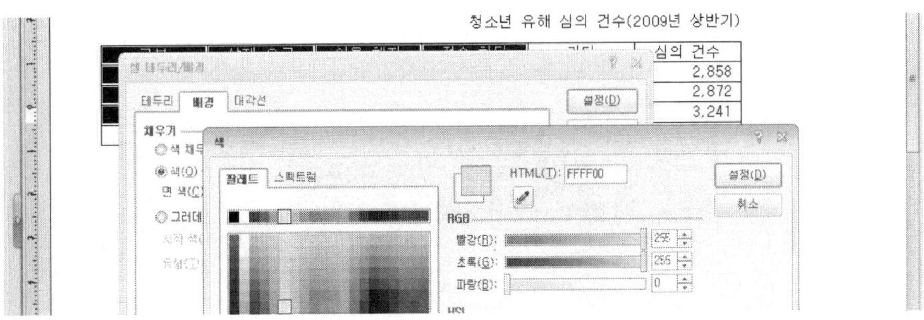

5. 합계를 구하기 위한 자료 영역과 결과를 나타낼 영역을 블록으로 형성하고 한글의 계산 기능인 블록 계산식을 이용하여 빈칸에 합계를 구한다. 다음 과정으로 선 모양을 설정하기 위한 셀의 영역에 대한 블록을 형성하고 표의 셀 속성 그룹에서 대각선과 선 모양을 적용하여 ≪출력형태≫와 동일하게 처리한다.

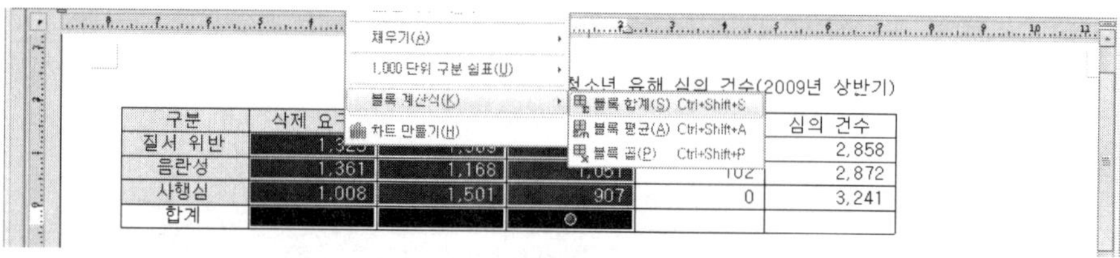

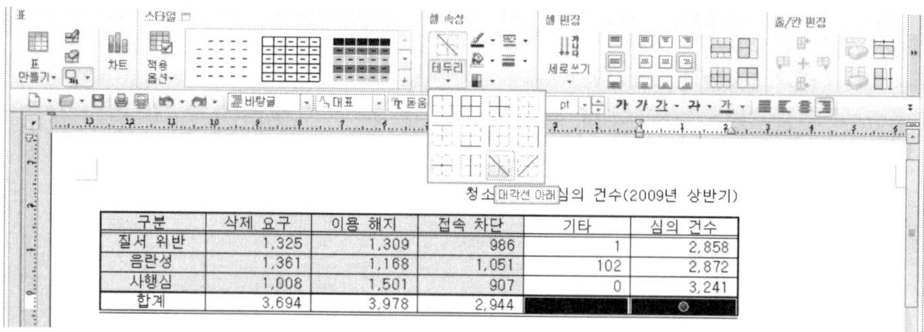

6. 표 내용에서 차트 작성에 필요한 영역인 구분, 삭제 요구, 이용 해지, 접속 차단을 블록으로 설정하고, 표의 도구 상자에서 차트를 누르거나 오른쪽 마우스 단추를 누른 후 차트 만들기를 선택한다.

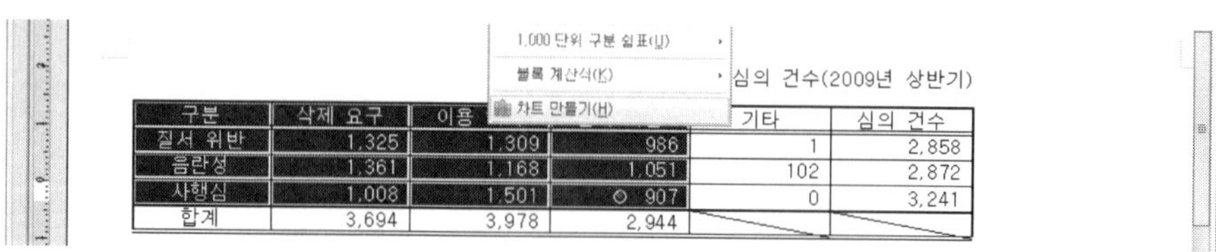

7. 다음 과정으로 각 계열 값의 추이를 살피기 위한 〈꺾은선형〉으로 차트의 종류를 변경한 후, 데이터 그룹에서 행으로 설정하고 속성 그룹에서 제목을 위쪽 표시로 지정하고 글자 탭에서 입력한 후 궁서, 굵게, 12pt, 배경 선 모양(한 줄로) 그리고 그림자를 2pt로 각각 설정한다.

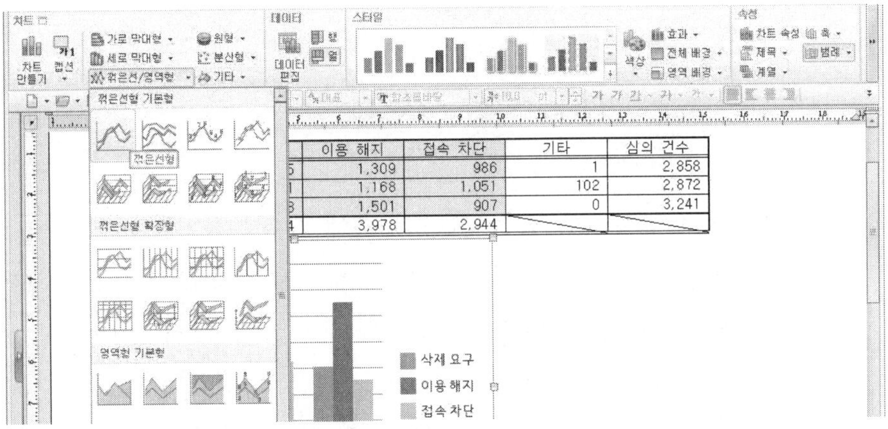

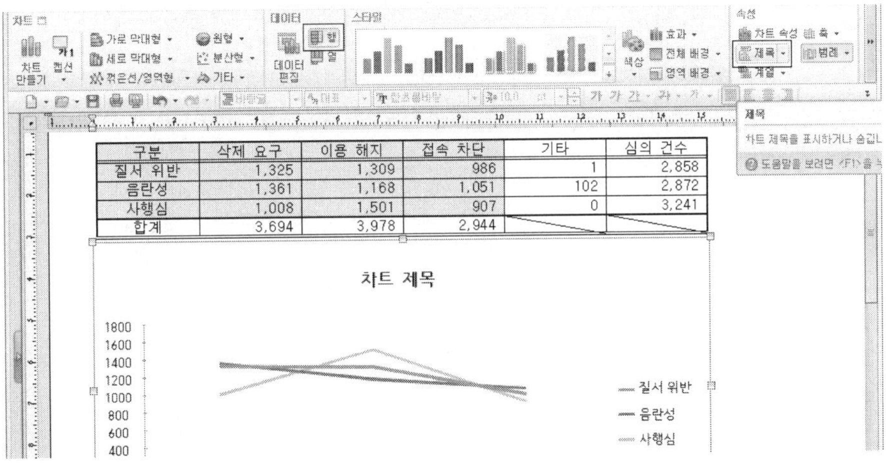

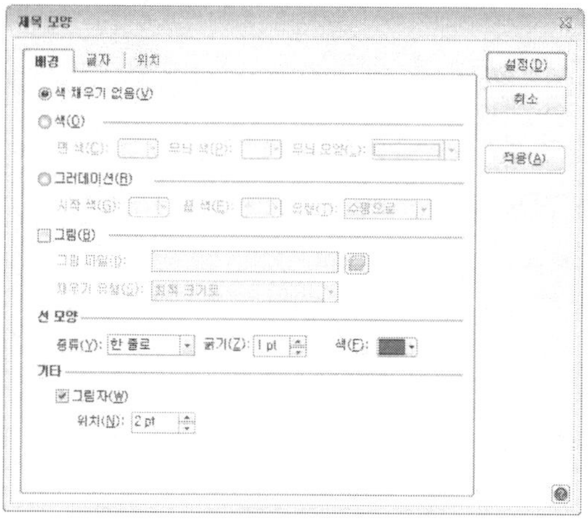

8. 다음 과정으로 속성 그룹의 축에서 제목을 세로 값 축을 선택하고 내용-건수, 글자 방향-세로, 궁서, 10pt로 설정한다. 또한, 차트에서 세로 축 부분을 누르고 축 모양의 비례 탭에서 자동으로 꾸밈의 체크 표시를 눌러 해제한 다음 최솟값 0, 최댓값 1600, 큰 눈금선 8 그리고 종류를 선형으로 설정한다.

마지막 과정으로 제목 이외의 전체 글꼴을 궁서, 보통, 10pt로 설정하여 ≪출력형태≫와 동일하게 마무리하고, 페이지 구분을 위해 Ctrl을 누른 상태에서 Enter↵를 눌러 페이지 나누기를 실시한다.

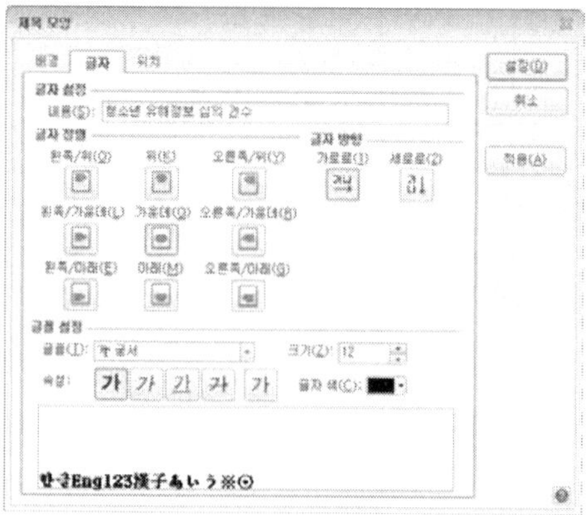

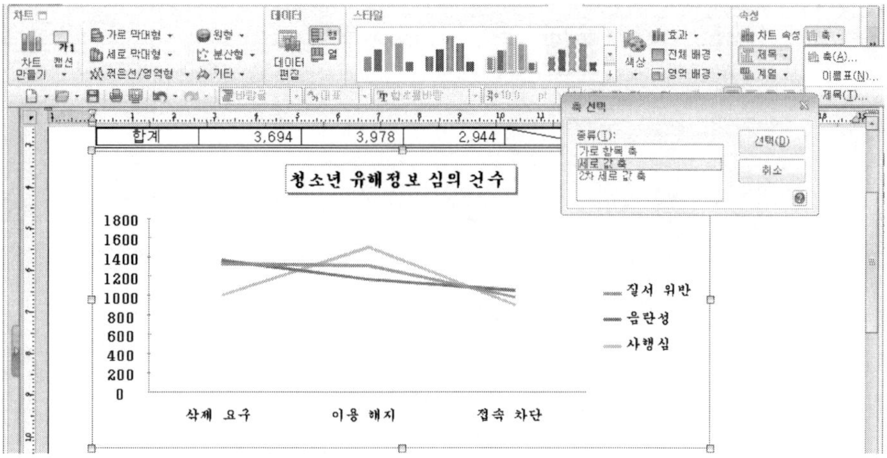
축 선택
종류(I):
가로 항목 축
세로 값 축
2차 세로 값 축
선택(D)
취소
청소년 유해정보 심의 건수
1800
1600
1400
1200
1000
800
600
400
200
0
삭제 요구
이용 해지
접속 차단
질서 위반
음란성
사행심
합계
3,694
3,978
2,944

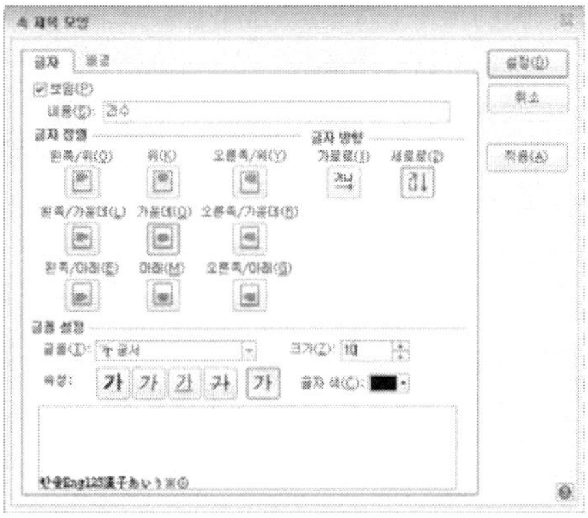
축 제목 모양
설정(D)
취소
적용(A)
내용(E): 건수

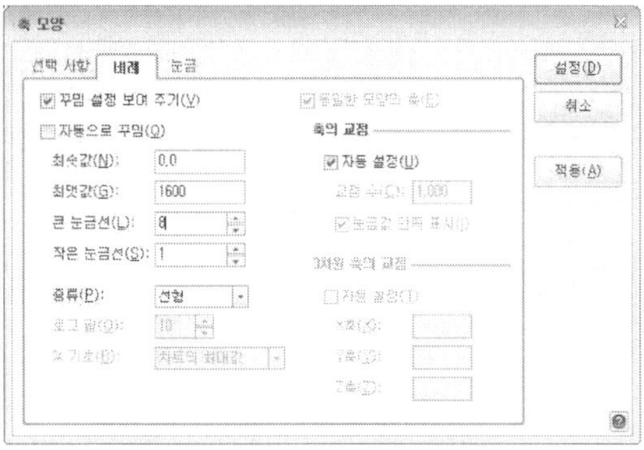
축 모양
선택 사항
비례
눈금
꾸밈 설정 보여 주기(V)
자동으로 꾸밈(O)
최솟값(N): 0.0
최댓값(G): 1600
큰 눈금선(L): 8
작은 눈금선(S): 1
종류(P): 선형
축의 교점
자동 설정(U)
설정(D)
취소
적용(A)

MEMO

기능평가 II (150점)

3. 수식 편집기로 다음 수식 (1), (2)를 각각 입력하시오. (40점)

《출력형태》

(1) $\begin{pmatrix} a & b & c \\ d & e & f \end{pmatrix}\begin{pmatrix} x \\ y \\ z \end{pmatrix} = \begin{pmatrix} ax+by+cz \\ dx+ey+fz \end{pmatrix}$

(2) $\lim_{n \to \infty}(a_1 + a_2 + \cdots + a_n) = \lim_{n \to \infty} \sum_{k=1}^{n} ak$

4. 다음의 《조건》에 따라 《출력형태》와 같이 문서를 작성하시오. (110점)

《조건》

(1) 그리기 도구를 이용하여 작성을 하고, 모든 도형(글맵시, 지정된 그림 포함)을 《출력형태》와 같이 작성하시오.

(2) 도형의 면색은 지시사항이 없으면 색없음을 제외하고 서로 다르게 임의로 지정하시오.

《출력형태》

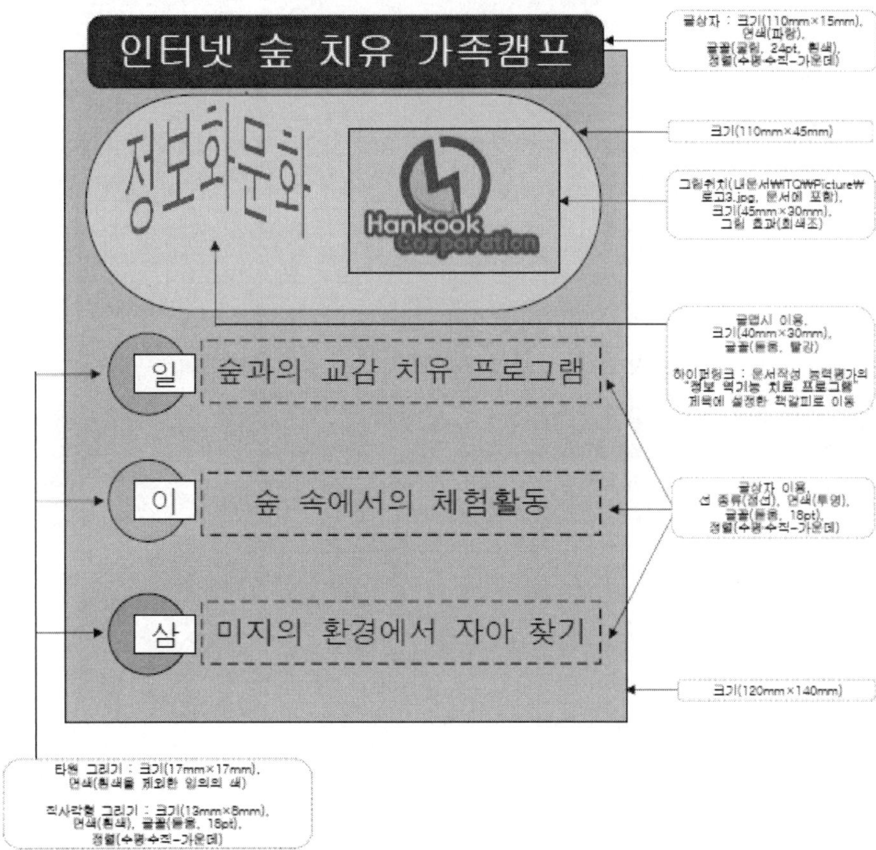

1. 개체에서 수식을 선택하여 수식 편집기 창에서 행렬을 지정하고 수식에서 다음과 같이 열과 행을 삭제하고 해당 변수를 입력한다.

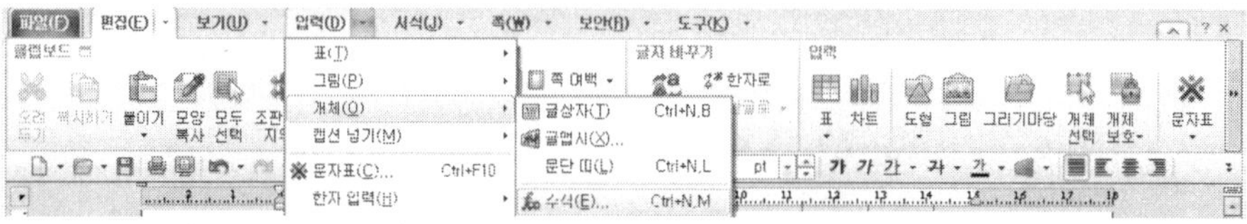

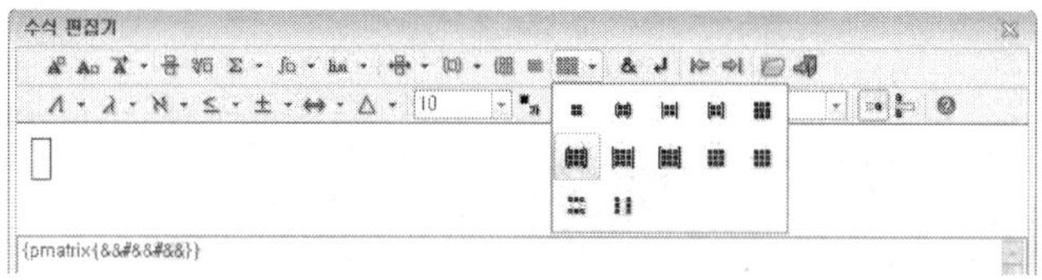

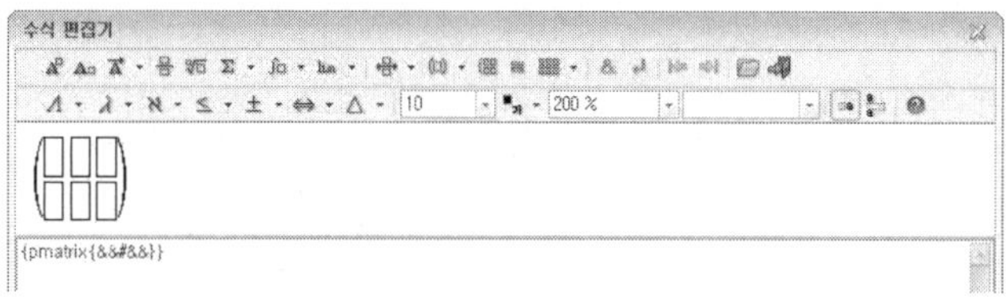

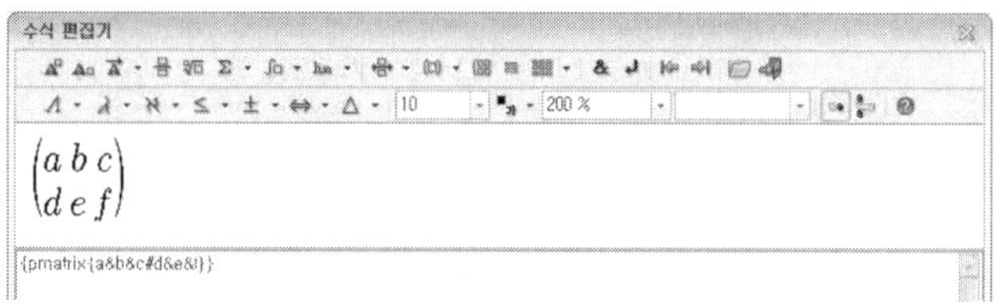

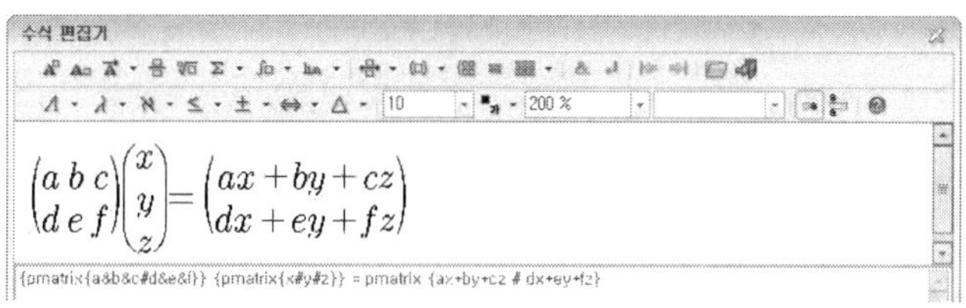

2. 개체에서 수식을 선택하여 수식 편집기 창에서 극한과 시그마의 형식을 지정한 후 첨자 및 기타 기호를 이용하여 수식을 작성한다.

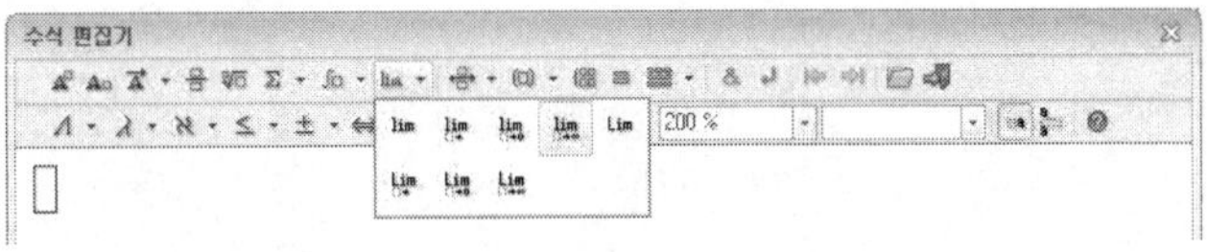

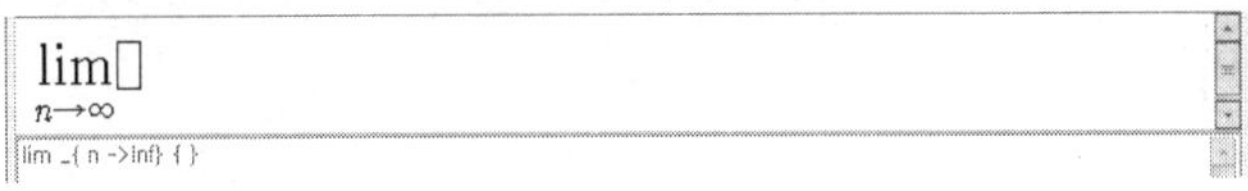

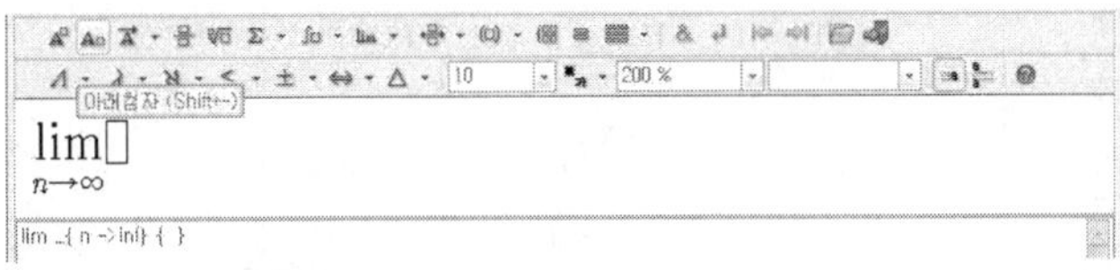

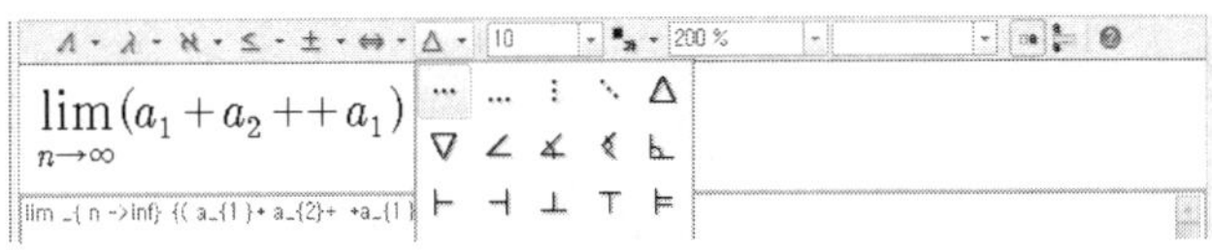

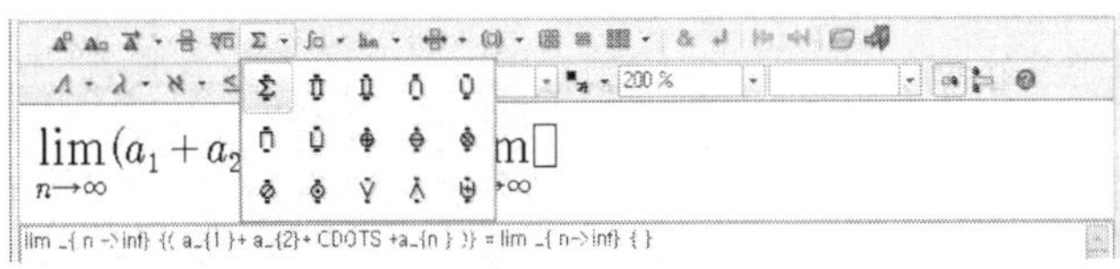

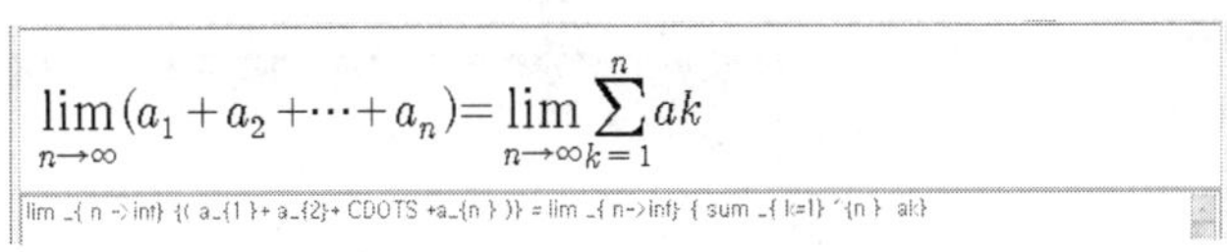

3. 120mm×140mm의 직사각형을 그리고 입력의 개체에서 글상자를 선택하여 글상자를 만들고 개체 속성의 기본 탭에서 크기를 '110mm×15mm', 채우기 탭에서 면색을 '파랑', 사각형 모서리를 곡률로 각각 설정한다.

이후 문자열을 입력하고 글꼴을 굴림, 24pt, 흰색, 진하게 설정하고 정렬을 수평수직-가운데로 설정한다.

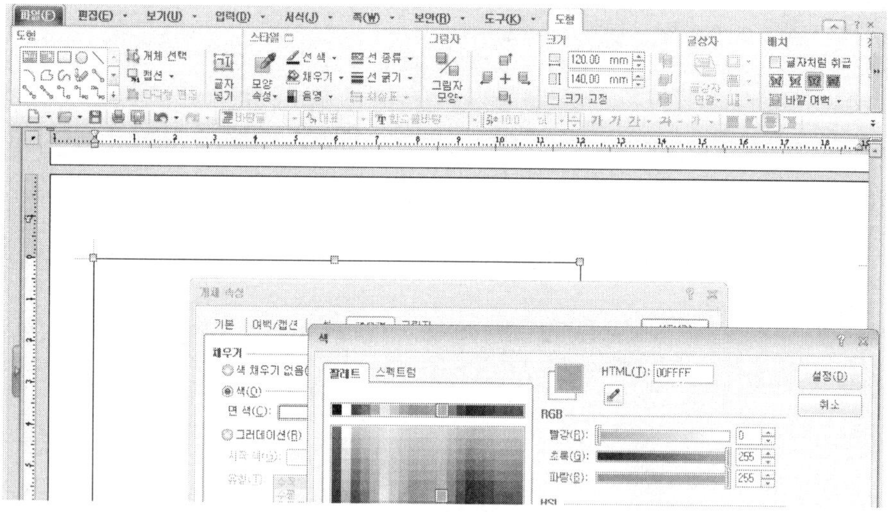
색
팔레트
스펙트럼
HTML(T): 00FFFF
설정(D)
취소
RGB
빨강(R): 0
초록(G): 255
파랑(B): 255

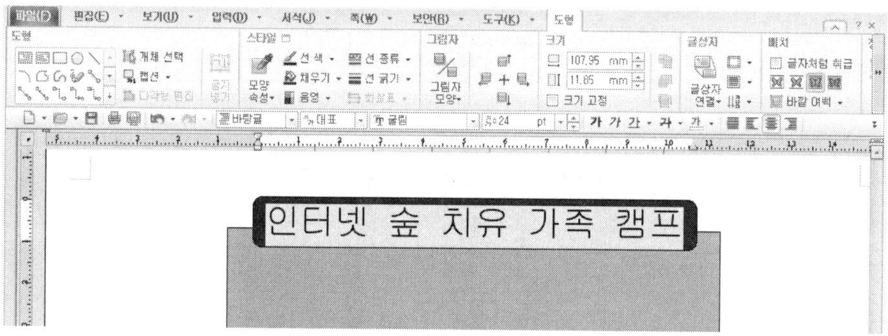
인터넷 숲 치유 가족 캠프

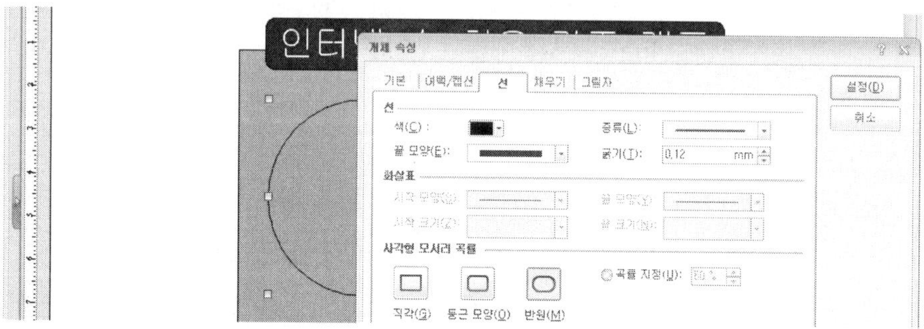
개체 속성
기본
여백/캡션
선
채우기
그림자
설정(D)
취소
사각형 모서리 곡률
직각(G)
둥근 모양(O)
반원(M)

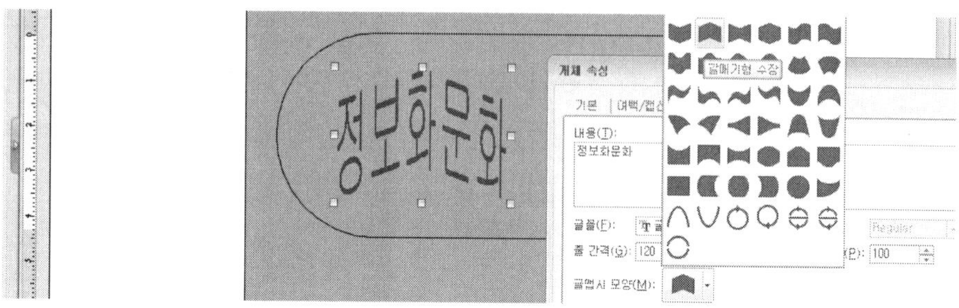
정보화문화
개체 속성
내용(T):
정보화문화
갈매기형 수장

4. 110mm×45mm의 직사각형을 그리고 선 모양을 사각형 모서리 곡률을 반원으로 설정한 후 입력 개체의 글맵시를 이용하여 45mm×45mm 크기에 궁서, 파랑의 글꼴로 '정보화문화'라는 문자열을 입력하고 글맵시 모양을 갈매기수장형으로 지정한다.

5. 내문서\ITQ\Picture\로고3.jpg 그림을 자르기 기능을 이용하여 문서에 포함하고 크기와 개체 속성에서 그림 효과를 각각 '45mm×30mm', 회색조로 설정한다.

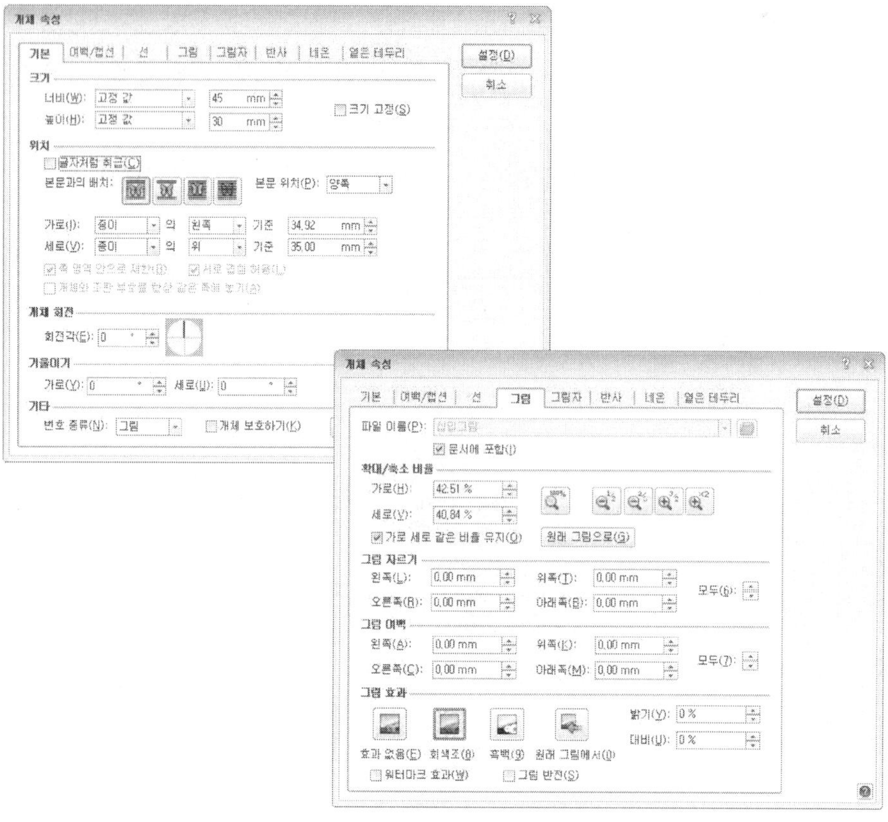

6. 작성한 글맵시 부분을 문서 작성 능력 평가의 '정보 역기능 치료 프로그램' 제목에 설정한 책갈피로 이동할 수 있도록 하이퍼링크를 설정한다.

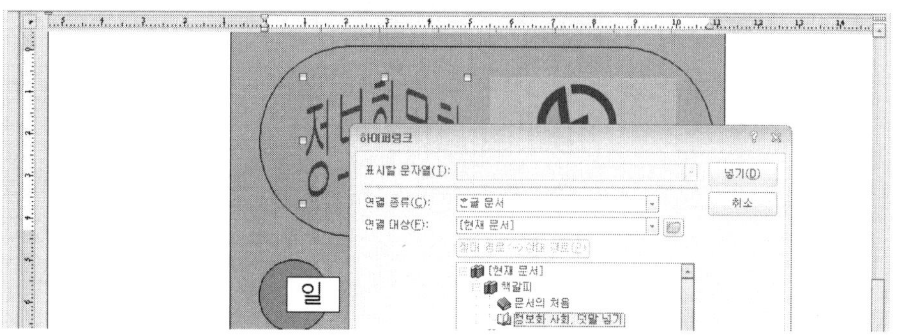

7. 17mm×17mm의 흰색을 제외한 임의의 면색을 갖는 타원을 그리고, 크기 13mm×8mm의 흰색의 면을 갖는 직사각형을 그린 후 문자열을 입력하고 글꼴 및 정렬 방식을 돋움, 18pt와 수직－가운데로 설정한다.

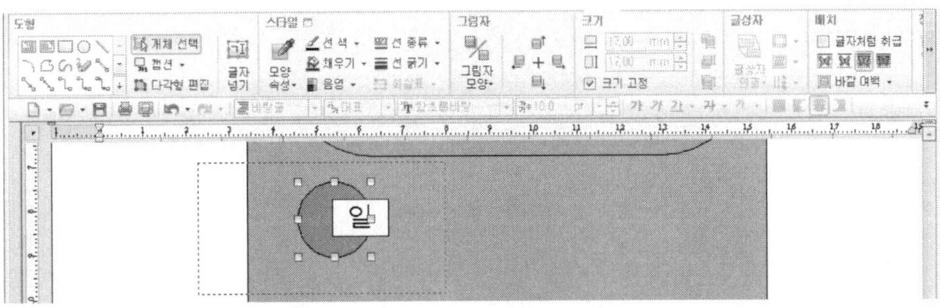

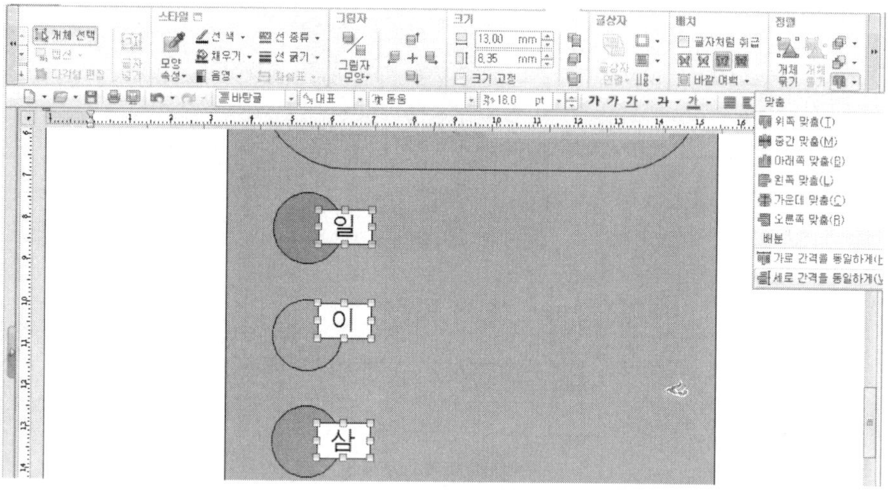

8. 다음 과정으로 정렬 그룹을 이용하여 세로 간격을 동일하게 지정한 후 글상자를 이용하여 선 종류－점선, 면색－투명, 글꼴－돋움, 18pt, 그리고 정렬을 수평・수직－가운데로 설정한다. 이후, 페이지 구분을 위해 Ctrl을 누른 상태에서 Enter↵를 눌러 페이지 나누기를 실시한다.

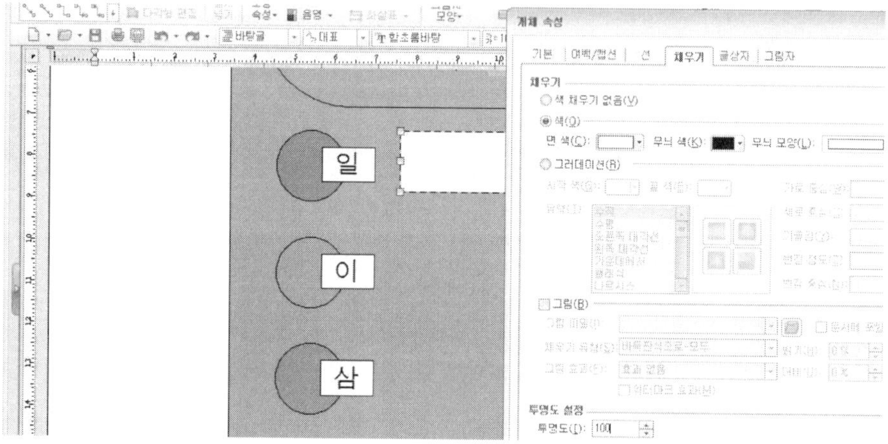

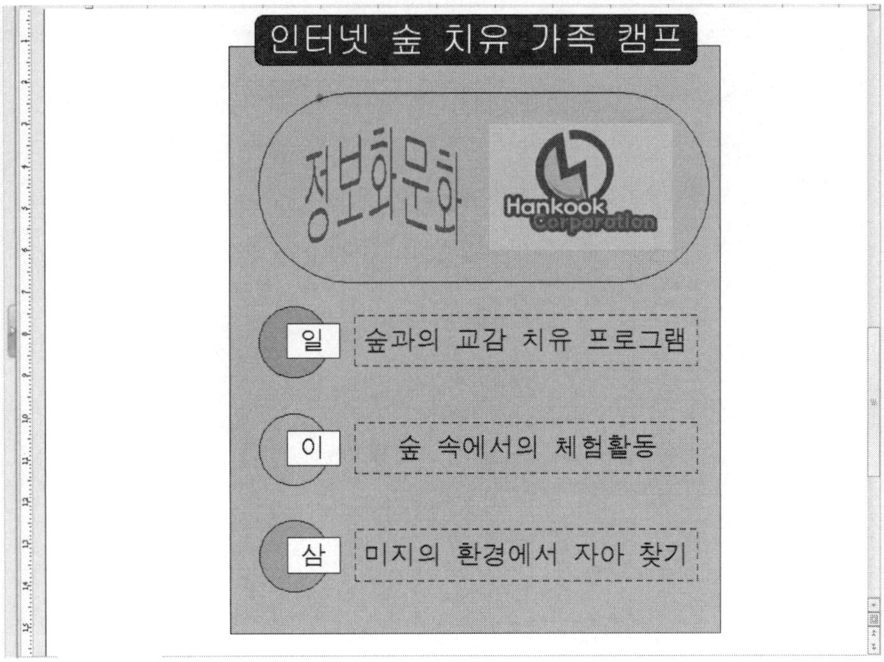
인터넷 숲 치유 가족 캠프
정보화문화
Hankook Corporation
일
숲과의 교감 치유 프로그램
이
숲 속에서의 체험활동
삼
미지의 환경에서 자아 찾기

MEMO

문서작성 능력평가 (200점)

머리말 기능
굴림, 10pt, 오른쪽 정렬 → 정보 역기능

글꼴 : 궁서, 22pt, 진하게, 가운데 정렬,
책갈피 이름 : 정보사회, 덧말 넣기

정보 역기능 치료 프로그램 (바른 인터넷 문화를 위한)

문단 첫 글자 장식 기능
글꼴 : 궁서, 면색 : 노랑

그림위치(내문서\ITQ\Picture\그림5.gif, 문서에 포함),
자르기 기능 이용, 크기(45mm×40mm), 바깥 여백 왼쪽 : 2mm

인터넷에 중독된 청소년(靑少年)들은 자신의 문제를 회피하고 대인 관계가 적으며 이에 따른 가족 간의 갈등, 학습 장애, 사회성 저하 등 여러 가지 문제점으로 생활 자체에 어려움을 겪는 경향을 나타낸다. 또한 부모의 직장 생활에 따른 무관심으로 인해 인터넷 중독의 문제가 더욱더 심각해지고 있다. 인터넷 중독은 아이들의 문제뿐만 아니라 주위 환경도 많은 영향을 주고 있는 실정으로 중독 증상을 해결하기 위한 다양한 접근이 필요하다. 한국녹색문화재단에서는 보건복지가족부와 함께 인터넷 과다 사용으로 인하여 학업 지장이나 건강 악화 등의 어려움을 겪는 아동 및 청소년을 대상으로 치유 가족캠프를 운영한다.

이 프로그램은 참가 아동 및 청소년의 부모가 함께 참여하여 가족 관계를 개선함으로써 부모에게는 자녀를 이해할 수 있는 시간을, 청소년들에게는 인터넷을 지혜롭게 활용할 수 있는 기회를 제공할 것이다. 가족캠프Ⓐ 종료 후에도 가정 내에서 인터넷 중독(中毒)에 대한 치료 및 예방을 계속할 수 있도록 지원하기 위하여 개인별로 상담 전문가와 연결하여 지속적인 지원과 상담이 가능하도록 추진할 계획이다.

각주

■ 가족캠프 주요 프로그램 내용

글꼴 : 돋움, 18pt, 흰색,
음영색 : 파랑(100%)

1) 인터넷 중독 치료 프로그램
   a) 전문의 및 전문 상담가의 심리 검사 및 개인 상담
   b) 집단 상담 및 인지행동치유 프로그램
2) 부모 교육 프로그램
   a) 인터넷 및 온라인 게임의 이해 교육
   b) 자녀를 이해하고 지지하며 대응 방안을 제시하는 가족 상담 프로그램

문단 번호 기능 사용,
왼쪽 여백 : 15pt(1수준),
25pt(2수준), 줄 간격 : 190%

■ 인터넷 캠프 운영기관 안내

글꼴 : 돋움, 18pt,
밑줄, 강조점

표 전체 글꼴 : 굴림, 10pt, 가운데 정렬,
셀 배경색(그러데이션) : 유형(수평),
시작색(노랑), 끝색(흰색)

참가부문	지역	운영기관	장소	전화번호
중등부	경기	화성시청소년지원센터	베르아델 승마클럽(경기 안산)	031-225-1318
	대구	남구정신보건센터	성보촌(경북 문경)	053-628-5863
고등부	경남권	영도구청소년지원센터	함지골청소년수련관(부산 영도구)	051-405-5224
	충청권	연기군건강가정지원센터	대천오성청소년수련원(충남 보령)	041-862-9337

- 참가 대상 : 중, 고등학생 중 인터넷 중독이 의심되는 학생

보건복지가족부

글꼴 : 궁서, 24pt, 진하게,
장평 120%, 가운데 정렬

Ⓐ 인터넷 중독 전문 상담, 중독 치료 프로그램을 숲 치유 활동과 결합한 치유 프로그램

쪽 번호 매기기
5로 시작 → - ⑤ -

1. 문서 작성을 위해 다음과 같이 기본 문서 내용을 입력한 다음 모양의 머리말/꼬리말 기능에서 머리말을 입력하고 글꼴을 궁서, 10pt로 설정하고 오른쪽으로 정렬한다.

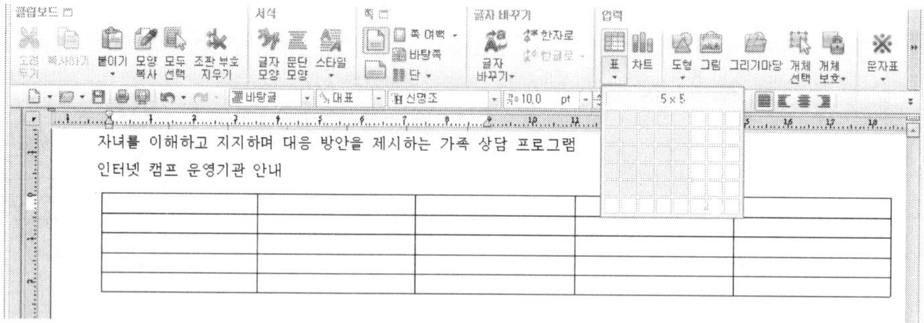

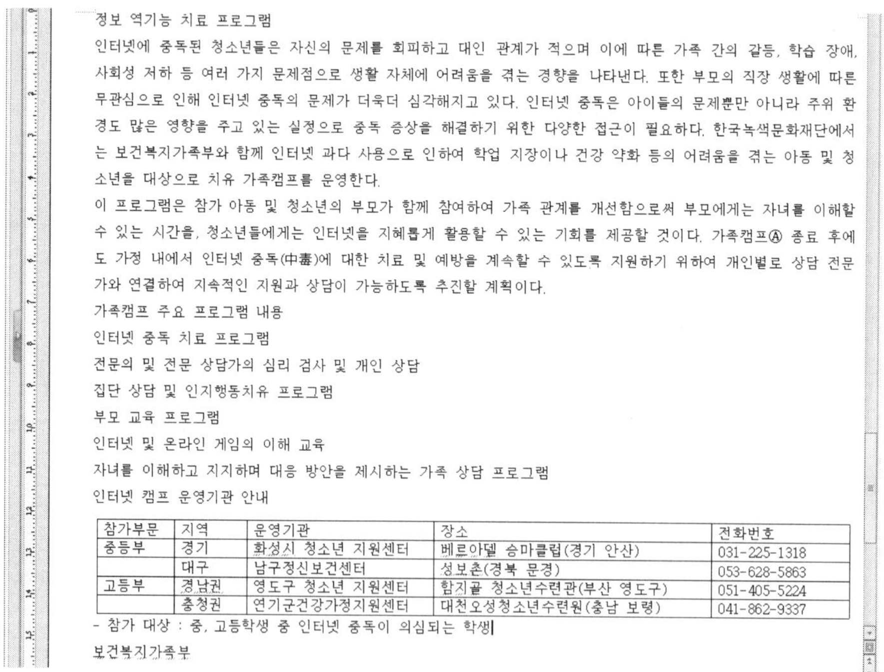
정보 역기능 치료 프로그램

인터넷에 중독된 청소년들은 자신의 문제를 회피하고 대인 관계가 적으며 이에 따른 가족 간의 갈등, 학습 장애, 사회성 저하 등 여러 가지 문제점으로 생활 자체에 어려움을 겪는 경향을 나타낸다. 또한 부모의 직장 생활에 따른 무관심으로 인해 인터넷 중독의 문제가 더욱더 심각해지고 있다. 인터넷 중독은 아이들의 문제뿐만 아니라 주위 환경도 많은 영향을 주고 있는 실정으로 중독 증상을 해결하기 위한 다양한 접근이 필요하다. 한국녹색문화재단에서는 보건복지가족부와 함께 인터넷 과다 사용으로 인하여 학업 지장이나 건강 약화 등의 어려움을 겪는 아동 및 청소년을 대상으로 치유 가족캠프를 운영한다.

이 프로그램은 참가 아동 및 청소년의 부모가 함께 참여하여 가족 관계를 개선함으로써 부모에게는 자녀를 이해할 수 있는 시간을, 청소년들에게는 인터넷을 지혜롭게 활용할 수 있는 기회를 제공할 것이다. 가족캠프Ⓐ 종료 후에도 가정 내에서 인터넷 중독(中毒)에 대한 치료 및 예방을 계속할 수 있도록 지원하기 위하여 개인별로 상담 전문가와 연결하여 지속적인 지원과 상담이 가능하도록 추진할 계획이다.

가족캠프 주요 프로그램 내용

인터넷 중독 치료 프로그램

전문의 및 전문 상담가의 심리 검사 및 개인 상담

집단 상담 및 인지행동치유 프로그램

부모 교육 프로그램

인터넷 및 온라인 게임의 이해 교육

자녀를 이해하고 지지하며 대응 방안을 제시하는 가족 상담 프로그램

인터넷 캠프 운영기관 안내

참가부문	지역	운영기관	장소	전화번호
중등부	경기	화성시 청소년 지원센터	베르아델 승마클럽(경기 안산)	031-225-1318
	대구	남구정신보건센터	성보촌(경북 문경)	053-628-5863
고등부	경남권	영도구 청소년 지원센터	함지골 청소년수련관(부산 영도구)	051-405-5224
	충청권	연기군건강가정지원센터	대천오성청소년수련원(충남 보령)	041-862-9337

- 참가 대상 : 중, 고등학생 중 인터넷 중독이 의심되는 학생

보건복지가족부

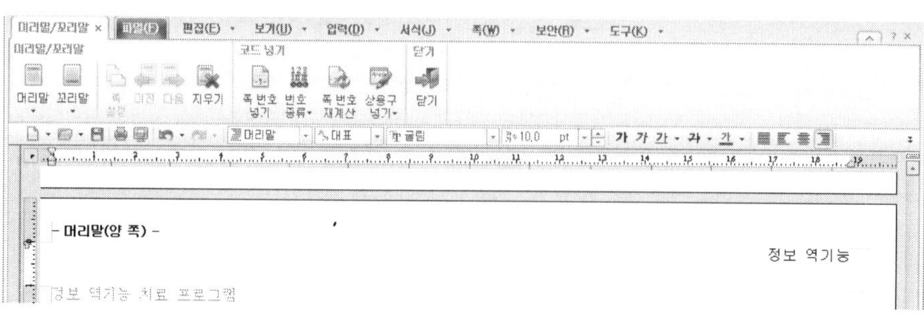

2. "정보 역기능 치료 프로그램" 부분을 블록 설정하여 궁서, 22pt, 진하게 설정하고 가운데 정렬한 다음, 덧말 넣기 기능을 이용하여 "정보 역기능 치료 프로그램" 위에 '바른 인터넷 문화를 위한'이라는 덧말을 넣는다.

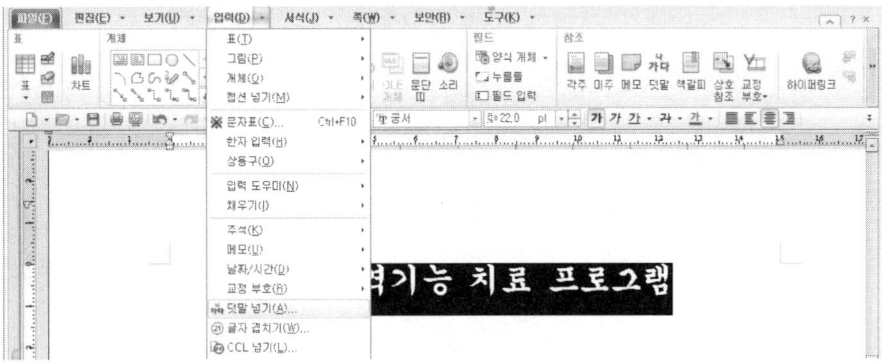

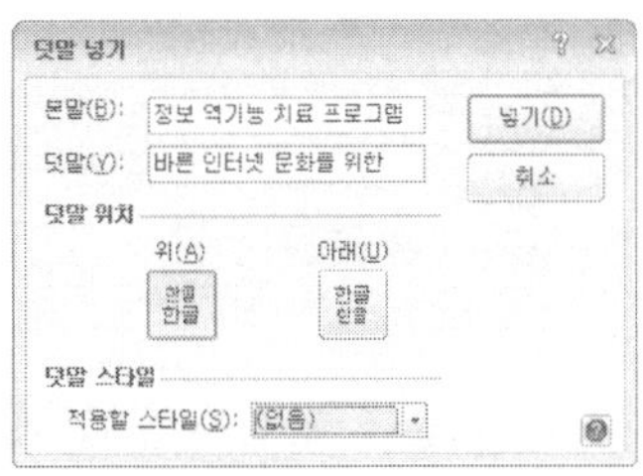

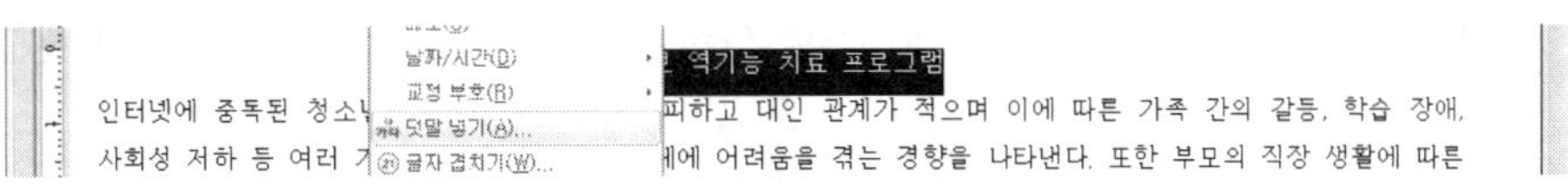

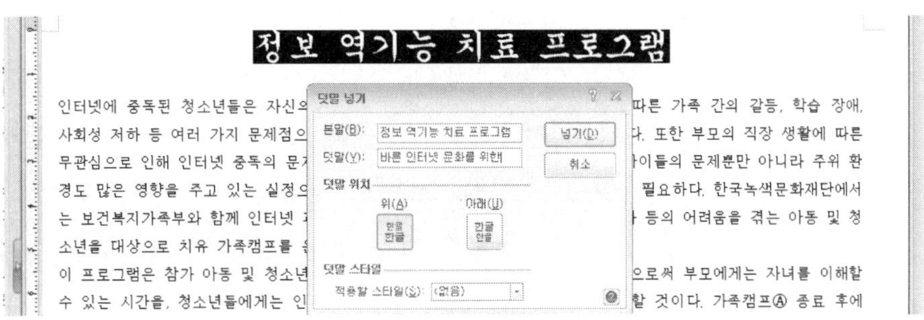

3. 입력의 책갈피에서 이름을 '정보사회, 덧말 넣기'로 설정한 다음 서식의 문단 첫 글자 장식에서 글꼴과 면색을 굴림과 노랑으로 설정하고, 한자로 변환할 단어를 블록 설정한 후 한자 키나 F9 키를 누르고 해당 한자를 선택하고 입력 형식을 설정한다.

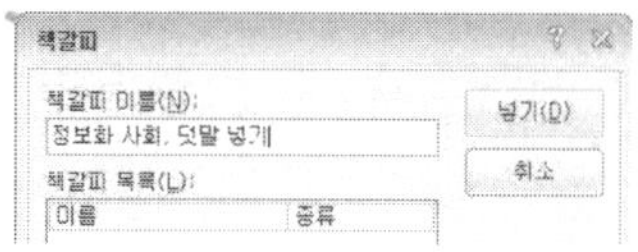

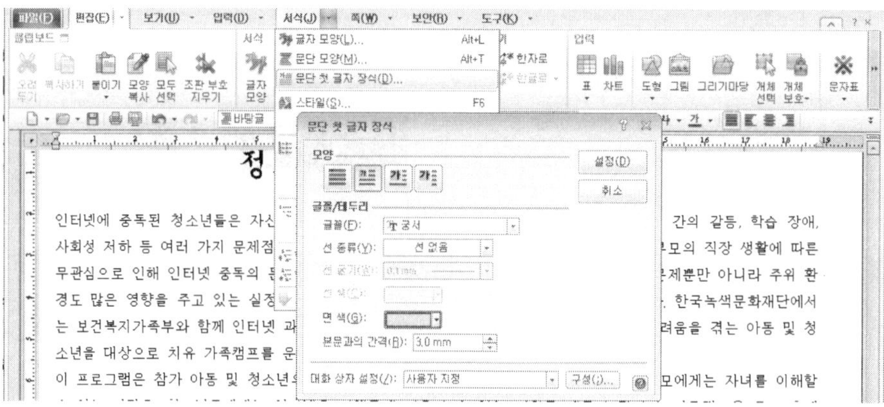

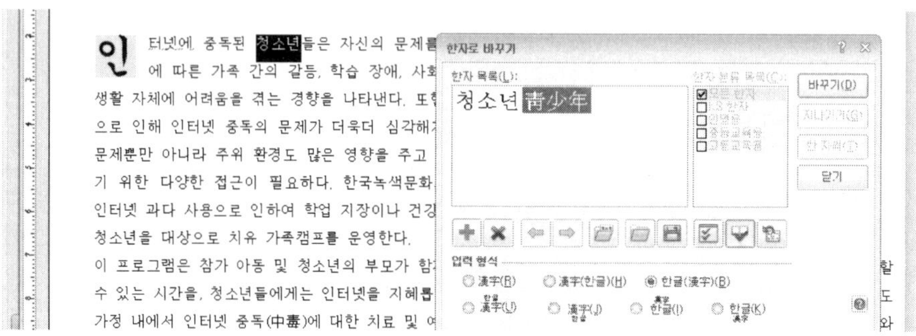

4. 다음 과정으로 입력 개체의 그림에서 내문서\ITQ\Picture\그림5.gif을 자르기 기능 이용 크기 45mm×40mm로 문서에 포함하여 삽입하고 바깥 여백 왼쪽을 2mm로 설정한다. 이때, 자르기 수행 시 이미지를 선택 후 자르기 메뉴 또는 Shift 키를 누른 상태에서 조절점을 조정한 다음 크기와 바깥 여백을 지정한다.

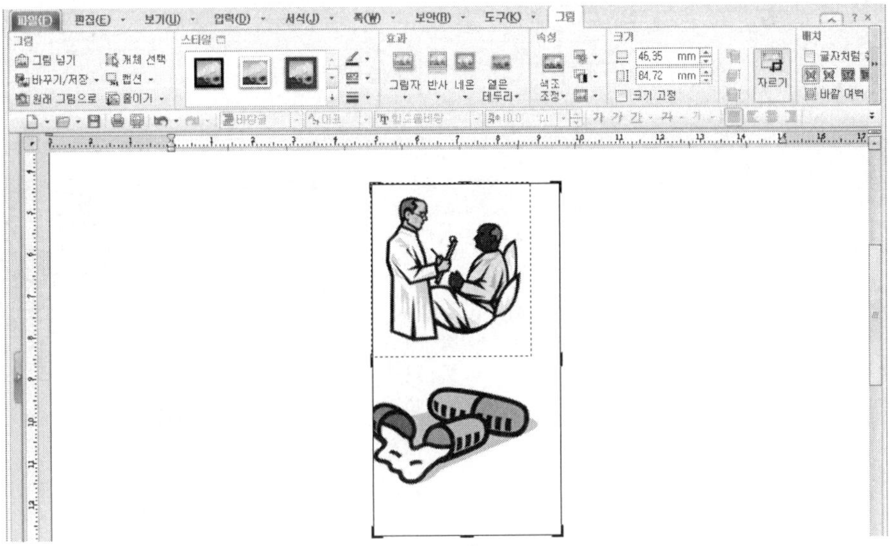

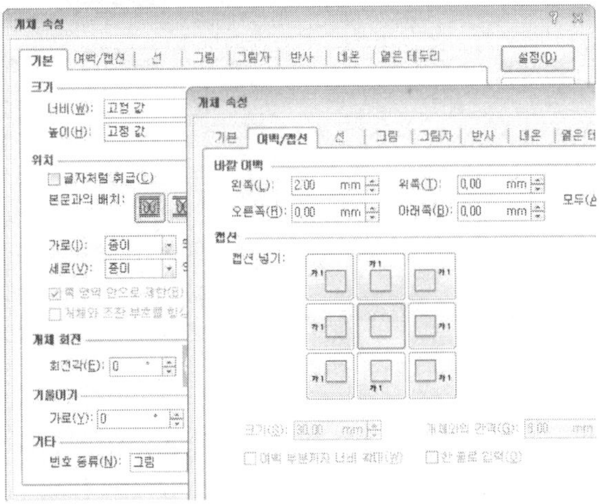

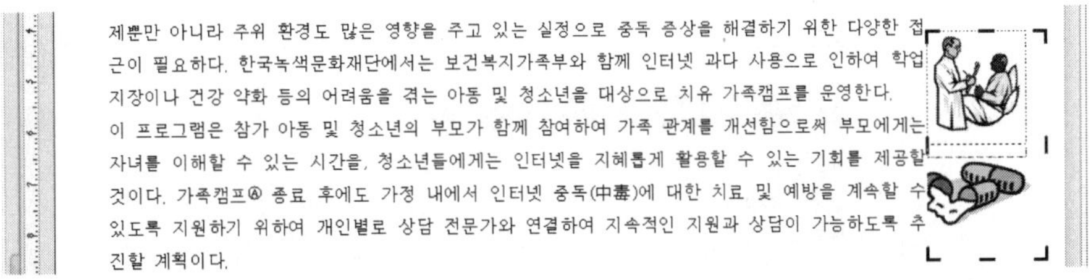
제뿐만 아니라 주위 환경도 많은 영향을 주고 있는 실정으로 중독 증상을 해결하기 위한 다양한 접근이 필요하다. 한국녹색문화재단에서는 보건복지가족부와 함께 인터넷 과다 사용으로 인하여 학업지장이나 건강 약화 등의 어려움을 겪는 아동 및 청소년을 대상으로 치유 가족캠프를 운영한다. 이 프로그램은 참가 아동 및 청소년의 부모가 함께 참여하여 가족 관계를 개선함으로써 부모에게는 자녀를 이해할 수 있는 시간을, 청소년들에게는 인터넷을 지혜롭게 활용할 수 있는 기회를 제공할 것이다. 가족캠프Ⓐ 종료 후에도 가정 내에서 인터넷 중독(中毒)에 대한 치료 및 예방을 계속할 수 있도록 지원하기 위하여 개인별로 상담 전문가와 연결하여 지속적인 지원과 상담이 가능하도록 추진할 계획이다.

5. 각주의 위치에 커서를 놓고 입력 주석의 각주를 선택하고 해당 문자열을 입력하고 각주 모양을 선택한다.

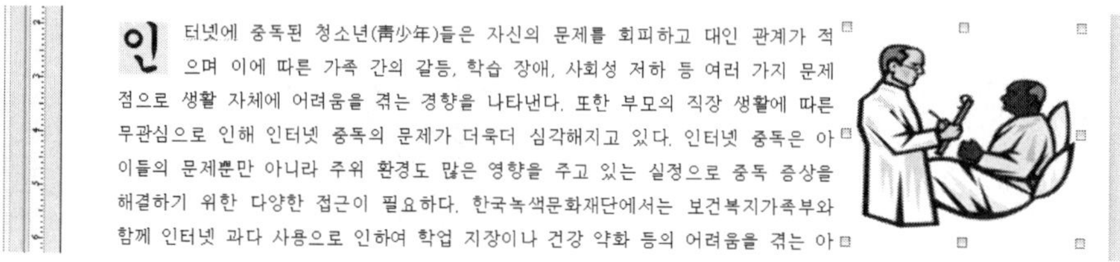

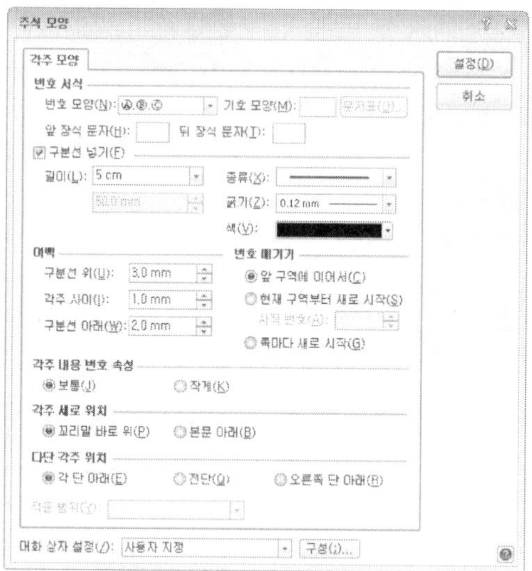

6. '가족 주요 프로그램 내용' 부분의 영역을 설정하고 글꼴을 돋움, 18pt, 흰색으로 설정하고 음영색을 파랑(100%)으로 설정한다.

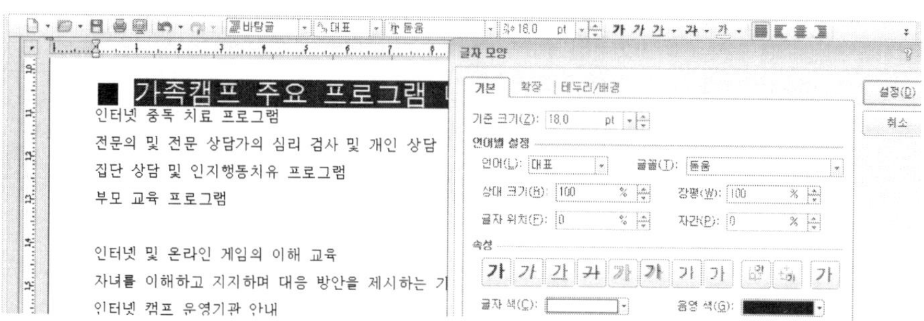

7. 모양의 문단 번호 기능을 사용하여 문단 번호 모양과 방식을 설정한 다음 왼쪽 여백을 1수준 15pt, 2수준 25pt로 설정하고 줄 간격을 190%로 설정한다.

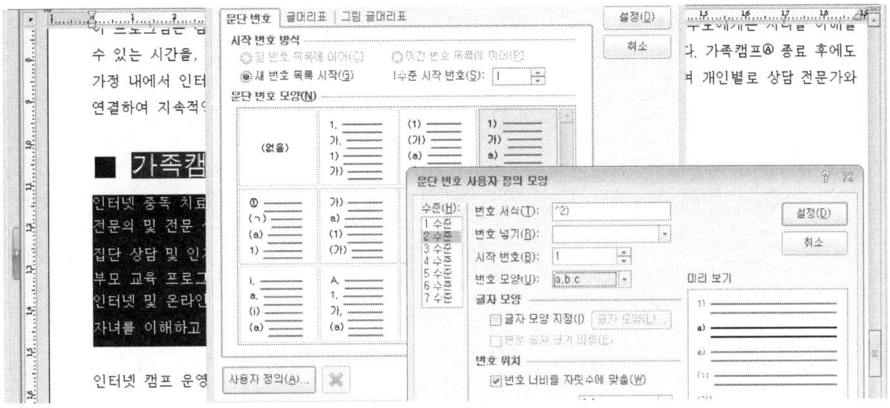

8. "인터넷 캠프 운영기관 안내" 부분의 글꼴을 글자 모양의 돋움, 18pt, 밑줄로 하고 확장 탭에서 "인터넷 캠프" 부분에 강조점을 설정한다.

다음 과정으로 표의 전체 셀 영역의 전체 글꼴을 굴림, 10pt로 설정하고 정렬 방식을 가운데 정렬로 설정한다. 다음 과정으로 표의 첫 번째 행을 셀 테두리 배경의 배경 탭에서 셀 배경색을 수평 그러데이션으로 설정하고 시작 색과 끝색을 노랑과 흰색으로 설정한다.

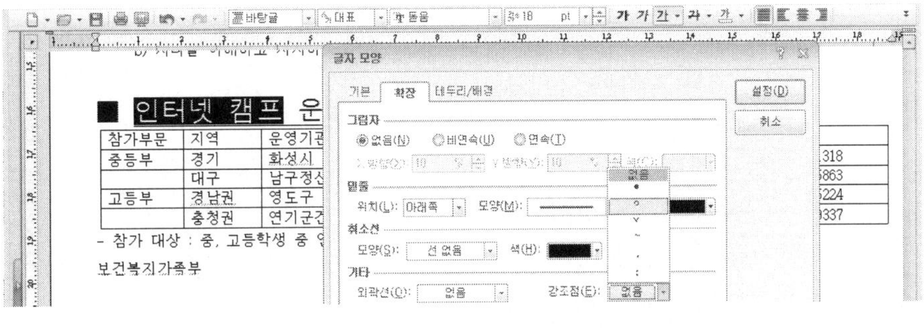

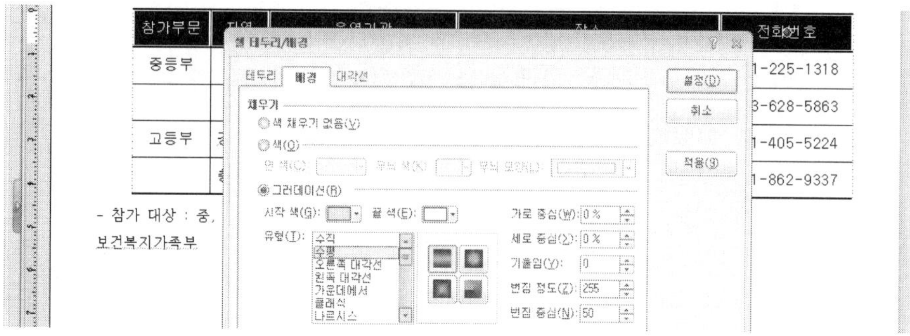

9. 문서 아래 부분의 “보건복지가족부”를 궁서, 24pt, 진하게, 장평 120%, 가운데 정렬로 설정한 다음 모양의 쪽 번호 매기기에서 위치를 지정하고 번호 모양을 원문자로 지정한 후 시작 모양의 새 번호로 시작에서 쪽 번호의 시작 번호를 5로 지정한다.

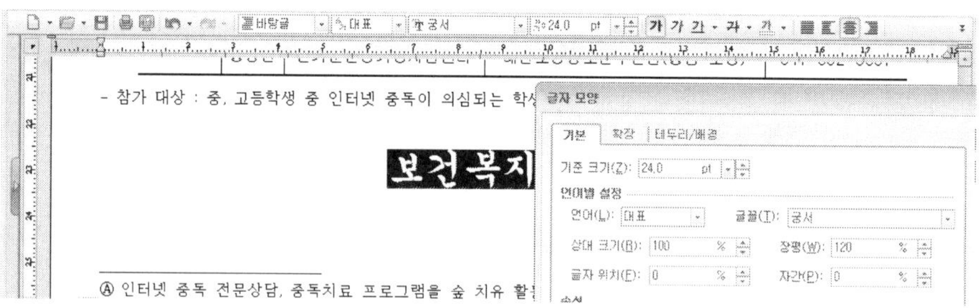

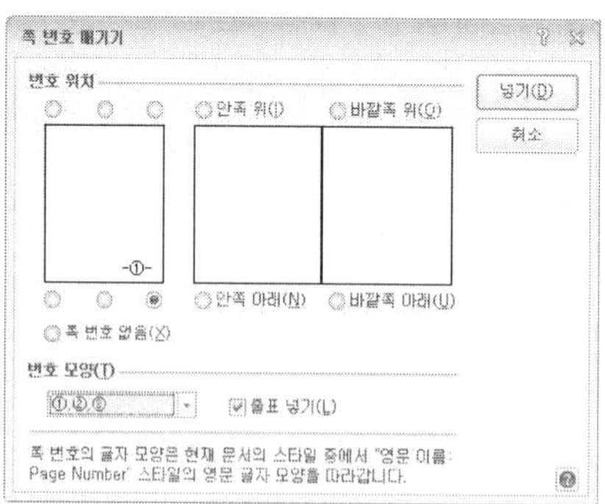

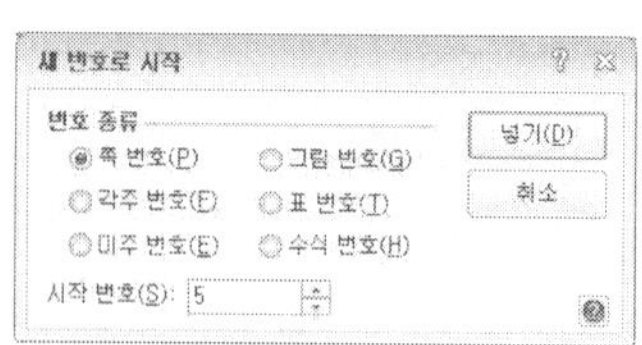

MEMO

MEMO

기능평가 I (150점)

1. 다음의 ≪조건≫에 따라 스타일 기능을 적용하여 ≪출력형태≫와 같이 작성하시오. (50점)

≪조건≫ (1) 스타일 이름 - copyright
(2) 문단모양 - 왼쪽 여백 : 10pt, 문단 아래간격 : 10pt
(3) 글자모양 - 글꼴 : 한글(궁서)/영문(돋움), 크기 : 10pt, 장평 : 110%, 자간 : 10%

≪출력형태≫

Both published and unpublished works are protected by copyright. Copyright protects the physical expression of ideas.

저작권은 저작물의 저작과 동시에 발생하고, 어떠한 절차나 형식의 이행을 필요로 하지 않으며 저작물을 공표한 후 일정 기간 존속한다.

2. 다음의 ≪조건≫에 따라 ≪출력형태≫와 같이 표와 차트를 작성하시오. (100점)

≪표 조건≫ (1) 표 전체(표, 캡션) - 굴림, 10pt
(2) 정렬 - 문자 : 가운데 정렬, 숫자 : 오른쪽 정렬
(3) 셀 배경색 : 노랑
(4) 한글의 계산 기능을 이용하여 빈칸에 합계를 구하고, 캡션 기능 사용할 것
(5) 선 모양은 ≪출력형태≫와 동일하게 처리할 것

≪출력형태≫

2009년 1분기 온라인 음원 불법 다운로드 가수별 순위

순위	가수	1월	2월	3월	합계
1위	빅뱅	1,908	2,254	3,016	
2위	소녀시대	2,752	1,219	1,954	
3위	브라운아이드걸스	945	1,500	2,620	
4위	손담비	230	558	954	

≪차트 조건≫ (1) 차트 데이터는 표 내용에서 빅뱅과 소녀시대, 브라운아이드걸스의 1월, 2월, 3월의 값만 이용할 것
(2) 종류 - <꺾은선형>으로 작업할 것
(3) 제목 - 돋움, 굵게, 12pt, 배경 - 선 모양(한 줄로), 그림자(2pt)
(4) 제목 이외의 전체 글꼴 - 돋움, 보통, 10pt
(5) 기타 나머지 사항은 ≪출력형태≫와 동일하게 처리할 것

≪출력형태≫

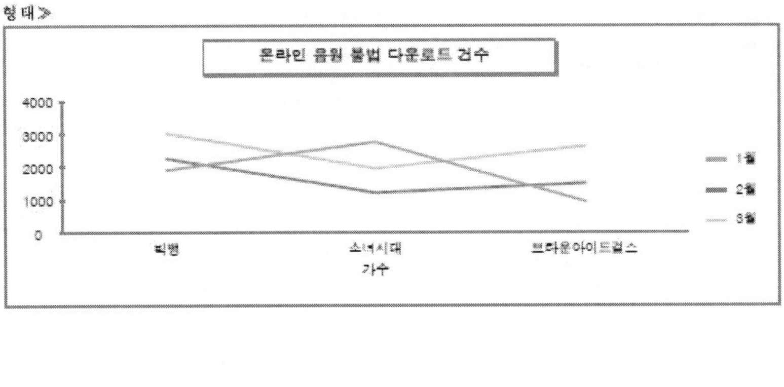

1. 서식 탭의 스타일에서 스타일 추가하기 단추를 누르고 스타일 이름을 copyright로 지정한 다음 문단 모양 설정에서 왼쪽 여백 : 10pt, 문단 아래 간격 : 10pt로 지정하고 글자 모양에서 글꼴 : 한글(궁서)/영문(돋움), 크기 : 10pt, 장평 : 110%, 자간 10%로 각각 설정한다.

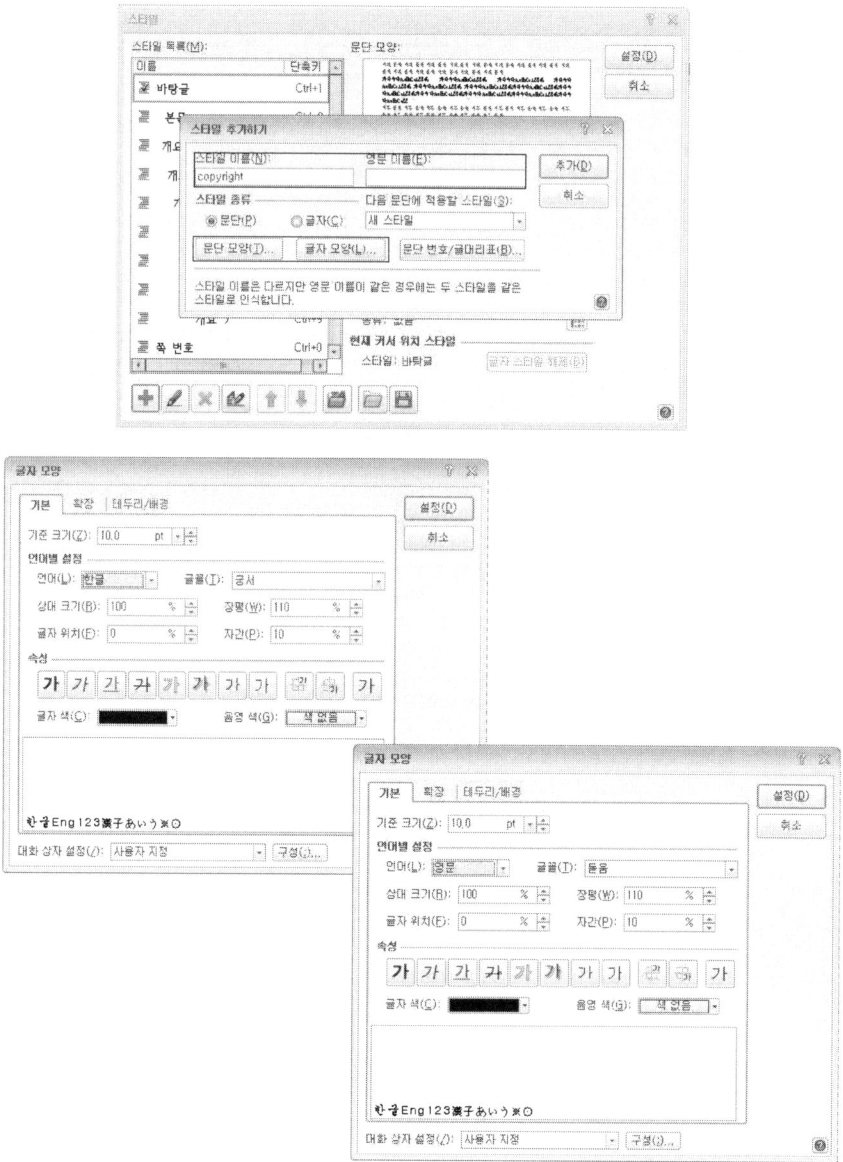

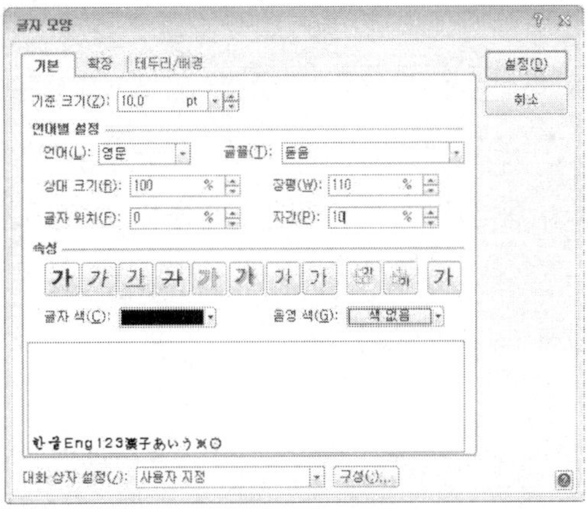

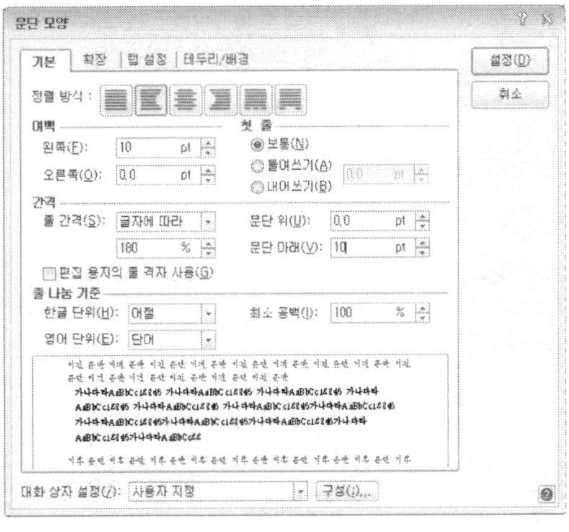

2. 다음 과정으로 copyright 스타일을 적용할 영역을 블록으로 형성한 후 스타일을 적용한다.

3. 입력 탭에서 [표 만들기] 기능으로 5줄, 6칸의 표를 작성하고 자료를 입력한 후 [캡션 넣기]를 위로 지정하여 위쪽에 '2009년 1분기 온라인 음원 불법 다운로드 가수별 순위'라는 캡션을 넣고 표 전체(표, 캡션)의 글자 모양을 돋움, 10pt로 설정한다. 이때, 캡션은 오른쪽으로 정렬하고 숫자는 [1,000 단위 구분 쉼표]−[자릿점 넣기]에서 쉼표를 넣는다.

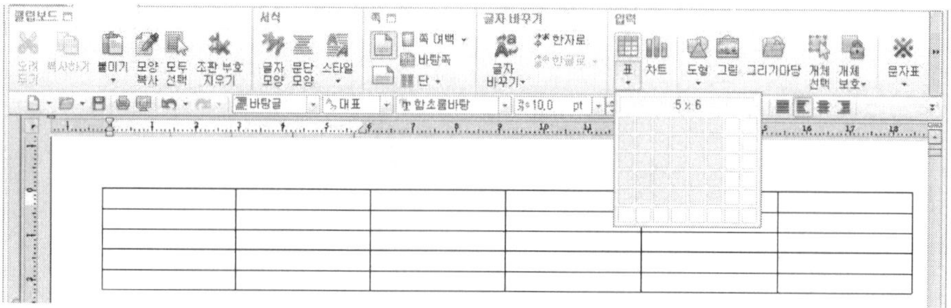

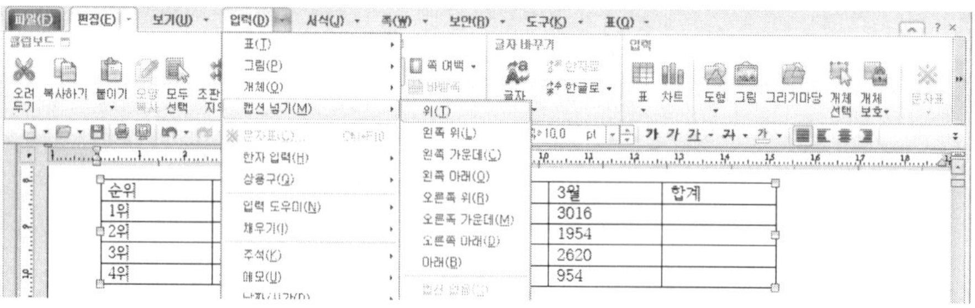

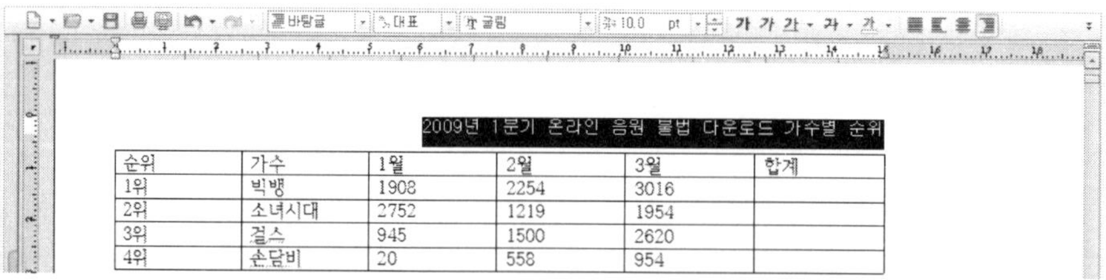

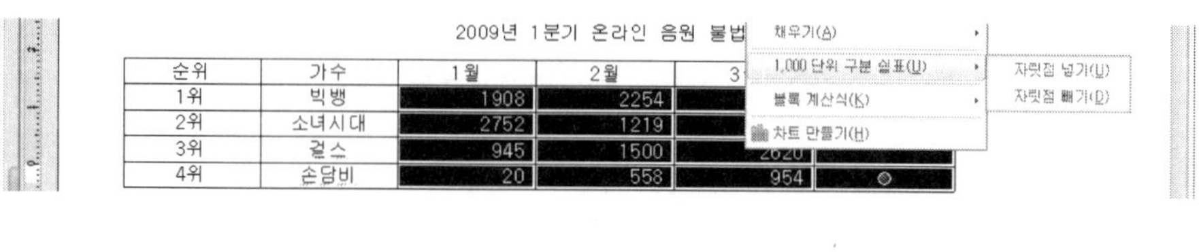

4. 표 안의 정렬은 셀의 블록을 형성한 후 정렬 기능을 이용하여 문자를 가운데로 정렬하고 숫자는 오른쪽으로 정렬하며, 셀 배경색은 노랑으로 지정한다.

5. 합계를 구하기 위한 자료 영역과 결과를 나타낼 영역을 블록으로 형성하고 한글의 계산 기능인 블록 계산식을 이용하여 빈칸에 합계를 구한다.

다음 과정으로 선 모양을 설정하기 위한 셀의 영역에 대한 블록을 형성하고 표의 셀 속성 그룹에서 대각선과 선 모양을 적용하여 ≪출력형태≫와 동일하게 처리한다.

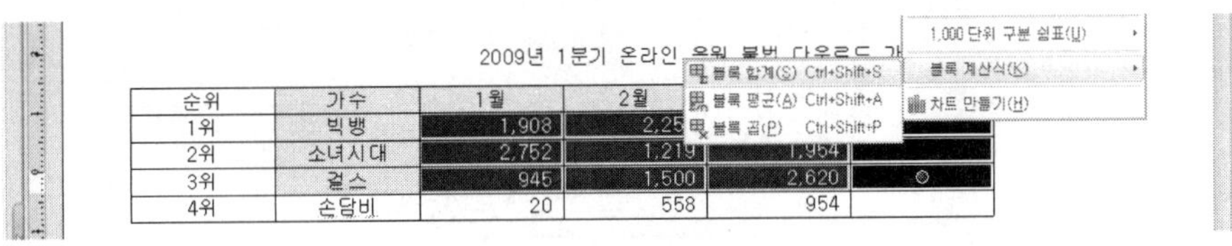

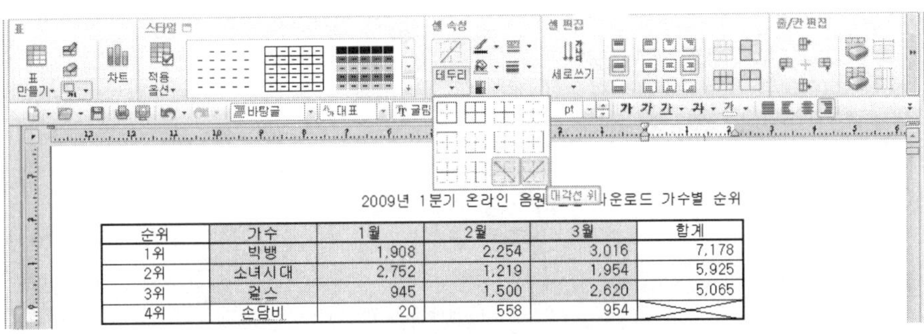

6. 표 내용에서 차트 작성에 필요한 영역인 순위 1위, 2위, 3위에 대한 가수, 1월, 2월, 3월을 블록으로 설정하고, 표의 도구 상자에서 차트를 누르거나 오른쪽 마우스 단추를 누른 후 차트 만들기를 선택한다.

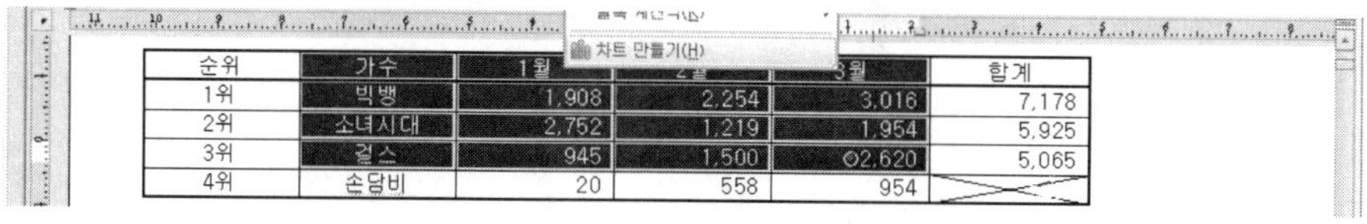

7. 다음 과정으로 각 계열 값의 추이를 살피기 위한 〈꺾은선형〉으로 차트의 종류를 변경한 후, 데이터 그룹에서 행으로 설정하고 속성 그룹에서 제목을 위쪽 표시로 지정하고 글자 탭에서 입력한 후 궁서, 굵게, 12pt, 배경 선 모양(한 줄로) 그리고 그림자를 2pt로 각각 설정한다.

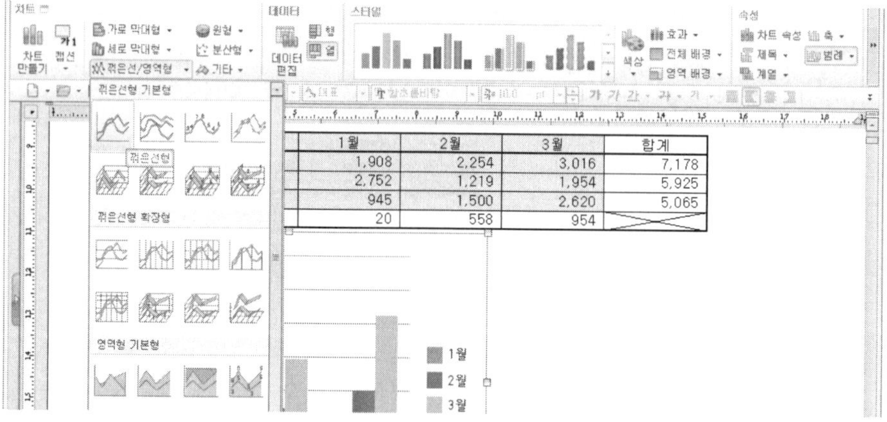

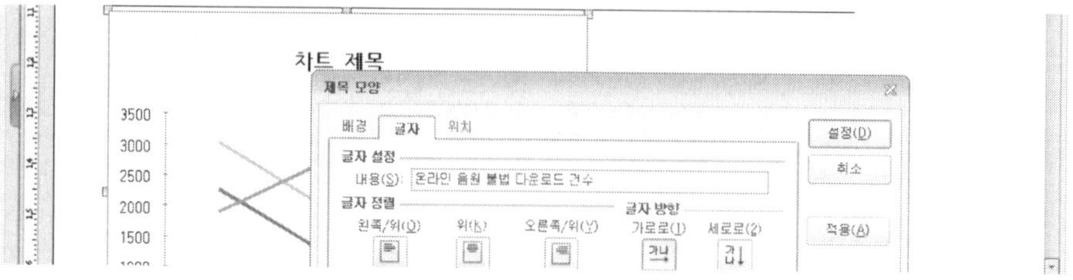

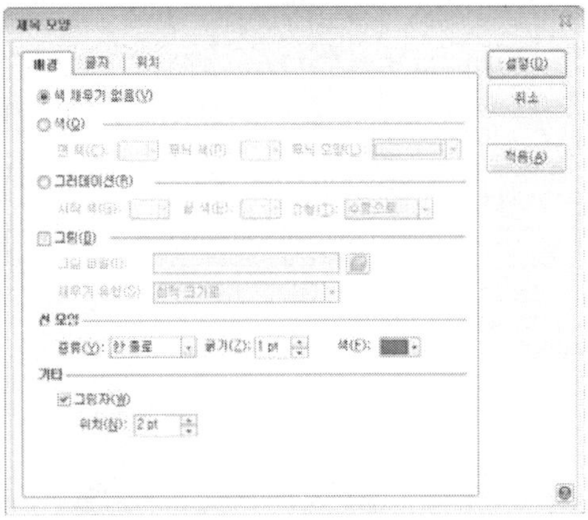

8. 다음 과정으로 속성 그룹의 축에서 제목을 세로 값 축을 선택하고 내용-건수, 글자 방향-세로, 굴림, 10pt로 설정한다. 또한, 차트에서 세로 축 부분을 누르고 축 모양의 비례 탭에서 자동으로 꾸밈의 체크 표시를 눌러 해제한 다음 최솟값 0, 최댓값 4000, 큰 눈금선 4 그리고 종류를 선형으로 설정한다.

마지막 과정으로 제목 이외의 전체 글꼴을 궁서, 보통, 10pt로 설정하여 ≪출력형태≫와 동일하게 마무리하고, 페이지 구분을 위해 Ctrl을 누른 상태에서 Enter↵를 눌러 페이지 나누기를 실시한다.

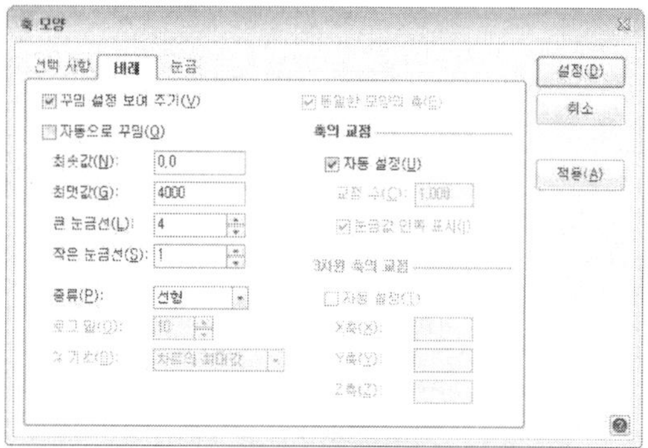

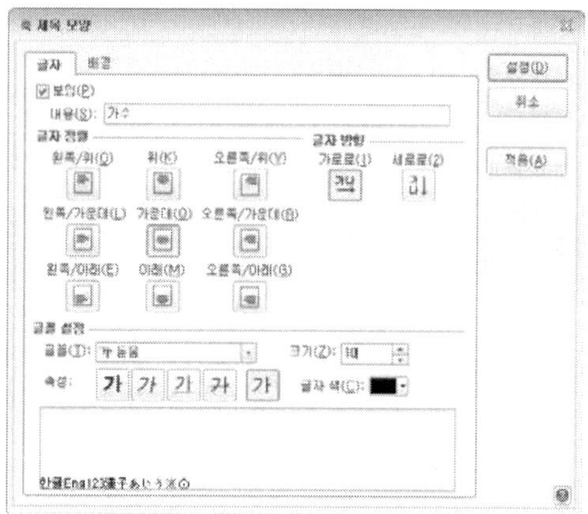

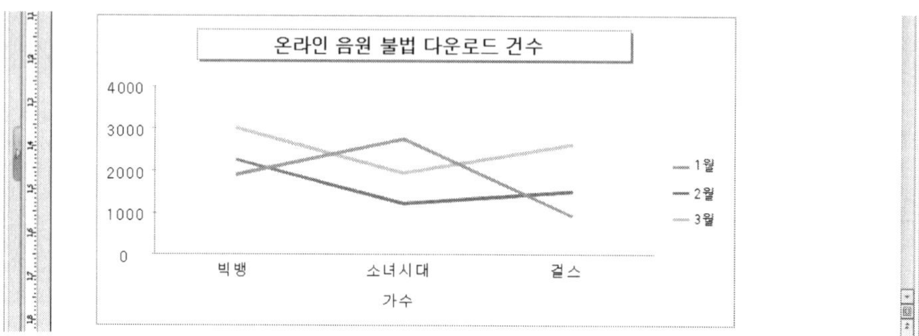
온라인 음원 불법 다운로드 건수
4000
3000
2000
1000
0
빅뱅
소녀시대
걸스
가수
1월
2월
3월

MEMO

MEMO

기능평가 II (150점)

3. 수식 편집기로 다음 수식 (1), (2)를 각각 입력하시오. (40점)

《출력형태》

(1) $f'(x) = \lim_{\Delta x \to 0} \frac{f(x+\Delta x)+f(x)}{\Delta x}$

(2) $S_n = \frac{a(r^n - 1)}{r-1} = \frac{a(1-r^n)}{1-r} \, (r \neq 1)$

4. 다음의 《조건》에 따라 《출력형태》와 같이 문서를 작성하시오. (110점)

《조건》

(1) 그리기 도구를 이용하여 작성을 하고, 모든 도형(글맵시, 지정된 그림 포함)을 《출력형태》와 같이 작성하시오.

(2) 도형의 면색은 지시사항이 없으면 색없음을 제외하고 서로 다르게 임의로 지정하시오.

《출력형태》

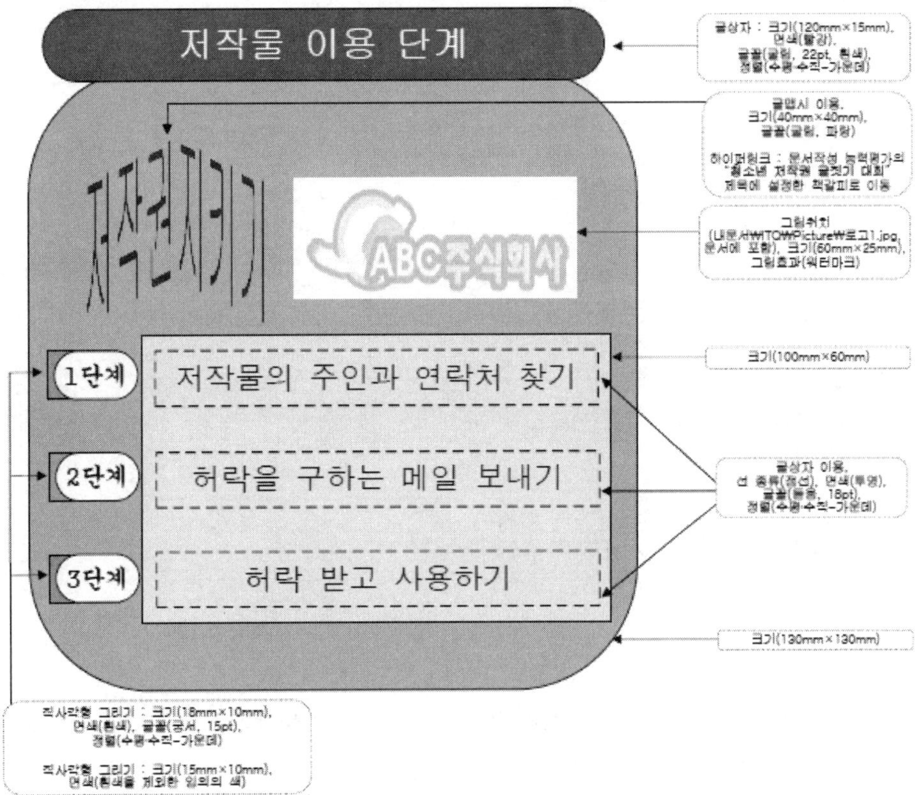

1. 개체에서 수식을 선택하여 수식 편집기 창에서 극한, 연산논리기호 그리고 기타 기호 등을 이용하여 수식을 입력한다.

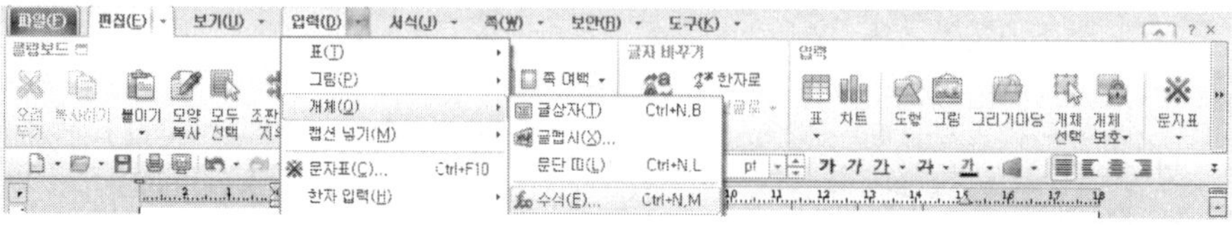

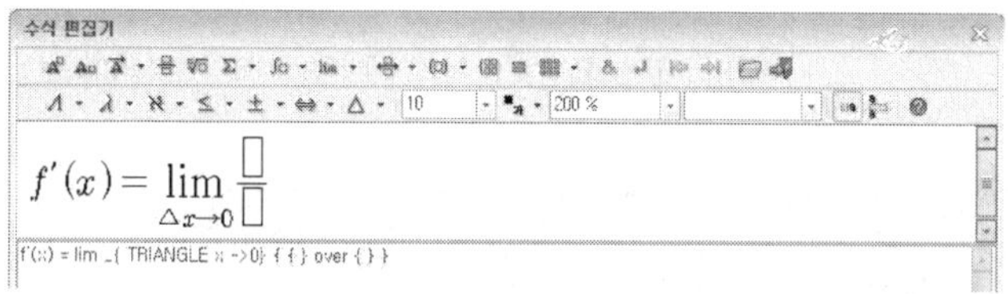

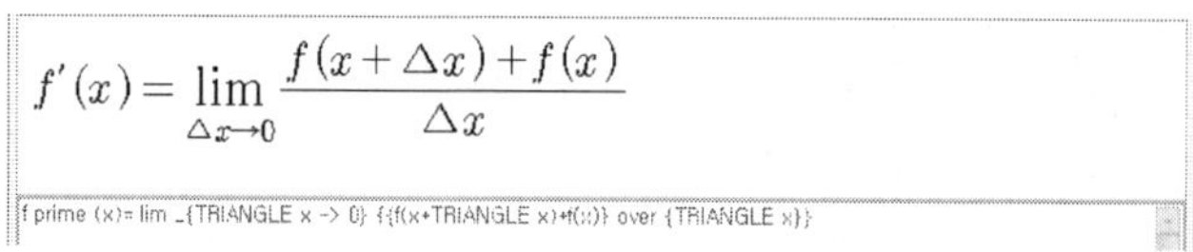

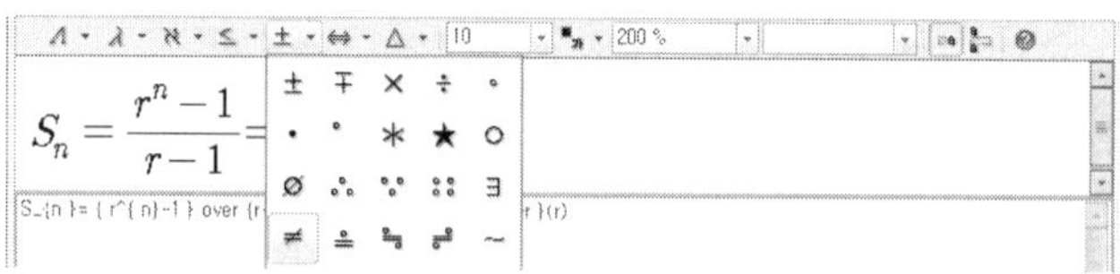

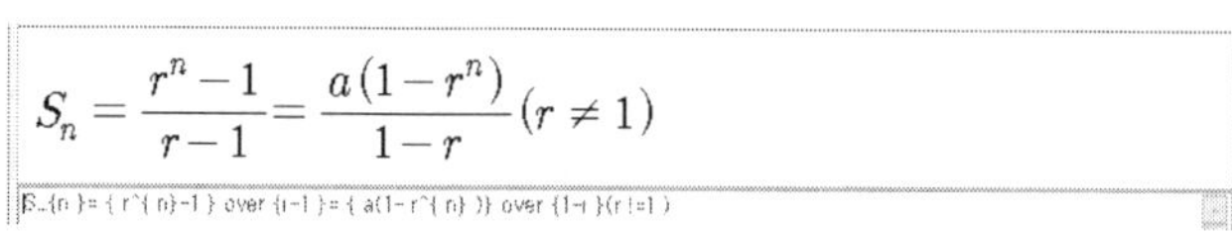

2. 130mm×130mm의 직사각형을 그리고 입력의 개체에서 글상자를 선택하여 글상자를 만들고 개체 속성의 기본 탭에서 크기를 '120mm×15mm', 채우기 탭에서 면색을 '빨강', 사각형 모서리를 반원으로 각각 설정한다. 이후 문자열을 입력하고 글꼴을 굴림, 22pt, 흰색으로 설정하고 정렬을 수평·수직－가운데로 설정한다.

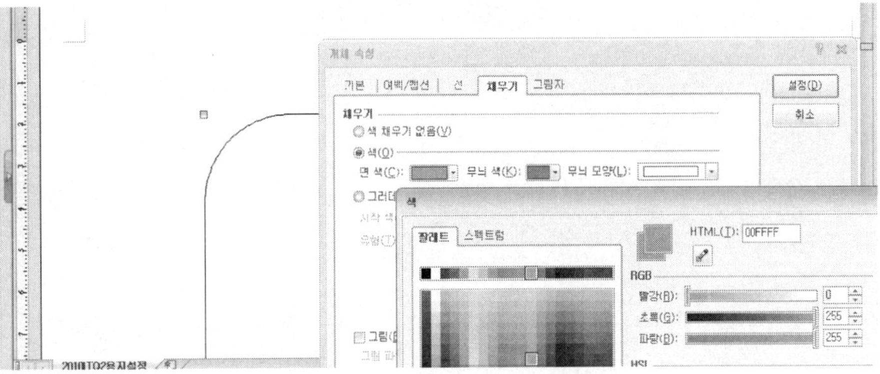

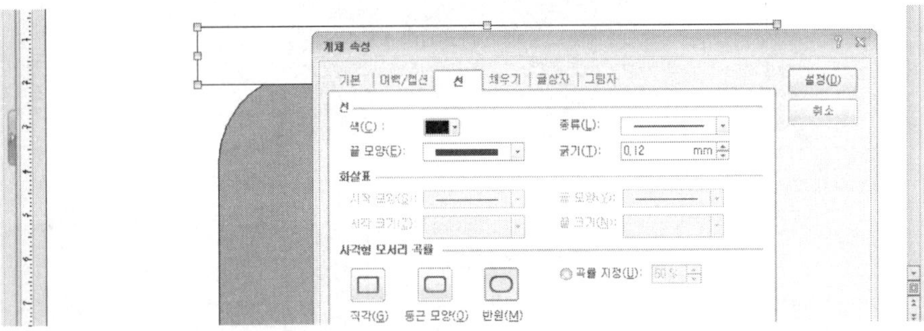

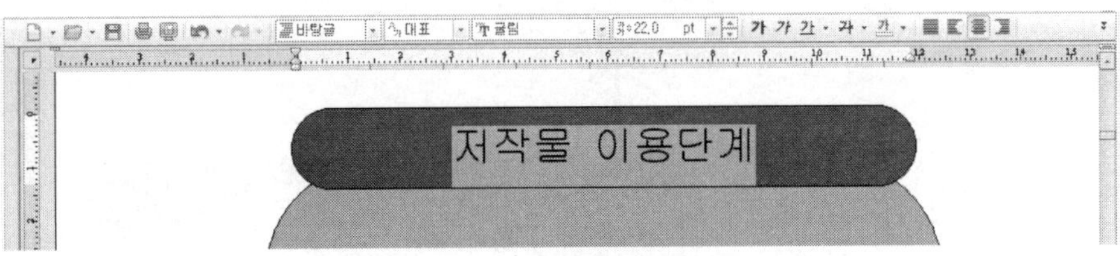

3. 입력 개체의 글맵시를 이용하여 40mm×40mm 크기에 굴림, 파랑의 글꼴로 '저작권지키기'라는 문자열을 입력하고 글맵시 모양을 갈매기수장형으로 지정한다. 다음 과정으로 작성한 글맵시 부분을 문서 작성 능력 평가의 '청소년 저작권 글짓기 대회' 제목에 설정한 책갈피로 이동할 수 있도록 하이퍼링크를 설정한다.

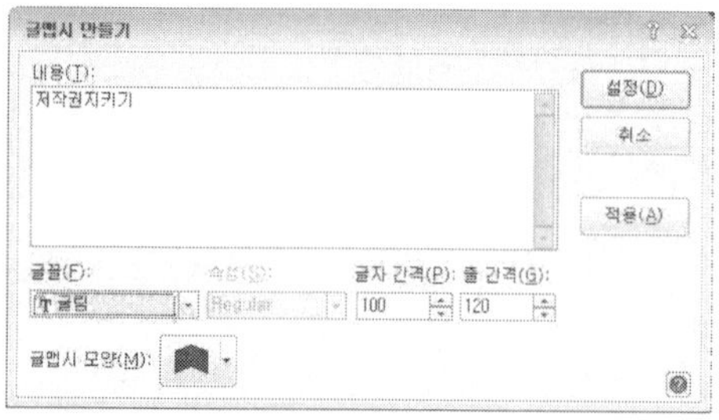

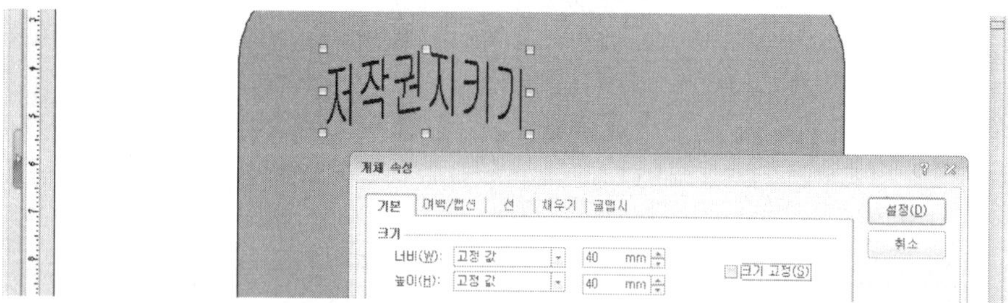

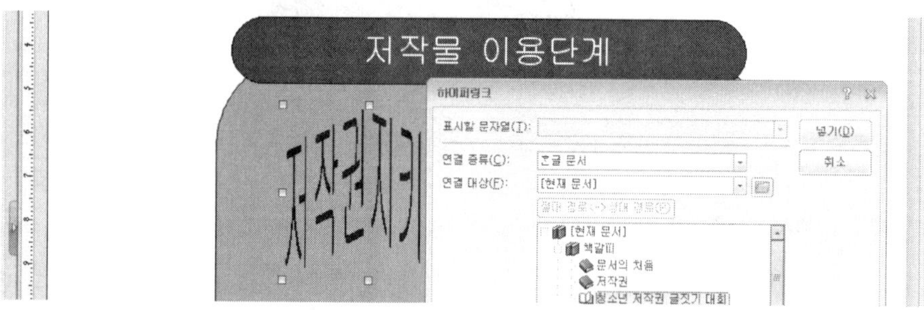

4. 내문서\ITQ\Picture\로고1.jpg 그림을 자르기 기능을 이용하여 삽입하여 문서에 포함하고 크기와 개체 속성에서 그림 효과를 각각 '60mm×25mm'와 워터마크로 설정한다.

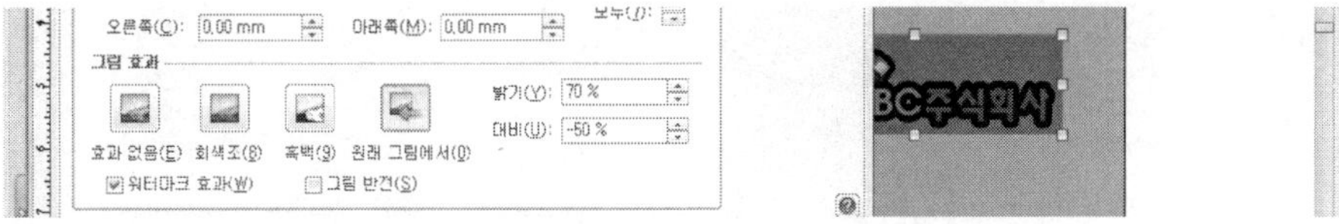

5. 입력의 그리기 기능을 이용하여 100mm×60mm의 직사각형을 그리고 채우기를 노랑으로 설정한 다음, 직사각형 내부에 글상자를 이용하여 문자열을 입력하고 선 종류와 면색을 점선과 투명, 글꼴 및 정렬 방식을 돋움, 18pt와 수평・수직－가운데로 각각 설정한다.

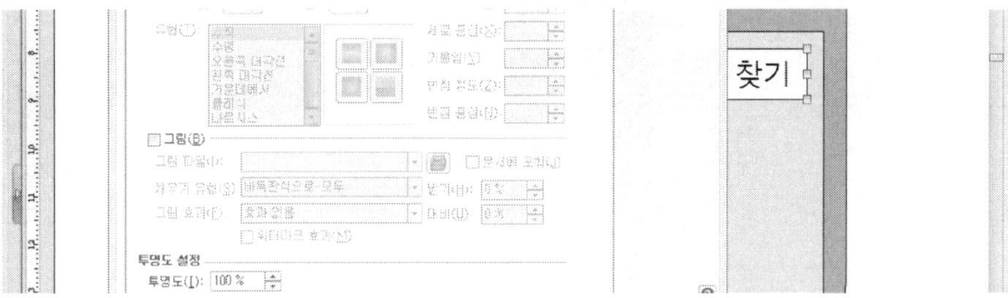

6. 15m×10m의 흰색을 제외한 임의의 면색을 갖는 직사각형을 그리고, 19mm×10mm의 흰색의 면을 갖는 직사각형을 그린 후 속성에서 모서리 곡률을 반원으로 한다. 다음 과정으로 문자열을 입력하고 글꼴 및 정렬 방식을 궁서, 15pt와 수평・수직－가운데로 설정한다. 이후, 페이지 구분을 위해 Ctrl을 누른 상태에서 Enter↵를 눌러 페이지 나누기를 실시한다.

개체 속성
기본
여백/캡션
선
채우기
그림자
설정(D)
취소
채우기
색 채우기 없음(V)
색(O)
면 색(C):
무늬 색(K):
무늬 모양(L):

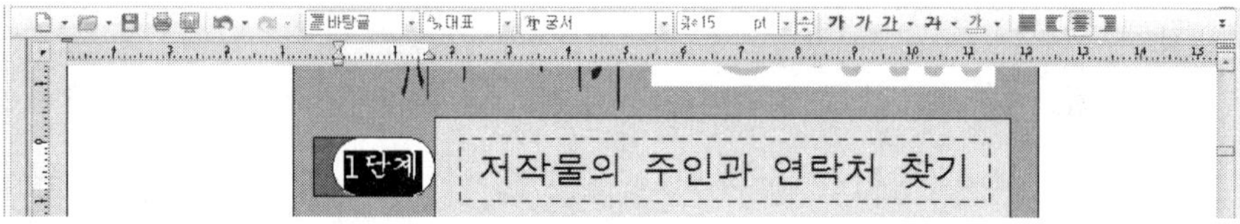
1단계
저작물의 주인과 연락처 찾기

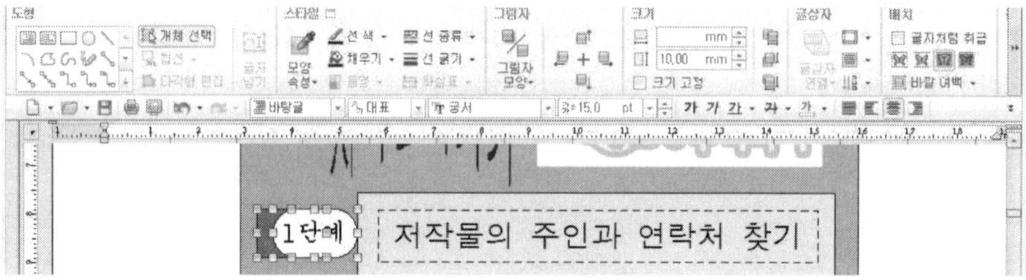
도형
개체 선택
스타일
모양 속성
선 색
채우기
선 종류
선 굵기
그림자
크기
10.00 mm
크기 고정
글상자
배치
글자처럼 취급
바깥 여백
1단계
저작물의 주인과 연락처 찾기

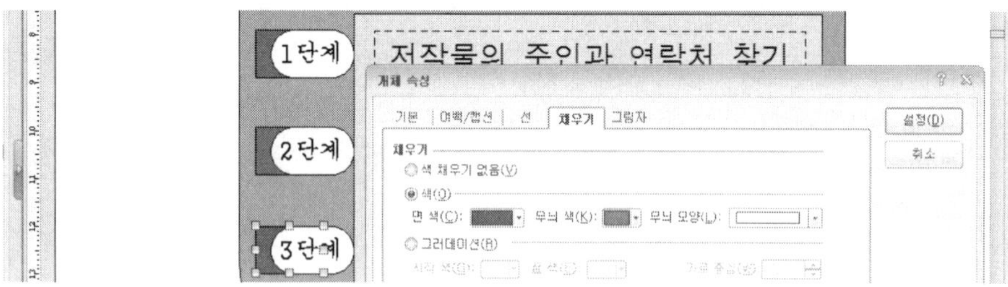
1단계
2단계
3단계
저작물의 주인과 연락처 찾기
개체 속성
기본
여백/캡션
선
채우기
그림자
설정(D)
취소
채우기
색 채우기 없음(V)
색(O)
면 색(C):
무늬 색(K):
무늬 모양(L):
그러데이션(R)

MEMO

MEMO

문서작성 능력평가 (200점)

머리말 기능
돋움, 10pt, 오른쪽 정렬 → 저작권 수호천사

글꼴 : 궁서, 23pt, 진하게, 가운데 정렬,
책갈피 이름 : 저작권, 덧말 넣기

청소년 저작권 글짓기 대회

(덧말: 바른 꿈나무로 키우기 위한)

문단 첫 글자 장식 기능
글꼴 : 궁서, 면색 : 노랑

그림위치(내문서\ITQ\Picture\그림4.jpg, 문서에 포함),
자르기 기능 이용, 크기(35mm×30mm), 바깥 여백 왼쪽 : 2mm

사람들은 평생 자신의 생각이나 감정들을 표현(表現)하며 살아간다. 다른 사람과 가벼운 의사소통을 하기 위해서 또는 자신의 연구나 창작 활동의 결과물로 많은 표현들을 만들어 낸다. 그리고 이러한 표현에는 말이나 글, 그림, 음악, 사진, 영화, 그리고 컴퓨터 프로그램 등 복잡하고도 다양한 형태의 방법들이 있다. 저작권은 이렇게 사람의 생각이나 감정을 표현한 결과물에 대하여 그 표현한 사람에게 주는 권리이다. 마치 물건의 주인이 갖게 되는 소유권처럼 자신이 만들어 낸 표현에 대한 권리인 것이다. 저작자에게만 인정되는 인격적인 권리는 저작인격권이라고 하며 저작자가 자신의 저작물을 다양한 방식으로 이용함으로써 재산적 이익을 얻을 수 있는 권리는 저작재산권이라고 한다. 그리고 그러한 표현의 결과물을 '저작물'이라고 한다.

저작권과 관련된 다양한 일을 하고 있는 한국저작권위원회①는 미래의 주역인 청소년들에게 창작 활동을 통하여 자신도 저작자임을 체험하게 하고, 글짓기를 통하여 저작권에 대해 다시 한 번 생각해 봄으로써 생활 속에서 저작권 보호 및 올바른 저작물 이용을 실천할 수 있도록 하기 위해 청소년 저작권(著作權) 글짓기 대회를 개최한다.

각주

● 저작권 글짓기 참가 방법

글꼴 : 굴림, 18pt, 흰색,
음영색 : 파랑(100%)

(ㄱ) 참가 요령
  ① 참가 대상 : 전국 초, 중, 고등학교 학생
  ② 주제 : '저작권'과 관련된 자유 주제
(ㄴ) 응모 방법
  ① 온라인 응모 : 저작권글짓기대회 홈페이지
  ② 응모 기간 : 2009. 08. 17(월) - 2009. 09. 11(금)

문단 번호 기능 사용,
왼쪽 여백 : 15pt(1수준),
30pt(2수준), 줄 간격 : 180%

● 저작권 글짓기 시상 내용

글꼴 : 굴림, 18pt,
밑줄, 강조점

표 전체 글꼴 : 굴림, 10pt, 가운데 정렬,
셀 배경색(그러데이션) : 유형(오른쪽 대각선),
시작색(노랑), 끝색(흰색)

구분	등급	수여기관	시상 수	부상
우수 작품	대상	대통령	1명	상장 및 장학금
	최우수상	문화체육관광부 장관	초, 중, 고 각 1명	
	우수상	저작권위원회 위원장	초, 중, 고 각 2명	
우수 학교	최우수상	문화체육관광부 장관	1개교	상장 및 학습 기자재
	우수상	저작권위원회 위원장	초, 중, 고 각 1개교	

- 입선 : 초, 중, 고 각 20명씩 총 60명

한국저작권위원회

글꼴 : 돋움, 24pt, 진하게,
장평 95%, 가운데 정렬

① 저작권위원회와 컴퓨터프로그램보호위원회가 통합하여 탄생한 단체

- ⑤ -

쪽 번호 매기기
5로 시작

1. 문서 작성을 위해 다음과 같이 기본 문서 내용을 입력한 다음 모양의 머리말/꼬리말 기능에서 머리말을 입력하고 글꼴을 돋움, 10pt로 설정하고 오른쪽으로 정렬한다.

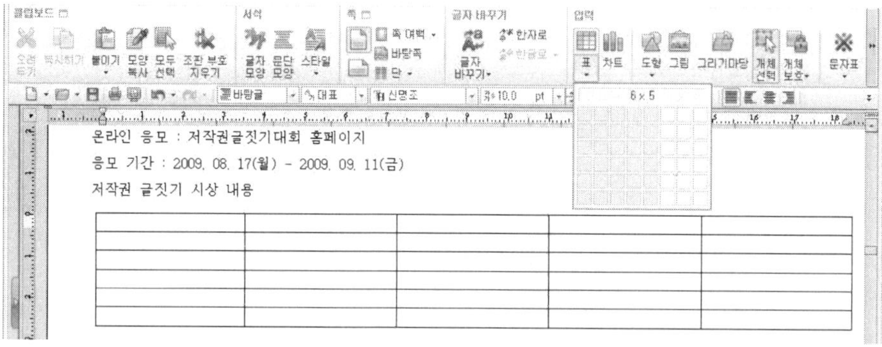

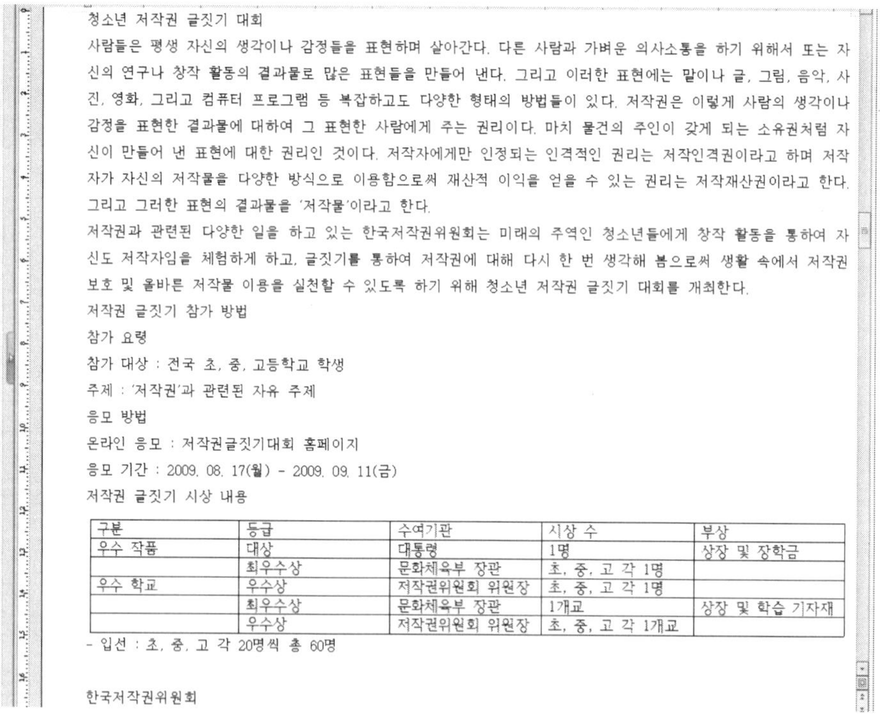

청소년 저작권 글짓기 대회

사람들은 평생 자신의 생각이나 감정들을 표현하며 살아간다. 다른 사람과 가벼운 의사소통을 하기 위해서 또는 자신의 연구나 창작 활동의 결과물로 많은 표현들을 만들어 낸다. 그리고 이러한 표현에는 말이나 글, 그림, 음악, 사진, 영화, 그리고 컴퓨터 프로그램 등 복잡하고도 다양한 형태의 방법들이 있다. 저작권은 이렇게 사람의 생각이나 감정을 표현한 결과물에 대하여 그 표현한 사람에게 주는 권리이다. 마치 물건의 주인이 갖게 되는 소유권처럼 자신이 만들어 낸 표현에 대한 권리인 것이다. 저작자에게만 인정되는 인격적인 권리는 저작인격권이라고 하며 저작자가 자신의 저작물을 다양한 방식으로 이용함으로써 재산적 이익을 얻을 수 있는 권리는 저작재산권이라고 한다. 그리고 그러한 표현의 결과물을 '저작물'이라고 한다.

저작권과 관련된 다양한 일을 하고 있는 한국저작권위원회는 미래의 주역인 청소년들에게 창작 활동을 통하여 자신도 저작자임을 체험하게 하고, 글짓기를 통하여 저작권에 대해 다시 한 번 생각해 봄으로써 생활 속에서 저작권 보호 및 올바른 저작물 이용을 실천할 수 있도록 하기 위해 청소년 저작권 글짓기 대회를 개최한다.

저작권 글짓기 참가 방법

참가 요령

참가 대상 : 전국 초, 중, 고등학교 학생

주제 : '저작권'과 관련된 자유 주제

응모 방법

온라인 응모 : 저작권글짓기대회 홈페이지

응모 기간 : 2009. 08. 17(월) - 2009. 09. 11(금)

저작권 글짓기 시상 내용

구분	등급	수여기관	시상 수	부상
우수 작품	대상	대통령	1명	상장 및 장학금
	최우수상	문화체육부 장관	초, 중, 고 각 1명	
우수 학교	우수상	저작권위원회 위원장	초, 중, 고 각 1명	
	최우수상	문화체육부 장관	1개교	상장 및 학습 기자재
	우수상	저작권위원회 위원장	초, 중, 고 각 1개교	

- 입선 : 초, 중, 고 각 20명씩 총 60명

한국저작권위원회

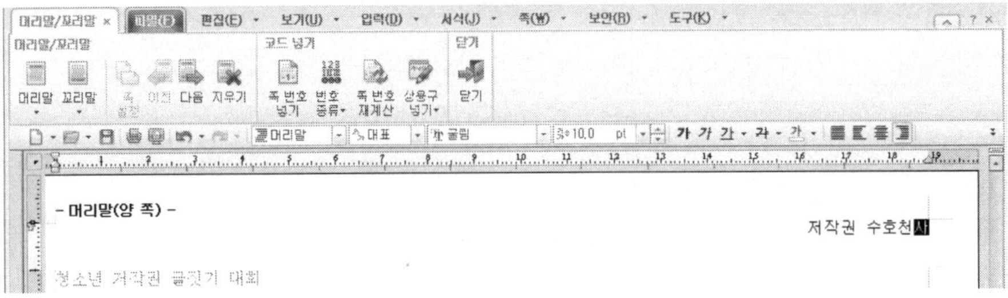

2. "청소년 저작권 글짓기 대회" 부분을 블록 설정하여 궁서, 22pt, 진하게 설정하고 가운데 정렬한 다음, 덧말 넣기 기능을 이용하여 "청소년 저작권 글짓기 대회" 위에 '바른 꿈나무로 키우기 위한'이라는 덧말을 넣는다.

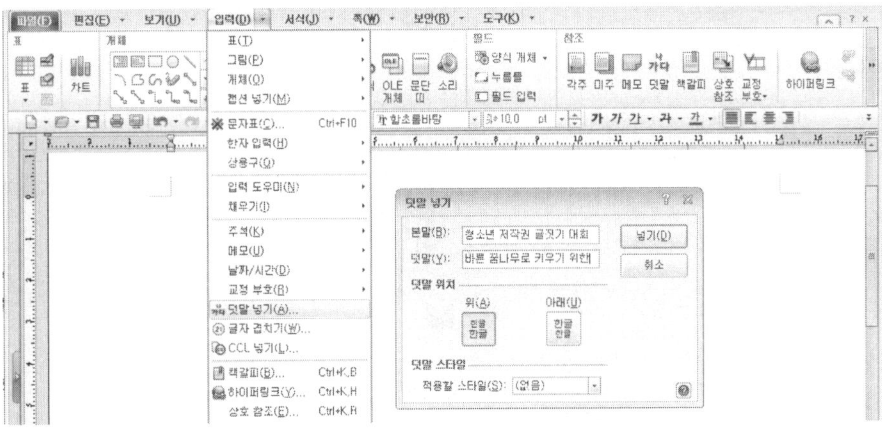

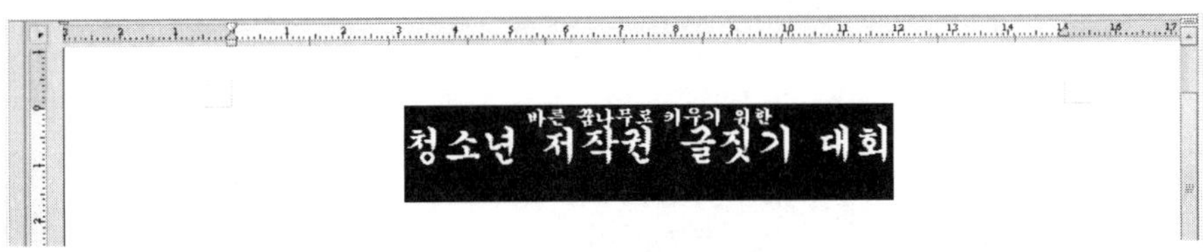

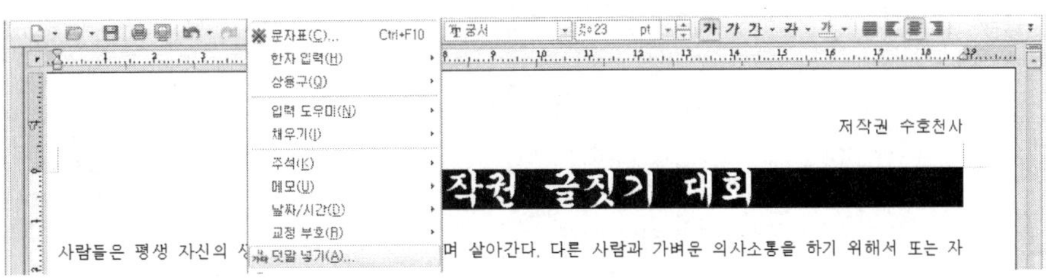

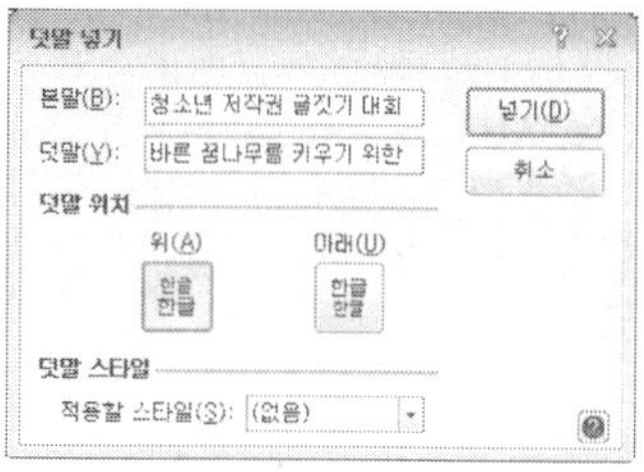

3. 입력의 책갈피에서 이름을 '저작권'으로 설정한 다음 서식의 문단 첫 글자 장식에서 글꼴과 면색을 궁서와 노랑으로 설정하고, 한자로 변환할 단어를 블록 설정한 후 한자 키나 F9 키를 누르고 해당 한자를 선택하고 입력 형식을 설정한다.

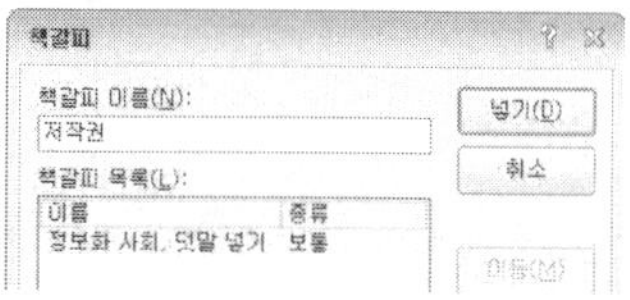

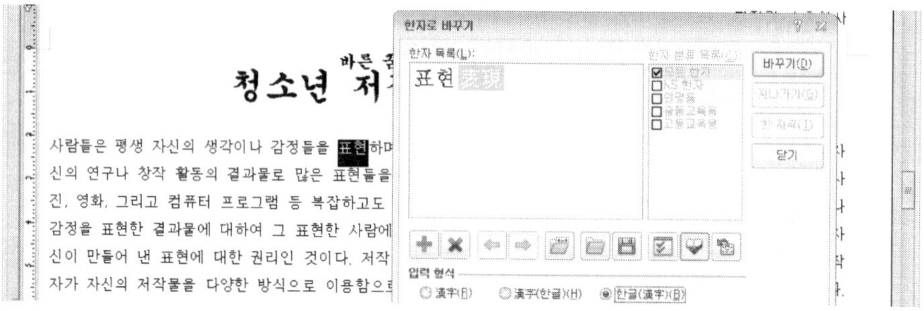

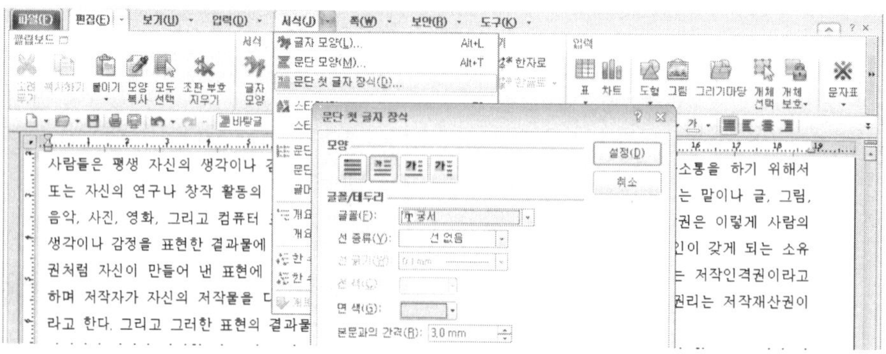

4. 다음 과정으로 입력 개체의 그림에서 내문서\ITQ\Picture\그림4.gif을 자르기 기능을 이용 크기 35mm×30mm로 문서에 포함하여 삽입하고 바깥 여백 왼쪽을 2mm로 설정한다.

이때, 자르기 수행 시 이미지를 선택한 후 자르기 메뉴 또는 Shift 키를 누른 상태에서 조절점을 조정한 다음 크기와 바깥 여백을 지정한다.

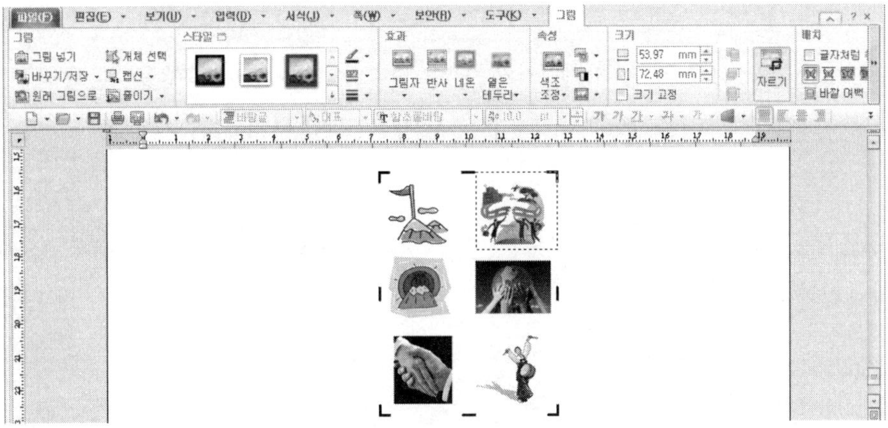

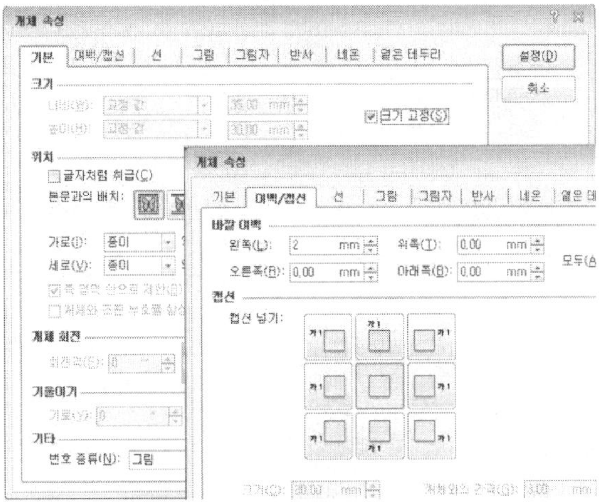

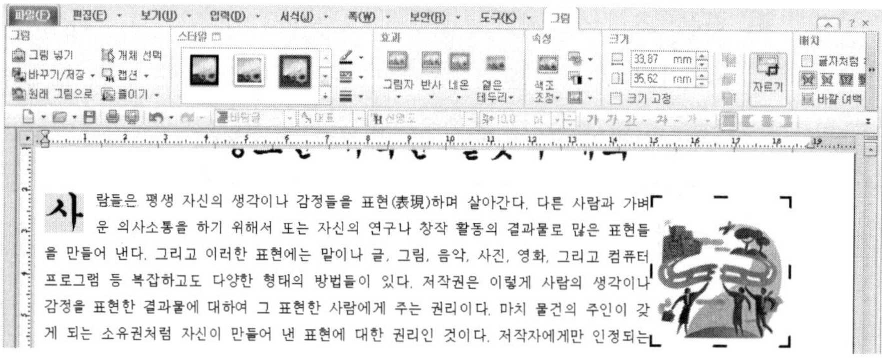

5. 각주의 위치에 커서를 놓고 입력 주석의 각주를 선택하고 해당 문자열을 입력하고 각주 모양을 선택한다.

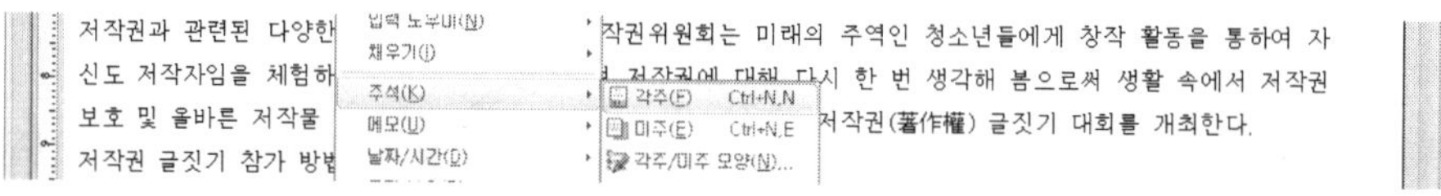

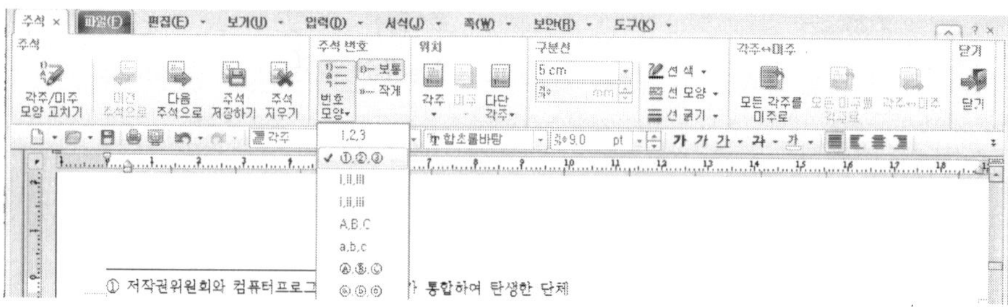

6. "저작권 글짓기 참가 방법" 부분의 영역을 설정하고 글꼴을 굴림, 18pt, 흰색으로 설정하고 음영색을 파랑(100%)으로 설정한다.

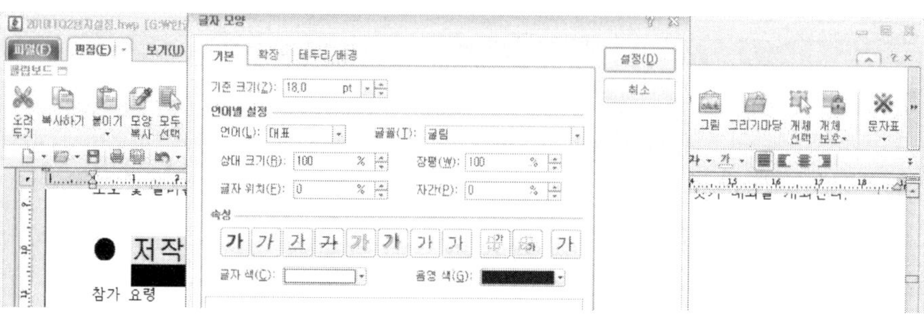

7. 모양의 문단 번호 기능을 사용하여 문단 번호 모양과 방식을 설정한 다음 왼쪽 여백을 1수준 15pt, 2수준 30pt로 설정하고 줄 간격을 180%로 설정한다.

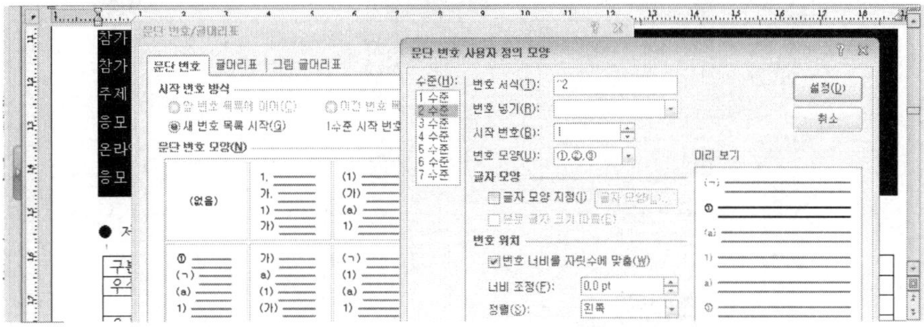

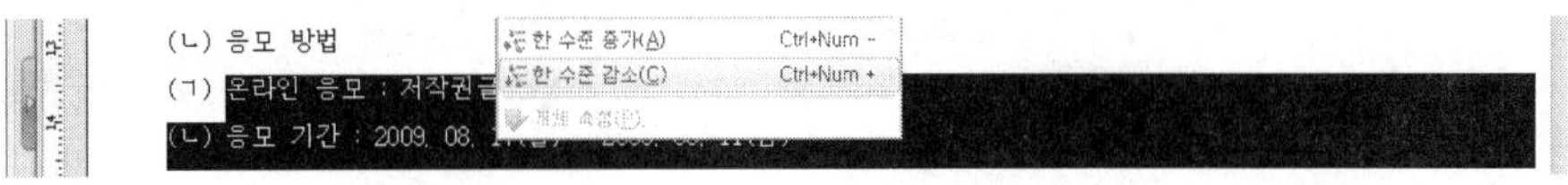

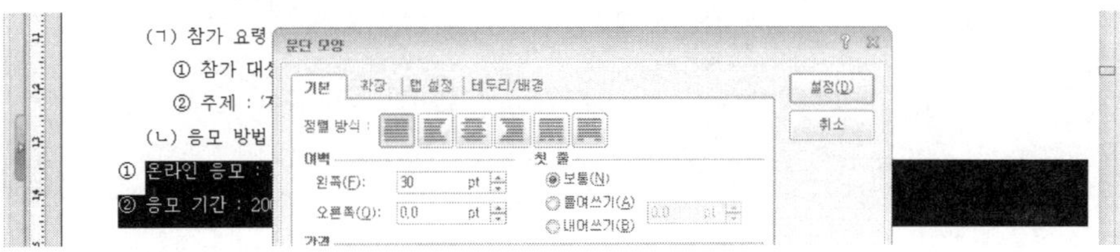

8. "저작권 글짓기 시상 내용" 부분의 글꼴을 글자 모양의 굴림, 18pt, 밑줄로 하고 확장 탭에서 "시상 내용" 부분에 강조점을 설정한다. 표의 전체 셀 영역의 전체 글꼴을 굴림, 10pt로 설정하고 정렬 방식을 가운데 정렬로 설정한다.

다음 과정으로 표의 첫 번째 행을 셀 테두리 배경의 배경 탭에서 셀 배경색을 오른쪽 대각선 그러데이션으로 설정하고 시작 색과 끝색을 노랑과 흰색으로 설정한다.

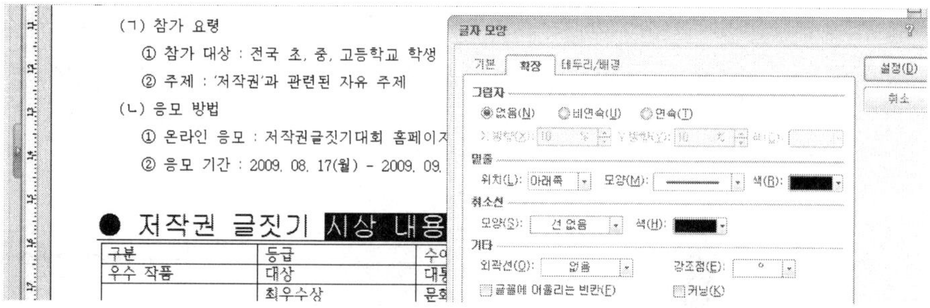

9. 문서 아래 부분의 '한국저작권위원회'를 돋움, 24pt, 진하게, 장평 95%, 가운데 정렬로 설정한 다음 모양의 쪽 번호 매기기에서 위치를 지정하고 번호 모양을 원문자로 지정한 후 시작 모양의 새 번호로 시작에서 쪽 번호의 시작 번호를 5로 지정한다.

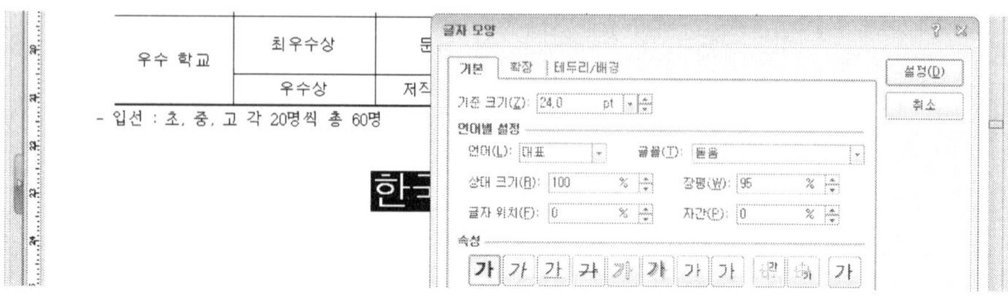

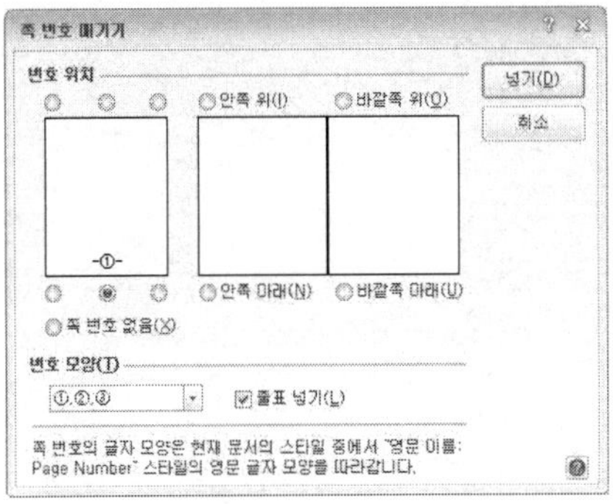
쪽 번호 매기기
번호 위치
안쪽 위(I)
바깥쪽 위(O)
넣기(D)
취소
-①-
안쪽 아래(N)
바깥쪽 아래(U)
쪽 번호 없음(X)
번호 모양(T)
①,②,③
줄표 넣기(L)
쪽 번호의 글자 모양은 현재 문서의 스타일 중에서 "영문 이름:
Page Number" 스타일의 영문 글자 모양을 따라갑니다.

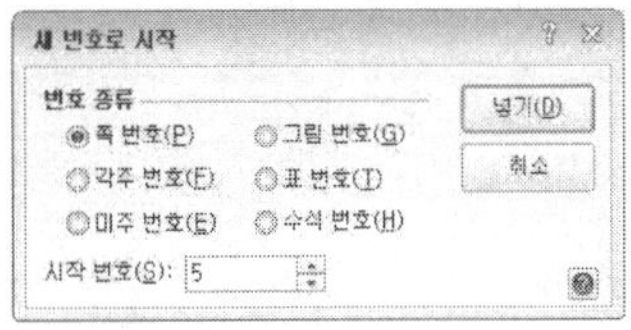
새 번호로 시작
번호 종류
쪽 번호(P)
그림 번호(G)
각주 번호(F)
표 번호(T)
미주 번호(E)
수식 번호(H)
시작 번호(S): 5
넣기(D)
취소

MEMO

한글 2010

2010년 12월 25일 1판 1쇄 발행

저 자 김 민 영
발행인 남 승 우

발행처 도서출판 상尙 학學 당堂

서울시 동작구 사당로9가길 6(사당동 220-43)
TEL : 02) 595-1692～4
FAX : 02) 595-1394
E-mail : namdoo6@unitel.co.kr
신고 : 2-155호 (1968. 11. 29)

정가 15,000원

ISBN 978-89-6587-005-0 93000